普通高等教育"十三五"应用型规划教材

统计学原理

主　编　陈东红　姬　钰　徐冬梅
副主编　宋向华　陈畅东　李国成

合肥工業大學出版社

前　言

本书是在对经济类、管理类应用型本科教学实践的基础上，总结和归纳而写。本教材立足于培养“应用型”经济类、管理类人才的目标，在编写的构思方面注重“基础性”和“应用性”。一是注重对统计学中所必需的基本概念、基本思想、基本理论、基本方法的阐述。二是对应用技能培养注重突出“应用型”“实用性”的原则，将理论教学与实验教学有机结合。一方面紧密联系现实生活的实际，尽可能地应用经济现象中的一些最新的实例，进行分析和阐述；另一方面每章都配有实验案例，并详细描述实验操作过程，有针对性地把理论教学与实验教学结合起来，力求培养学生分析问题和解决问题的综合能力，提升学生的实践能力和职业能力。

本书这次修订，主要从三个方面进行：第一，在结构方面。对原书中部分章节的编排做了一些调整，使本书的结构更加合理。第二，在内容方面。将原书中陈旧的内容用最新的资料覆盖。第三，在知识自测题方面。将原书中的选择题、判断题和计算题的题量进行了扩充，以更适合应用型的需要。

本书适用于高等学校经济类、管理类专业统计学课程。其编写组成员均由长期在一线担任本课程教学工作，且具有较为丰富的教学和实践经验的专业教师编写。全书由陈东红总纂和定稿，陈东红、姬钰、徐冬梅任主编，宋向华、陈畅东、李国成任副主编。全书共分九章，编写分工为：第一章、第七章由江西农业大学徐冬梅执笔，第二章由江西农业大学宋向华执笔，第三章、第九章由江西农业大学姬钰执笔，第四章、第五章由江西农业大学陈东红执笔，第六章由安徽皖西学院李国成执笔，第八章由湖北武汉东湖学院陈畅东执笔。

由于作者水平所限，教材中的错误和疏漏在所难免，敬请同行和读者们提出宝贵意见。

编　者

2021年7月

前言

目　录

第一章　总　论

第一节　统计及其应用领域

一、统计的概念

统计是处理数据的一门科学。人们给统计下的定义很多，比如，“统计学是收集、分析、表述和解释数据的科学”“统计是一组方法，用来设计实验、获得数据，然后在这些数据的基础上组织、概括、演示、分析、解释和得出结论”。综合来说，统计学(statistics)是收集、处理、分析、解释数据并从数据中得出结论的科学。

统计学是关于数据的科学，它提供的是一套有关数据收集、处理、分析、解释并从数据中得出结论的方法，统计研究的是来自各领域的数据。数据收集也就是取得统计数据；数据处理是将数据用图表等形式展示出来；数据分析则是选择适当的统计方法研究数据，并从数据中提取有用信息进而得出结论。

在不同场合，“统计”一词可以具有不同的含义，它可以是指统计数据的搜集活动，即统计工作；也可以是指统计活动的结果，即统计资料；还可以是指分析统计数据的方法和技术，即统计学。

(一)统计工作

统计工作是指对客观存在的社会经济现象数量方面进行搜集、整理和分析研究工作的总称，它是一种社会调查研究活动。统计工作在人类历史上出现得比较早。随着历史的发展，统计工作逐渐发展和完善起来，使统计成为国家、部门、事业和企业、公司和个人及科研单位认识与改造客观世界和主观世界的一种有力工具。统计工作，可以简称为统计。例如，某统计师在回答自己的工种时，会说我是做统计的，这里所说的统计指的就是统计工作。

(二)统计资料

统计资料是统计工作过程中所取得的各项数字资料和其他与之相联系的资料的总称。它是进行国民经济宏观调控的决策依据，是社会公众了解国情、国力和社会经济发展状况的信息主体。不管是个人、集体和社会，还是国家、部门、事业、企业、公司及科研机构，都离不开统计资料。例如，公司和企业要管理好生产和销售，必须进行市场调研、生产控制、质量管理、人员培训、成本评估等，这就需要对有关的生产资料、市场资料、成本资料、人员资料、质量数据等进行搜集、整理、分析和研究；国家要进行经济建设和社会发展，更离不开有关国民经济和社会发展的统计资料，如2010年的GDP比2000年翻一番，就需要我国有关GDP的历史数据资料和相关数据资料，需要有关各国的相关统计数据资料，以此为基础进行分析和决策。还有像国家统计局编辑、中国统计出版社出版的每年一册的《中国统计年鉴》以及国家统计局历年年初公布的《国民经济与社会发展统计公报》等即为统计数据资料，也可称为统计。再如，电视台、电台和报纸杂志所说的“据统计……”中的统计指的就是统计数据资料。

（三）统计学

一般来说，统计学是对研究对象的数据资料进行搜集、整理、分析和研究，以显示其总体的特征和规律性的学科。统计学的研究对象是客观事物的数量特征和数据资料。统计学是以搜集、整理、分析和研究等统计技术为手段，对所研究对象的总体数量关系和数据资料去伪存真、去粗取精，从而达到显示、描述和推断被研究对象的特征、趋势和规律性的目的。统计学，亦可简称为统计。例如，我们所学的课程——统计课，实际指的是统计学课程。

二、统计的应用领域

统计的应用领域相当广泛，其方法是适用于所有学科领域的通用数据分析方法，只要有数据的地方就会用到统计方法。随着人们对定量研究的日益重视，统计方法已被应用到自然科学和社会科学的众多领域，如政府部门、学术领域研究、日常生活中、农业、工业、生物、医学、教育学、心理学、体育等。因此，统计学也已发展成为由若干分支学科组成的学科体系。其应用主要在以下几个方面。

（一）在企业物资管理中的应用

企业的物资管理是企业经济管理中的一大重点，企业的物资采购、储存、销售、损失等情况是开展经济管理工作中必须掌握的实时性数据。在物资管理中加强统计学的应用，完善对物资的监管，可通过报表绘制、统计调查等形式，对企业物资状况进行判断分析。其能够使企业及时发现经济管理中存在的问题，提升经济管理的科学性，促进企业经济效益的提升。

（二）在体育比赛中的应用

统计学在体育比赛中的应用主要是用统计的职业联赛的数字反应比赛队伍能否成为世界顶级，这是因为在体育比赛中应用统计学可以对比赛中的胜率进行分析。主要是将每个队员在每个赛季比赛的分数和常规赛场上的分数进行统计；通过一系列的数学计算分析，教练可绘制每个队员得分平均值和标准差之间的正态分布图；再通过正态分布图中的稳定性来判断队员的技术稳定性。以众所周知的NBA篮球比赛为例，NBA比赛中由于明星球员众多，在运用统计学进行数据整体分析时，需要依据本质上的规律进行数据统计，而不是随意的选择数据进行统计。例如，在进行篮球比赛发球这一项双方队员的进攻和防守的概率时，在进行指标选择时就涉及随机事件的发生概率。因此，可以运用统计学统计球员在每一场比赛上的平均得分，再通过这些数据指标的正态分布图来确定球员的技术稳定性。

(三)在医学中的应用

统计学在医学中应用的主要原因就是生物医学中存在的不确定性和变异性。生物医学主要的研究目标就是与人体健康相关的不确定因素,也就是通常所说的医学变异现象。医学变异现象在生物体当中是普遍存在的,例如,对于外在条件基本相同的两个病人,在相同的条件下进行治疗时,却有可能出现有的病人被治愈,有的病人治疗效果不明显,甚至还会出现死亡的现象。造成这些外在条件相同的生命体却出现不同程度治疗结果的主要原因就是生物医学中存在的不确定性,或者是人体中存在的错综复杂的随机因素,客观差异存在的原因是某种偶然性的潜在的揭露必然性的发现。

在医学临床统计中发现,对于同一种病因的客观性规律进行调查,对于健康人的共同作用的交织与疗效的考查的病人很少。在医学当中,运用统计学最主要的方面就是通过观察不同疗效病人的医疗诊断效果,将实际的医学诊断治疗效果与医学理论和假设进行验证,运用概率论以及数学方法对对比结果进行分析、判断,运用电子计算机等相关软件设备对研究对象的指标进行记录,并绘制相应的图表等;再通过综合运用多种数理统计方法,得出与研究对象相关的研究结果。将统计学应用到医学当中,可以促进统计方法和多变量分析法在医学试验研究中的应用,对未知病因所造成的医疗诊断事故进行分析,可以促进医疗诊治手段不断地创新发展。

(四)在财务分析与管理中的应用

上市公司的财务数据是投资者投资选择的重要参考依据。一些投资咨询公司主要是根据上市公司提供的财务和统计数据进行分析,为投资者提供投资参考。企业自身的投资,也离不开对财务数据的分析,其中要用到大量的统计方法。

以上是统计学的一些应用,它是因自然科学、社会科学的多个领域而发展起来的,为多个学科提供一种通用的数据分析方法。从某种意义上说,统计不仅仅是一种数据分析的方法,而是与数学一样,它是一种数据分析的工具。

第二节 统计学的产生和发展

统计实践活动先于统计学产生。从历史上看,统计实践活动自人类社会初期就有了。在原始社会,人们按氏族、部落居住在一起打猎、捕鱼,分配食物时就要统计有多少人、多少食物,才能进行分配,于是就有了统计的萌芽。但是,能使人类的统计实践上升到理论上予以概括总结的程度,即开始成为一门系统的科学——统计学,距今仅有300多年的历史。其发展可以划分为以下三个阶段。

一、古典统计学时代

古典统计时代大致从17世纪中叶至19世纪初叶,其代表学派是“政治算数学派”和“国势学派”。

“政治算数学派”产生于英国,其主要代表人物是英国的威廉·配第(W. Petty 1623—1687年)和约翰·格朗特(J. Graunt 1620—1674年)。配第于1676年出版了《政治算术》一书,以一系列分析和大量计算手段清晰地描述了英格兰、荷兰、法兰西和爱尔兰等地的经济、军事、政治等方面的情况,为英国称霸世界提供了各种有说服力的实证分析资料。

《政治算术》的意义主要表现在研究问题的方法方面。配第在该书的“序言”里写道:“我进行这种工作所使用的方法在目前还不是常见的,因为我不采用比较级或最高级的词语进行思辨式的议论,相反地采用了这样的方法(作为我很久以来就想建立的政治算术的一个范例):即用数字、重量和尺度来表达自己想说的问题,只进行诉诸人们的感觉的议论,借以考察在自然中有可见的根据的原因。”

配第用“数字、重量和尺度”研究现象的方法为统计学的产生奠定了基础。自配第之后的200年间,以用数量方法研究社会经济问题为特征的“政治算术”模式,成为统计学发展的主流。它的出版,标志着统计学的诞生。

英国人约翰·格朗特于1662年出版了《关于死亡表的自然观察与政治观察》。他根据伦敦市发表的人口自然变动公报,通过大量观察的方法,对人口的出生和死亡率作了许多分类、计算和研究,发现了人口与社会现象中重要的数量规律性,如新生儿的性别比例稳定在14∶13;男性在各年龄组中死亡率高于女性;新生儿的死亡率较高,一般疾病与事故的死亡率较稳定,而传染病的死亡率波动较大,等等。在研究中,格朗特不但探索了人口变化和发展的一些数量规律,而且还对伦敦市总人口数量作了较科学的估计。如果说配第是政府统计的创始人,则格朗特可被认为是人口统计的创始人。

然而,该学派毕竟还处于统计发展的初创阶段,它只是用简单的粗略的算术方法对社会经济现象进行计量和比较,而没有使用“统计学”这一名称,故人们将该学派看作是“有统计学之实,无统计学之名”的“有实无名”学派。

国势学派产生于17世纪的德国,代表人物是康令(H. Conring,1606—1681)、阿亨瓦尔(G. Achenwall,1714—1772),代表作品是《近代欧洲各国国情学概论》。他们在大学中开设了一门新课程,最初叫作“国势学”。他们所做的工作主要是对国家重要事项进行记录,偏重于对事件的叙述,而忽视量的分析,因此又被称为记述学派。

国势学派首创了“统计学”一词,用统计学代替国势学,并提出了至今仍为统计学者所采用的一些术语,如“统计数字资料”“数字对比”等。该学派在建立“显著事项”的概念和研究各国的显著事项时,主要是系统地运用了对比的方法来研究各国实力的强弱。该学派的特点是偏重于事物质的解释而忽视量的分析,因而对比后人所认为的统计学,人们将该学派看作是“有名无实”学派。

二、近代统计学时代

这个时代大致是从18世纪末到19世纪末。著名的大数法则、最小平方法、相关与回归分析、指数分析法、时间数列分析法以及正态分布等理论都是这个时期建立和发展起来的。这一时期的统计学主要有数理统计学派和社会统计学派。

数理统计学派产生于19世纪中叶，主要代表人物是比利时的凯特勒（A. Quetelet，1796—1874）。他的主要贡献是将概率论引入社会现象的研究之中，开创性地发现了大量现象的统计规律性和应用了许多统计方法，使统计学在定量研究方面走上了新的发展阶段，并起到了承上启下、继往开来的作用。故被欧美统计学界誉为数理统计学派的奠基人——"近代统计学之父"。

社会统计学派产生于19世纪末期，由德国大学教授克尼斯（G. A. Knies，1821—1898）首创，主要代表人物有恩格尔（C. L. E. Engel，1821—1896）和梅尔（G. V. Mayr，1841—1925）。他们强调统计学是以社会现象总体为研究对象、以大量观察法为研究方法，其目的在于明确社会现象内部的联系和相互关系。因此，该学派认为统计学应当是包括资料的搜集、整理，以及对其分析研究的一门实质性科学。随着社会经济的发展，要求统计能提供更多、更有效的统计调查、整理的方法，所以，社会统计学逐步从实质性科学向方法论转化。不过，在这个阶段仍是以强调事物质的分析为前提。

三、现代统计学时代

20世纪初，大工业的发展对产品质量检验问题提出了新的要求，即只抽取少量产品作为样本对全部产品的质量好坏作推断。于是出现了t分布、F统计量、最大似然估计、方差分析等方法和思想。

如今，数理统计学的丰富程度完全可以独立成为一门学科，但它也不可能完全代替一般统计方法论。传统的统计方法虽然比较简单，但在实际统计工作中运用仍然极广。不仅如此，数理统计学主要涉及资料的分析和推断方面，还包括各种统计调查、统计工作制度和核算体系的方法理论、统计学与各专业相结合的一般方法理论等。由于统计学比数理统计学在内容上更为广泛，因此，数理统计学相对于统计学来说不是一门并列的学科，而是统计学的主要组成部分。

从世界范围看，自20世纪60年代以后，统计学的发展有几个明显的趋势：第一，随着数学的发展，统计学依赖和吸收的数学方法越来越多；第二，新的研究领域层出不穷，如多元统计分析、现代时间序列分析、贝叶斯统计、非参数统计、线性统计模型、探索性数据分析、数据挖掘等；第三，随着统计学应用日益广泛和深入，特别是借助电子计算机后，统计学所发挥的功效日益增强；第四，统计学的作用与功能已从描述事物现状、反映事物规律，向抽样推断、预测未来变化方向发展。它已从一门实质性的社会性学科，发展成为方法论的综合性学科。

第三节　统计学的研究对象和特点

统计学是通过一套独特的统计方法对大量社会经济现象的量的方面进行的研究。因此，只有明确了研究对象，我们才可能根据它的性质、特点提出相应的研究方法，以达到认识研究对象客观规律性的目的。

一、统计学的研究对象

关于统计学的研究对象，当前国内外有不同的看法。关于这个问题的争论已经延续了几百年，不同的学派有不同的观点，各执己见，争论不休。目前，国内比较一致的看法是，统计学的研究对象是指统计研究所要认识的客体。一般地说，统计学的研究对象是客观现象总体的数量特征和数量关系，以及通过这些数量方面反映出来的客观现象发展变化的规律性。事物的量是事物属性的重要方面，事物的量和事物的质密切联系、相互制约并共同决定事物的性质和特征。通过社会调查或科学实验，我们可以掌握事物变化的量的表现、量的关系、量的界限等，这是认识事物规律性的基本方法。

统计学在研究社会经济现象的数量方面时，主要是运用科学的方法去搜集、整理、分析国民经济和社会发展的实际数据，并通过统计所特有的统计指标和指标体系，表明所研究现象的规模、水平、速度、比例和效益等，具有反映社会经济发展规律在一定时间、地点、条件下的作用。这与社会经济统计工作的研究对象既相同又有区别。统计学的研究对象和社会经济统计工作的研究对象虽然都是社会经济数量方面的（对象一致），但统计学偏重从理论角度进行研究，而统计工作则是从实践上进行具体研究（重点不同）。由此可以简单地讲，统计学的研究对象是社会经济现象数量方面的理论和方法，是统计工作实践经验和理论的概括与升华，而社会经济统计工作的研究对象是社会经济在具体时间、地点和条件下的数量表现。

二、统计的特点

（一）数量性

统计的研究对象是客观现象的数量方面，包括数量的多少，数量之间的关系，也是质量互变的数量界限。统计的目的就是通过这些数量的表现来揭示社会经济现象的发展特征及其发展的规律性。

（二）总体性

统计所研究的数量方面必须是总体的数量方面。因为个体现象受偶然性因素影响，只有从总体出发，才能揭示事物发展的特点及规律性。

（三）具体性

统计所研究的数量不是抽象的数量，而是与客观事物的质有着密切联系的具体的量，是体现事物相互关系和发展变化的量，具有明显的空间特点和事物属性的特点。

（四）社会性

统计学的研究对象是社会经济现象的数量方面，社会经济现象是人类社会活动的条件、过程和结果；人类社会活动是人们有意识、有目的的活动，各种活动都贯穿着人与人之间的关系、人与社会的关系。所以统计学在研究社会现象时，还必须注意正确处理好这些涉及人与人之间关系的社会矛盾。

（五）广泛性

统计学研究的数量方面非常广泛，是指全部社会现象的数量方面。统计学几乎不同程度地渗透到所有人类活动的领域。它既研究生产关系，也研究生产力以及生产关系和生产力之间的关系；它既研究经济基础，也研究上层建筑以及经济基础和上层建筑之间的关系。

此外，还研究生产、流通、分配、消费等社会再生产的全过程以及社会、政治、经济、军事、法律、文化、教育等全部社会现象的数量方面。

三、统计学的研究方法

统计学的研究方法，即统计在调查、整理、分析各阶段使用的各种专门的研究方法，包括以下几种。

（一）大量观察法

大量观察法是指对现象总体中的全部单位或足够多数单位进行调查研究，以达到认识总体的目的。统计学的研究对象是现象总体的数量方面，这个总体是由同一性质的许多个体单位构成的。由于客观现象的错综复杂性，这些个体的特征和数量表现会存在很大的差异。但是如果存在综合大量的个体，则偶然性的数量差异就会相互抵消，而清晰地呈现出现象的数量特征。因此，统计研究是就总体中的全部或足够多数量的个体进行调查并综合分析，而不能只取个别或少数个体。

（二）统计分组法

社会现象是多层次、多种类的，是错综复杂的，只有运用统计分组法划分社会经济现象的类型，确定所研究现象的同质总体，才能为统计资料的加工整理和统计分析研究奠定基础。

统计分组法是根据一定的研究目的和现象的总体特征，将总体各单位按一定的标志划分为不同性质或类型的组别。统计分组法是统计研究的基本方法，通过统计分组法，可以研究总体中不同类型的性质以及构成、分布特征。例如，三次产业的划分，可以分析研究三次产业的结构以及发展变化的趋势。

（三）综合指标法

综合指标法是利用各种综合指标对社会经济现象的数量方面进行综合分析，它是统计分析的基本方法之一。常用的综合指标法有总量指标分析法、相对指标分析法、平均指标分析法、动态分析法、指数分析法、相关分析法等。

（四）统计模型法

统计模型法是根据一定的经济理论和假设条件，用数学方程去模拟客观经济现象相互关系的一种研究方法，如回归分析法和统计预测法。

（五）统计推断法

统计推断法是指以一定的置信水平，根据样本数据资料来推断总体数量特征的方法。通常进行观察的只有部分单位，而需要推断的是总体现象。例如，要对一批灯泡的质量进行检验，我们只能根据部分灯泡质量结果来推断该批灯泡的质量。

四、统计工作过程

统计研究社会经济领域里的大量社会经济现象的数量方面，一般要经过统计设计、统计调查、统计整理和统计分析四个阶段，才能完成定性认识、定量认识、定性与定量认识相结合的完整过程，从而产生认识的升华。

（一）统计设计

统计设计就是根据统计活动的目的，结合研究对象的性质、特点，对统计工作所涉及的各个方面和各个环节事先所进行的通盘考虑和计划安排的工作阶段。其主要内容有：统计指标和指标体系的设计，统计分组和分类的设计，统计调查、整理和分析方案的设计，统计工作各部门和各阶段之间相互协调与联系的设计，统计力量的组织与安排设计，等等。统计设计是统计认识过程的第一阶段，即定性认识的阶段。统计设计之所以必要，是因为统计是一项需要高度集中统一的工作，没有预先的科学的设计，没有具体的工作规范，就难以达到预期的目的。在一项大规模的统计活动开始前，必须进行统计设计。

（二）统计调查

统计调查亦称“统计观察”。有组织地搜集各种统计资料的工作。明确调查的目的，确定调查对象和调查表，规定调查时间和地点等，是统计资料整理和分析的前提。按调查的组织方式，可分为定期统计报表和专门调查；按调查对象的范围，可分为全面调查（对调查对象的全部单位进行登记）和非全面调查（包括重点调查、抽样调查和典型调查）；按调查时间的连续性，可分为经常性调查和一次性调查；按取得调查资料的具体方式，可分为报告法、直接观察法和采访法等。我们应根据调查对象特点制订调查方案，如实反映，确保统计资料准确、全面。但在实际工作中，统计整理与统计调查和统计分析并非总是截然分开的，而是相互交织在一起的，它既是统计调查的继续，也是统计分析的开始。统计调查和统计整理都是一种定量认识活动。

（三）统计整理

统计整理是将调查取得的反映个体的原始资料和经过了一定程度加工、整理的次级资料，按照科学的方法进行审核、分组、汇总，使之条理化、系统化，以说明现象总体数量特征的工作阶段。统计整理是统计工作的中间环节，具有承前启后的作用。

（四）统计分析

统计分析指通过对研究对象的规模、速度、范围、程度等数量关系的分析研究，认识和揭示事物间的相互关系、变化规律和发展趋势，借以达到对事物的正确解释和预测的一种研究方法，这是统计认识的定性阶段。

统计设计、统计调查、统计整理和统计分析四个阶段是密切联系的一个完整过程。一般说来，统计设计以定性研究为基础，构筑定量研究的框架；统计调查在定性研究的前提下，侧重对个体事物量的认识；统计整理是通过对个体事物量的综合，得到事物总体数量的描述性认识；统计分析是以事实描述为条件，从定性和定量结合的角度，对现象总体进行本质或规律性的探讨。我们依次阐述这四个阶段的一般内容，旨在介绍统计工作的一般过程，但不能因此误解统计工作就是机械地按照这四个阶段的顺序进行。

第四节 统计学与其他学科的关系

一、统计学与数学的关系

统计学与数学有密切的关系,但又有本质的区别。由于现代统计学用到了大量的数学知识,研究理论统计学的人需要有较深的数学知识,应用统计方法的人也要具备良好的数学基础。这就造成了一种错觉,似乎统计学只是数学的一个分支,这种理解是不妥当的。一方面,数学只是为统计理论和统计方法的发展提供了数学基础,而统计学的主要特征是研究数据;另一方面,统计方法与数学方法一样,并不能独立地直接研究和探索客观现象的规律,而是给各学科提供了一种研究和探索客观规律的数量统计方法。虽然表面上看统计学与数学都是研究数量规律的,都是与数字打交道的,但实际上却有着明显的差别。首先,数学研究的是抽象的数量规律,而统计学则是研究具体的、实际现象的数量规律;数学研究的是没有量纲或单位的抽象的数,而统计学研究的是有具体实物或计量单位的数据。其次,统计学与数学研究中所使用的逻辑方法也是不同的,数学研究所使用的是纯粹的演绎,而统计学则是演绎与归纳相结合,占主导地位的是归纳。数学家可以坐在屋里,凭借聪明的大脑从假设命题出发而推导出漂亮的结果,而统计学家则要深入实际收集数据,并与具体的实际问题相结合,经过大量的归纳才能得出有益的结论。

二、统计学与计量经济学

计量经济学是经济学、数学和统计学的综合,但又是独立于这三门学科的一门科学。计量经济学利用计量方法论描述经济关系。在计量经济学中,大量地运用统计方法来研究经济及其相关领域的问题。

统计学和计量经济学是相互独立的两门学科。统计学侧重于数据的搜集、整理、归纳和分析,而计量经济学则侧重于经济理论的验证、经济政策的评议和经济未来值的预测。

从研究过程来看,统计学的研究过程经历了统计设计、统计调查、统计整理和统计分析等阶段。计量经济学的研究过程一般经历了确定用于测量经济现象的模型、求出模型的参数估计值、对估计值进行评价、对模型预测的有效性进行评价等阶段。

从研究目的来看,统计学对变量的描述,其目的是从统计数据中认识所要研究的现象,解释现象,寻找现象的规律,并在不同的事物间、不同的时间上、不同的空间中进行评判、比较和推算。计量经济学利用回归模型,目的是研究多个经济变量之间的相互作用关系或递推关系。

三、统计学与其他学科的关系

统计学是一门应用性很强的学科,同时由于几乎所有的学科都要研究和分析数据,因此,统计学与几乎所有的学科领域都有着或多或少的联系。这种联系表现为,统计方法可以帮助其他学科探索学科内在的数量规律性,而对这种数量规律性的解释并进而研究各学科内在的规律,只能由各学科的研究来完成。比如,古老的大量观察法已经发现了新生婴儿的性别比是 107∶100,但为什么会是这样的比例,形成这一比例的原因则应由人类遗传学或医学来研究和解释,而非统计方法所能解决的了。再如,利用统计方法对吸烟和不吸烟者患肺癌的数据进行分析,得出吸烟是导致肺癌的原因之一,但为什么吸烟能导致肺癌,这就需要医学进行解释了。

由此我们可以看出,统计学能做什么和不能做什么。也可以这样说,统计方法仅仅是一种有用的、定量分析的工具,它不是万能的,不能解决你想要解决的所有问题。能否用统计方法解决各学科的具体问题,首先要看使用统计工具的人能否正确选择统计方法;其次是在定量分析的同时进行必要的定性分析,也就是要在定性分析的基础上进行定量分析;最后再应用各学科的专业知识对统计分析的结果做出合理的解释和分析,才能得出令人满意的结论。尽管各学科所需要的统计知识不同,使用统计方法的复杂程度也大不相同,统计学也不能解决各学科的所有问题,但统计方法在各学科的研究中会发挥越来越重要的作用。

第五节　统计学中的基本概念

总体、总体单位、标志和指标等概念在统计中使用的最为频繁,这几个基本概念经过人们反复的统计实践,从感性认识上升到理性认识而抽象出来的,是客观事物本质特征的概括。统计研究社会经济现象的数量方面是从总体开始的,而总体又是由一个个总体单位所构成,每个总体单位都有表现自己质的特征和量的差异的标志,综合各单位的标志就形成了指标。

一、统计总体与总体单位

(一)统计总体

统计总体简称为总体,是指在同一性质基础上结合起来的许多个别事物的整体,是统计研究的具体对象,是根据一定的目的和要求所确定的研究事物的全体,它是由客观存在的、具有某种共同性质的许多个别单位构成的整体。如研究某一地区工业企业时,则该地区所有工业企业组成的整体就是总体;又如研究某一学校学生情况,则该学校所有学生组成的整体也是总体等。

总体可以分为有限总体和无限总体。总体所包含的单位数是有限的,称为有限总体,可以用确切的数值表示。例如,全国人口总数、工业企业总数等。不论它们的数量有多大,都是有限的、可计量的,并有一个确切的数字的。总体所包含的单位数是无限的,称为无限总体,无限总体中包含的单位数是无限的,可计量但不能穷尽。例如,连续生产的某种产品的生产数量、大海里的鱼资源数等。在社会经济现象中,大多数是有限总体,无限总体只是少数。对有限总体可以进行全面调查,也可以进行非全面调查;但对无限总体只能抽取一部分单位进行非全面调查,据以推断总体。

(二)总体单位

总体单位简称个体，是组成总体的每一个事物。总体单位可以是人或物，可以是组织机构或单位，也可以是某种现象的状态。当统计总体是某一地区工业企业时，则该地区的每家工业企业是总体单位；当统计总体是某一学校学生时，则该学校的每一个学生是总体单位。

确定总体与总体单位，必须注意两个方面：

(1)构成总体的单位必须是同质的，不能把不同质的单位混在同一总体之中。例如，研究职工的工资水平，就只能将靠工资收入的职工列入统计总体的范围。同时，也只能对职工的工资收入进行考察，对职工由其他方面取得的收入就要加以排除，这样才能正确反映职工的工资水平。

(2)总体与总体单位具有相对性，随着研究任务的改变而改变。同一单位可以是总体也可以是总体单位。例如，要了解某一地区国有工业企业的生产经营情况(研究目的)，总体是该地区的全部国有工业企业，每一个国有工业企业是总体单位；要了解某一国有企业职工工资情况(研究目的范围变小)，总体是该企业所有职工，总体单位是每一位职工。

二、标志和指标

(一)标志

1. 标志的概念

标志是与总体单位相对应的概念，是说明总体单位属性和特征的名称。总体单位是标志的直接承担者，标志是依附于总体单位的。从不同角度考察，每个总体单位可以有许多特征。例如，每个职工可以有性别、年龄、民族、工种等特征，这些都是职工的标志。这些标志有的可以用文字表示，有的只能用数字表示；有的在各个总体单位上表现一样，有的则不尽相同。因此，标志按其表现形式的不同，可以分为不同的类别，各种类别的标志在统计活动中均有独立的意义。

2. 标志的种类

(1)按特征不同分为品质标志和数量标志

品质标志表示事物的质的特性，是不能用数值表示的，如职工的性别、民族、工种等。数量标志表示事物的量的特性，是必须用数值表示的，如职工年龄、工资、工龄等。品质标志主要用于分组，将性质不相同的总体单位划分开来，便于计算各组的总体单位数，计算结构和比例指标。数量标志既可用于分组，也可用于计算标志总量。

(2)按是否变动分为不变标志与变动标志

无论是品质标志还是数量标志，同一总体中各个总体单位上表现都一样的标志就称为不变标志。当一个标志在各个单位的具体表现有可能不同时，这个标志称为可变标志或变异标志。例如，中国第七次人口普查规定："人口普查的对象是具有中华人民共和国国籍并在中华人民共和国国境内常住的人。"按照这一规定，在作为调查对象的人口总体中，国籍和在国境内居住是不变标志，而性别、年龄、民族、职业等则是变异标志。不变标志是构成统计总体的基础，因为至少必须有一个不变标志将各总体单位联结在一起，才能使它具有"同质性”，从而构成一个总体。变异标志是统计研究的主要内容，因为如果标志在各总体单位之间的表现都相同，那就没有进行统计分析研究的必要了。

3. 标志表现

标志表现是标志的属性或数量在总体各单位的具体体现。例如，当我们研究的总体是全国的商业企业时，企业的“行业性质”“经济成分”“商品销售额”是调查标志（或称调查项目），企业的“商业”特征就是“行业性质”的标志表现；企业的“国有经济”“集体经济”“股份制经济”“私营经济”等，就是“经济成分”的标志表现；企业的商品销售额“5000 万元”“6000 万元”“9000 万元”等就是“商品销售额”的标志表现。

（二）指标

1. 指标的概念

指标的概念指标亦称统计指标，是说明总体综合数量特征的。一个统计指标包括指标名称和指标数值两个部分。例如，2020 年我国国内生产总值约为 1015986 亿元，这就是指标，是说明总体综合数量特征的。在实际工作中，每一项统计指标都由时间、地点、指标名称、指标数值、指标的表现形式和计量单位等六个方面组成。

2. 统计指标的特点

统计指标主要有以下三个方面的特点。

（1）数量性

即所有的统计指标都是可以用数值来表现的。这是统计指标最基本的特点。统计指标所反映的就是客观现象的数量特征，这种数量特征，是统计指标存在的形式，没有数量特征的统计指标是不存在的。正因为统计指标具有数量性的特点，它才能对客观总体进行量的描述，才使统计研究运用数学方法和现代计算技术成为可能。

（2）综合性

这是指统计指标既是同质总体大量个别单位的总计，又是大量个别单位标志差异的综合，是许多个体现象数量综合的结果。例如，某人的年龄、某人的存款额不能叫作统计指标，一些人的平均年龄、一些人的储蓄总额、人均储蓄额才叫作统计指标。统计指标的形成都必须经过从个体到总体的过程，它是通过个别单位数量差异的抽象化来体现总体综合数量特点的。

（3）具体性

统计指标的具体性有两个方面的含义：一是统计指标不是抽象的概念和数字，而是一定的具体社会经济现象的量的反映，是在质的基础上的量的集合。这一点使社会经济统计、数理统计和数学相区别。二是统计指标说明的是客观存在的、已经发生的事实。它反映了社会经济现象在具体地点、时间和条件下的数量变化。这一点又与计划指标相区别。统计指标反映的是过去的事实和根据这些事实综合计算出来的实际数量，而计划指标则说明未来所要达到的具体目标。

3. 统计指标作用和分类

（1）指标按其表现形式的不同，可分为总量指标、相对指标和平均指标

总量指标是反映在一定时间、地点和条件下的社会经济现象总体规模或水平的统计指

标。总量指标是最基本的综合指标，其形式为绝对数，亦称绝对指标。

相对指标是用两个有联系的总量指标进行对比的比值来反映社会经济现象数量特征和数量关系的综合指标。相对指标也称作相对数。

平均指标是反映社会经济现象总体各单位某一数量标志在一定时间达到的一般水平，表现为平均数。

(2)指标按其说明总体内容的不同，分为数量指标和质量指标

数量指标是说明总体外延规模的统计指标。例如，人口数、企业数、工资总额、商品销售额等。数量指标所反映的是总体的绝对数量，具有实物的或货币的计量单位，其数值的大小，随着总体范围的变化而变化。它是认识总体现象的基础指标。

质量指标是说明总体内部数量关系和总体单位水平的统计指标。例如，人口的年龄构成、性别比例、平均单产、平均工资等。它通常是用相对数和平均数的形式表现，其数值的大小与范围的变化没有直接关系，反映的数量特点也不同。

(3)指标按其反映社会现象的存在状况不同，分为显性指标和隐性指标

显性指标是具体事物的物质记录，是具有外在性的统计指标，例如商品销售量、商品库存额等。它不是根据人们的好恶而产生的指标，而是物质状态的真实反映。隐性指标是人们精神活动的产物，是具有模糊性的统计指标，如顾客对商场形象的评价、顾客对营业员服务态度的感受等。它与人们的愿望、要求、情感等方面的因素有关。

4. 指标与标志的区别和联系

指标与标志有着密切的关系，可以说没有标志就没有指标，指标不同于标志，不能把二者混为一谈。

标志与指标的区别：

(1)标志是说明总体单位特征的，指标是说明总体特征的。例如，一个工人的工资是数量标志，全体工人的工资总额是统计指标。

(2)标志有用文字表示的品质标志和用数值表示的数量标志，指标都是用数值表示的，没有不能用数值表示的指标。

标志与指标的联系：

(1)统计指标的数值多是由总体单位的数量标志值综合汇总而来的。例如，工资总额是各个职工的工资之和，工业总产值是各个工业企业的工业总产值之和。由于指标与标志的这种综合汇总关系，有些统计指标的名称与标志是一样的，如工业总产值。

(2)标志与指标之间存在着变换关系。如果由于统计研究目的的变化，原来的统计总体变成总体单位了，则相对应的统计指标也就变成了数量标志。反过来，如果原来的总体单位变成总体了，则相对应的数量标志也就变成了统计指标。

5. 指标体系

社会经济现象是一个复杂的总体，一个指标往往只能反映复杂现象总体某一方面的特征，要了解客观现象在各个方面及其发展变化的全过程，仅靠单个指标是不行的，必须建立和运用统计指标体系。

指标体系就是各种相互联系的统计指标所构成的一个有机整体,用来说明所研究现象各个方面相互依存和相互制约的关系。由于现象的复杂多样性,各种现象之间相互联系的性质,只用个别统计指标来反映是不够的,需要采用指标体系来进行描述。由于社会经济现象内在联系的不同特点,统计指标体系的形成一般有两种类型:一是数学式联系的指标体系,如"商品销售额=商品销售量×商品销售价格""期初库存量+本期购进量=本期销售量+期末库存量";二是框架式联系的指标体系。统计指标体系因各种现象本身联系的多样性和统计研究的目的不同而分为不同的类别。

据所研究问题的范围不同,可以建立宏观指标体系、中观指标体系和微观指标体系。宏观指标体系反映整个现象大范围的指标体系,如反映国民经济和社会发展的统计指标体系;微观指标体系就是反映现象较小范围的指标体系,如反映企业或事业单位的统计指标体系;介于这两者之间的可以称为中观指标体系,如反映各地区或各部门的统计指标体系。

根据所反映现象的范围内容不同,指标体系可以分为综合性指标体系和专题性指标体系。综合性指标体系是较全面地反映总系统及其各个子系统的综合情况的统计指标体系,如反映国民经济和社会发展的统计指标体系。专题性指标体系则是反映某个方面或问题的统计指标体系,如经济效益指标体系就是专题性统计指标体系。

三、变异和变量

1. 变异

变异是变动的标志,具体表现在各个单位的差异,包括量(数值)的变异和质(性质、属性)的变异。例如,性别表现为男、女,这是属性变异;年龄表现为18岁、25岁、28岁等,这是数值上的变异。

2. 变量

变量可以取不同数值的量,可变的数量标志和统计指标都是变量。例如,工业企业的职工人数、商品销售额、流动资金占用额等数量标志,这些变动的数量标志就称作变量。

变量值就是指变量的具体数值,包括标志值和指标数值。例如,企业的职工人数是一个变量,甲企业职工人数160人,乙企业职工人数250人,丙企业职工人数280人,160人、250人、280人,都是职工人数这个变量的变量值(标志值)。

按变量值的连续性不同,可把变量区分为连续变量和离散变量两种。连续变量是指变量的取值为连接不断的,相邻的两个数值之间可以作无限的分割,一般可以表现为小数。例如,人的身高、体重、年龄等都是连续变量。离散变量是变量的取值为间断的,一般可以表现为整数。例如,职工人数、商业企业数、机器设备台数都只能取整数。

本章小结

统计学是关于数据搜集、整理、分析的方法论科学,统计包括三层含义:统计工作、统计资料、统计学。它既体现了活动过程与成果的关系,也反映了理论与实践的关系,三者是相辅相成的有机整体。

一项完整的统计研究工作,必须根据统计研究的目的和要求,经过统计设计、统计调查、统计整理、统计分析四个阶段。

统计总体是由许多个别事物在某一共同性质的基础上所组成的整体,总体单位是组成总体的个别事物。二者是整体与个体的关系,随着研究目的的转变,总体与总体单位可以相互转化。

标志是说明总体单位的特征和属性的名称,按照其具体表现的性质不同,可分为品质标志和数量标志。标志的具体数值称为标志值。指标是说明总体的数量特征的名称,按其说明总体现象的内容和性质的不同,有数量指标和质量指标之分。标志可以用文字和数字来表现,而指标只能用数值来表现。指标数值是由单位标志值综合、汇总而来的;指标与标志可随着总体与总体单位的转变而转变。

变量是指可变的数量标志或统计指标,变量的具体数值也称为变量值。变量按其取值的特征不同,可分为连续型变量和离散型变量。变异是指总体单位之间、同类总体不同空间的具体表现各不相同所存在的差异。变异包括质的差别和量的差别,是统计的前提条件。

思考与练习

【课后思考】

1. 何谓统计学?统计学的研究对象有什么特点?
2. 按不同的分类标志,统计数据有几种类型?它们各有什么特点?
3. 统计学与数学有何区别与联系?
4. 说明统计总体、样本、总体单位的含义,它们之间有什么联系?

【知识自测】

1. 单项选择题

(1)社会经济统计的研究对象是(　　)。

A. 抽象的数量关系

B. 社会经济现象的规律性

C. 社会经济现象的数量特征和数量关系

D. 社会经济统计认识过程的规律和方法

(2)“统计”一词的基本含义是(　　)。

A. 统计调查、统计整理、统计分析　　B. 统计设计、统计分组、统计计算

C. 统计工作、统计资料、统计学　　D. 统计资料、统计计算、统计分析

(3)某城市工业企业未安装设备普查,总体单位是(　　)。

A. 工业企业全部未安装设备　　B. 工业企业每一台未安装设备

C. 每个工业企业的未安装设备　　D. 每一个工业企业

(4)统计研究所运用的大量观察法,其根据是(　　)。

A. 个别事物偶然因素的影响很小　　B. 个别事物偶然因素的影响会互相抵消

C. 对总体中足够多的单位进行调查　　D. 对总体中的全部单位进行调查

(5)构成统计总体的前提条件是(　　)。

A. 总体的同质性　　B. 总体的大量性

C. 总体的变异性　　D. 总体的可比性

(6)标志是说明总体单位特征的名称,标志有数量标志和品质标志,因此(　　)。

A. 标志值有两大类:品质标志值和数量标志值

B. 品质标志才有标志值

C. 数量标志才有标志值

D. 品质标志和数量标志都具有标志值

(7)某学生的成绩是88分,“成绩”“88”分别是(　　)。

A. 数量标志、变量　　B. 品质标志、变量值

C. 变量、指标　　D. 变量、变量值

(8)商业企业的职工数、商品销售额是(　　)。

A. 连续变量　　B. 前者是连续变量,后者是离散变量

C. 离散变量　　D. 前者是离散变量,后者是连续变量

(9)指标是说明总体特征的,标志是说明总体单位特征的,所以(　　)。

A. 标志和指标之间的关系是固定不变的

B. 标志和指标之间的关系是可以变化的

C. 标志和指标都是可以用数值表示的

D. 只有标志才可以用数值表示

(10)对无限总体进行观察和分析,最适宜的统计研究方法是(　　)。

A. 统计分组法　　B. 综合指标法

C. 统计模型法　　D. 统计推断法

(11)变异是统计研究的前提,它是指(　　)。

A. 总体各不相同　　B. 标志各不相同

C. 指标各不相同　　D. 标志和指标的具体表现各不相同

2. 多项选择题

(1)要了解某地区全部成年人口的就业情况,那么(　　)。

A. 全部成年人是研究的总体

B. 成年人口总数是统计指标

C. 成年人口就业率是统计标志

D.“职业”是每个人的特征,“职业”是数量指标

E. 某人职业是“教师”,这里的“教师”是标志表现

(2)下列属于品质标志的是(　　)。

A. 性别　B. 职业　C. 年龄

D. 工人数　E. 民族

(3)下列统计指标中，属于质量指标的有(　　)。

A. 工资总额　B. 单位产品成本　C. 出勤人数

D. 人口密度　E. 合格品率

(4)统计的特点，可概括为(　　)。

A. 数量性　B. 广泛性　C. 总体性

D. 具体性　E. 社会性

(5)统计工作过程可以划分为(　　)。

A. 统计设计　B. 统计调查　C. 统计整理

D. 统计分析　E. 统计预测

(6)在下列问题的表述中，其正确的定义是(　　)。

A. 标志是说明总体单位特征的　B. 指标是说明总体特征的

C. 变异是可变标志的差异　D. 变量是可变的数量标志

E. 标志值是标志的具体数值

(7)下列属于连续变量的是(　　)。

A. 销售量　B. 销售额　C. 国内生产总值

D. 职工人数　E. 劳动生产率

3. 判断题

(1)统计工作与统计资料是理论与实践的关系。(　　)

(2)一般来说，统计学的研究对象是客观事物的各个方面。(　　)

(3)统计学与数学都是研究数量关系的，因此它们是两个相同性质的学科。(　　)

(4)标志通常分为品质标志和数量标志两种。(　　)

(5)品质标志表明单位属性方面的特征，其标志表现只能用文字来表现，所以品质标志不能转化为统计指标。(　　)

(6)统计指标和数量标志都可以用数值表示，所以两者反映的内容是相同的。(　　)

(7)因为统计指标都是用数值表示的，所以数量标志就是统计指标。(　　)

(8)品质标志和质量指标一般都不能用数值表示。(　　)

(9)连续变量只能用整数表示。(　　)

(10)可变的统计指标和可变的数量标志称作变量。(　　)

(11)统计指标体系是由多个统计指标所构成的整体。(　　)

第二章　统计调查

第一节　统计调查的一般问题

一、统计调查的含义

统计调查是统计工作的一个阶段。它是根据调查的要求和科学的调查方法，有组织、有计划地向调查单位收集资料的过程。

统计调查，就是要把社会经济现象作为一个整体，按调查目的和科学方法，对反映该整体的各有关标志的数值，有计划地、系统地、科学地进行登记，取得真实可靠的原始资料。除此之外，统计调查有时也会涉及对次级资料的搜集。次级资料是指已经经过整理加工，能够在一定程度上说明总体现象的统计资料。

统计调查是统计工作的基础，担负着提供基础资料的任务。统计整理、统计分析都是在统计调查的基础上进行的，只有做好统计调查，才能保证整个统计工作的质量，也才能保证统计工作对于客观事物规律性的认识。所以，统计调查是统计工作的基础环节。

二、统计调查的要求

（一）准确性

准确性是指统计调查所搜集的统计资料要符合客观实际，不受任何主观偏见的歪曲和蒙蔽，要真实可靠。目前，社会上对统计重视不足，其中一个很重要的方面，就是统计资料失真，尤其在基层，有些地方弄虚作假、漏报、瞒报、浮夸的现象还存在，致使统计数据的可信度降低。为确保统计数据的质量，我们必须从科技和法制的角度入手，加强统计人员的技术培训和素质教育，坚决同违背统计法的行为做斗争。

（二）全面性

全面性是指统计调查按调查计划规定的调查单位、调查项目无遗漏地搜集资料，不能残缺不全或资料重复。只有完整齐全的统计资料，才能形成对社会经济现象总体全貌正确的认识，便于做出准确的判断和科学决策。

（三）及时性

及时性是指统计调查所取得的统计资料要在规定的时间内完成，不能延误，要及时。否则，统计资料就失去了它的时效性，失去了它的价值。尤其是在数字信息日新月异、迅猛发展的今天，数字资料的及时、快捷就显得更为重要。

三、统计调查的种类

由于社会经济现象的错综复杂，统计调查任务的多种多样，在组织统计调查时，就应根据不同的调查目的和调查对象，采用不同的调查方式和方法。

(一)按调查对象所包括范围不同，可分为全面调查和非全面调查

全面调查是对调查对象中的所有调查单位都进行调查的一种调查方式，如人口普查、工业普查、基本单位普查和全面的统计报表等。

非全面调查是根据调查对象的特点和调查任务的需要，对调查对象中的一部分单位进行调查的一种调查方式。如重点调查、典型调查、抽样调查等。

全面调查和非全面调查的适用场合和特点各不相同。全面调查只适用于有限总体，不能用于无限总体。它的调查面广，涉及的内容详尽，所耗费的人力、物力、财力和时间很大。非全面调查既适用于有限总体也适用于无限总体。它调查的单位较少，可以用较少的时间和人力调查较多的内容，并能推算和说明全面情况，收到事半功倍的效果，但是它调查掌握的材料不够齐全。

(二)按搜集资料的组织方式不同，可分为统计报表和专门调查

统计报表是国家统计系统和专业部门为了定期取得系统、全面的统计资料而采用的一种搜集资料的方式，目的在于掌握经常变动的、对国民经济有重大意义的指标的统计资料；是搜集有关国民经济和社会发展基本情况的统计资料的一种调查方式，例如，由企业向上级部门报送的各类报表。

专门调查是为了一定目的，研究某些专门问题所组织的一种调查方式，例如，为了研究全国基本单位情况而进行的全国基本单位普查。专门调查有普查、重点调查、典型调查、抽样调查等。

(三)按登记事物的连续性不同，可分为经常调查和一次调查

经常调查是指随着调查对象的变化，连续不断地进行调查登记，以了解事物在一定时期内发生、发展的全部过程。它适合于对时期现象的调查。例如，产品产量指标就是某一时期产量连续登记观察的结果。

一次调查是指隔一段较长的时间对事物的变化进行的一次调查，用以了解事物在一定时点上的状态。它适合于对时点现象的调查。一次调查可以是定期的，也可以是不定期的。定期是指调查时间间隔相同，不定期是指每次调查时间间隔不同。

(四)根据调查时收集数据的方法不同分，可分为直接观察法、报告法、采访法

直接观察法是由调查人员对被调查对象进行直接点数和计量。例如，对商品库存的盘点等。此法的优点是能够保证所搜集的调查资料的准确性，也有利于开展统计分析，但需要花费的人力、物力和时间较大，而且无法用于对历史统计资料的搜集。

报告法是报告单位利用原始记录和核算资料做基础，向有关单位提供统计资料。我国现行的统计报表就是采用报告法搜集资料逐级上报的。该方法所获得的资料全面、系统、规范。

采访法是根据被调查对象的答复来收集统计资料的一种统计调查方法。这种方法又可分为询问法和自填法两种。询问法是指调查者对调查对象逐一采访并登记,包括当面采访、电话采访、视频采访等。自填法是指调查者把含有调查内容的调查表交给调查对象,向调查对象说明填表要求和方法,并解释注意事项,由调查对象自行填写后,交调查者审核并登记的一种调查方法;根据调查表发放的方式和途径不同,通常有邮寄法、网络法、直接分发法、报纸杂志法等。询问法的优点是快捷;其缺点是对接受调查者有较大压力,对答题者素质要求较高,当面采访的成本比较大。自填法的优点是成本相对较低,对调查的组织能力要求不高,对被调查者的答题压力较小;其缺点是调查的回复率一般比较低,不适合内容比较复杂的调查,所需时间周期也比较长。

第二节　统计调查方案设计

统计调查涉及面广,一个全国性的调查项目往往需要成千上万的人协同工作才能完成。为使调查工作能有条不紊地顺利进行,取得全面、真实、准确的资料,达到预期目的,在调查之前就必须根据调查要求,正确制订周密的调查方案,以便调查者在调查中遵照执行,统计调查方案一般应包括以下几个基本内容。

一、确定调查目的

确定调查目的是任何一项统计调查方案首先要解决的问题,是调查工作最重要的内容。不同的调查目的需要不同的调查资料,不同的调查资料又有不同的搜集方法。调查目的明确了,搜集资料的范围和方法也就确定下来了。

确定调查目的就是要明确这次调查要了解什么问题,并解决什么问题。它往往是根据国家、部门或企业等的调查任务来确定的。任务不同,目的也就不同,确定的调查内容也不同。例如,中华人民共和国成立起来,我国进行了7次人口普查。1953年进行的第一次人口普查,目的是为制定发展国民经济的第一个五年计划提供确切的人口数字资料,所以,在那一次普查中,只调查了姓名、与户主的关系、年龄、性别、民族等五个方面的内容。1990年进行的第四次人口普查,其目的除是确定人数以外,还要研究改革开放后的人口流动和迁移状况,故其调查内容比较广泛,包括15项人记录项目和6项户记录项目。而2020年11月1日第七次全国人口普查项目内容更有所扩展。

二、确定调查对象、调查单位和填报单位

调查对象和调查单位需要根据调查目的来确定。目的越明确、越具体,调查对象和调查单位的确定也就越容易。

调查对象即统计总体,是根据调查目的所确定的研究事物的全体。统计总体这一概念

在统计调查阶段称调查对象，即由性质相同的许多调查单位所组成的一个整体。调查单位也就是总体单位，它是调查对象的组成要素，即调查单位就是构成调查对象的各个单位，它是调查资料的承担者。例如，如果是要全面了解工业生产情况的工业普查，那么由所有从事工业生产活动的单位所组成的“工业企业”就是调查对象。其中的每一个工业企业就是调查单位，每一个工业企业都是工业普查中经济类型、行业性质、职工人数、产量、设备数量和价值等调查项目的承担者。如果调查目的是要了解国有工业企业设备的状况，那么“国有工业企业设备”就是调查对象，国有工业企业的每一台设备就是调查单位。国有工业企业的每一台设备，就是设备名称、种类、能力、完好程度、工作时间、购买时间及技术水平等调查项目的承担者。

填报单位是指按照调查方案的要求负责向调查者报送调查结果的单位。填报单位和调查单位是不同的，填报单位只能是某类机构（机关、团体、学校、企事业单位等）和人；调查单位则既可以是人或某类机构，也可以是某种物（如设备）。所以，在有些场合，填报单位和调查单位两者相同，如工业普查中，填报单位和调查单位都是某一个工业企业；但在某些场合，填报单位和调查单位则不同，如在国有工业企业设备普查中，调查单位是国有工业企业的每一台设备，但填报单位则是每一个国有工业企业。确定调查单位，是为了明确向谁做调查；确定填报单位，是为了明确由谁提供统计资料，防止调查单位的遗漏和重复，保证统计资料的准确性和调查工作的顺利进行。

三、确定调查项目，制作调查表

调查目的、调查对象确定之后，必须确定具体的调查项目。

（一）调查项目

调查项目是所要调查的具体内容，它是由调查对象的性质、调查目的和任务所决定的，包括调查单位所须登记的标志（品质标志和数量标志）及其他有关情况。例如，工业企业普查中工业企业的经济类型、行业性质、职工人数、产量、产值；设备普查中设备的名称、种类、能力、完好程度、工作时间等。如果它们作为调查内容规定下来就成为调查项目。

调查项目所要解决的问题是向被调查者调查什么，具体拟定调查项目时须注意下列四个问题。

（1）调查项目要少而精，只列入为实现调查目的所必需的项目。否则会造成调查工作的浪费。

（2）本着需要和可能的原则，只列入能够得到确定答案的项目。有些项目被调查者说不清楚或无法回答的，则不要列入。凡列入的调查项目，含义要具体明确，使人一看就懂，理解一致；有些项目根据需要可加注释、规定统一标准等。

（3）各调查项目之间应尽可能做到互相联系、彼此衔接，以便于对调查对象的整体把握，相互核对，起到校验作用，从而提高调查资料的质量。

（4）要明确规定调查项目的答案形式（如文字式、数字式、是否式等），注意本次调查项目与过去同类调查项目之间的衔接，以便进行动态对比。

(二)调查表

将调查项目用表格的形式表示出来,就形成了调查表,其目的是保证统计资料的规范化和标准化。调查表有单一表和一览表两种形式。单一表是一个调查单位填写一份表格,可以容纳较多的、较细的调查项目;一览表是许多调查单位共同填写一份表格,在调查项目不多时较为简便,且便于合计和核对差错。为了正确填写调查表,须附有填表说明和项目解释。

问卷调查是统计调查的一种新颖形式。它随机或有意识地选择若干单位,发出问卷,要求被调查者在一定的时间内反馈信息,借以对调查对象总体做出评估的一种调查形式。它通常适用于主观指标的调查。

1. 调查问卷结构

一般地,调查问卷主要由问卷标题、问卷前言、问卷主体、结束语四个部分组成。

(1)问卷标题

任何一份问卷都要反映某一主题,这就要用简单明了的标题表示出来。例如,要对投资环境情况进行调查,问卷标题可为"投资环境调查";要反映家庭教育的情况,问卷标题可为"家庭教育问卷调查",等等。问卷标题要鲜明、准确、简捷,一看标题就使人们明确应向谁调查,调查什么,即表明了调查的对象和调查的内容。

(2)问卷前言

问卷前言是调查问卷最前面的部分,主要包括三个方面的内容,一是说明调查的目的和意义;二是说明调查的要求和填表方法;三是对调查对象表示感谢,阐明对调查对象的保密承诺。此部分应该言简意赅,通俗易懂,最好能激发被调查者的兴趣。

(3)问卷主体

问卷主体是调查问卷的核心内容,它包括调查者所要调查的所有内容,它由问题和答案组成,主要体现在两个方面:一方面是针对被调查者的基本情况的题项和答案,另一方面就是针对调查者想要解决的问题的题项和答案。

(4)问卷结束语

结束语是调查问卷的最后部分,主要是对被调查者配合调查工作的感谢,也可征询被调查者对问卷设计和问卷本身的看法和感受。此部分内容应尽量简短,有的问卷也可将其省略。

2. 调查问卷题项和答案的设计形式

调查问卷的题项和答案能以书面形式直接反映调查对象的看法和要求,问卷题项的设计应该明确反映调查的主要问题,重点突出,通俗易懂,便于回答,同时还应该便于计算机对问卷的汇总和处理。问卷题项和答案的设计形式通常有以下几种。

(1)二项选择式

这种方法的问卷只是让被调查者在两个可能答案中选择一个,如"是"与"否","有"与"没有",等等。此类方法易于发问,也易于回答,且方便统计汇总,但不便于调查人员了解形成答案的原因。

(2)多项选择式

这种询问方法设置了三种或三种以上的答案供被调查者选择。这种方法能较全面地反映被调查者的看法,又易于统计和整理,但在设计时应注意供选择的答案不宜过多,只要能概括各种可能情况即可。

(3)顺位选择式

这是让被调查者依据自己的爱好和认知程度对调查项目中所列答案定出先后次序。这种方式便于被调查者去衡量比较,也便于对调查结果进行统计整理。它适用于要求表示答案的先后次序或轻重缓急的问题。

(4)赋值评价式

赋值评价式是指通过打分或定等级来评价事物的好坏或优劣的方法。这种方法简便易行,评价的活动余地较大,而且便于统计处理和比较。缺点是分数的多少和等级的高低不易掌握分寸,而且往往因人而异,差异较大。

(5)自由询问式

这种方法是只有题项,没有答案,由被调查者自由回答。它适用于对所有问题提问,这种回答可使被调查者尽量发表自己的意见,形成一种活泼的调查氛围;但如果出现被调查者不愿或不便用文字形式表达自己看法的情况时,就会影响调查结果的全面性与准确性。此外,这种方法不利于进行资料的整理和统计。

3. 问卷设计应注意的问题

问卷设计是一项十分具体、细致且技巧性很强的工作,问卷设计质量的高低,决定着问卷调查的成败。问卷设计时主要应注意以下几个问题。

(1)问题应该少而精。只列入为实现调查目的所必需的项目,否则会造成调查者工作的浪费。

(2)问题的表述要清楚。首先,要尽量保证每个问题的规范化、标准化,即所提的问题以及涉及的变量、指标都要有明确的规定,要让回答者做出一致的正确理解。其次,提问应不带暗示,也不带感情色彩和倾向性。

(3)问卷所列问题不要超出调查者的回答能力。这种能力包括识别文字和理解文字的能力、知识的范围和水平等。不要用冷僻、深奥和太过抽象的词语,要尽量用大众化的语言。

(4)问卷中应尽量避免出现社会禁忌和敏感性的问题,如"您家有存款多少""您离过婚吗"等问题最好不要出现。

(5)问题的排列顺序要适当。应当先易后难,将被调查者熟悉的、感兴趣的问题放在前面,生疏的、可能引起其紧张的问题放在后面,应该将选择式题项放在前面,自由询问式题项放在后面等。

(6)问卷题项的答案要有穷尽性,避免重复和相互交叉,要有利于被调查者做出真实的选择,答案要编号。

四、确定调查时间和调查期限

调查时间指调查资料所属时间。如果调查的是时期现象,调查时间是资料所反映的起讫时间，即某调查对象从某年某月某日开始到某年某月某日为止的时间；如果调查的是时点现象，调查时间是统一规定的标准时点。例如，全国第七次人口普查确定调查时点为2020年11月1日零时。

调查期限是进行调查工作的期限，包括从准备工作开始，到搜集资料和报送资料，数据完全公布完毕为止的整个工作所需要的时间。如某管理局要求所属企业在2021年1月底上报2020年工业总产值资料，则调查时间是一年，调查期限是一个月；又如某管理局要求所属企业在2021年1月10日上报2020年产成品库存资料，则调查时间是2020年12月31日，调查期限是10天。为了保证资料的及时性，必须尽可能缩短调查期限。

五、制订调查的组织实施计划

为了保证统计调查工作的顺利进行，就必须有一套严密细致的组织工作。组织工作包括成立调查机构，配备调查人员，对此次调查的宣传，相关人员的培训，调查经费的筹集和支配，选择调查的组织形式等问题。

第三节 统计调查的组织方式

统计调查按组织方式分类，可以分为统计报表和专门调查，专门调查包括普查、重点调查、典型调查、抽样调查等，它们和统计报表都非常重要，在统计工作中的应用都很广泛。

一、统计报表

（一）统计报表的概念

统计报表是按照国家或上级部门统一规定的表式、统一的指标项目、统一的报送程序和报送时间，自下而上逐级提供基本统计资料的一种调查方式。统计报表是我国定期搜集基本统计资料的一种重要的组织形式。

（二）统计报表的特点

首先，统计报表的资料来源是建立在基层单位的原始记录的基础上，基层单位也可利用其资料对生产、经营活动进行监督管理；其次，由于统计报表是逐级上报和汇总的，各级领导部门能获得管辖范围内的报表资料，了解本地区、本部门的经济和社会发展情况；再次，由于统计报表属于经常性调查，调查项目相对稳定，有利于积累资料，并且可进行动态对比分析。

（三）统计报表的种类

1. 按实施范围不同

统计报表按实施范围不同，可分为国家统计报表、部门统计报表和地方统计报表。国家统计报表是国民经济基本统计报表，它是用来反映国民经济和社会发展基本情况的统计报表，由国家统计局制发。部门统计报表是各业务部门为业务管理的需要而制发的，只在本系统内执行，用来搜集有关部门的业务技术资料。地方统计报表主要用来满足地方专门需要，其实施范围为各省、市、自治区。部门和地方统计报表都是国家统计报表的补充。

2. 按调查范围不同

统计报表按调查范围不同,可分为全面统计报表和非全面统计报表。全面统计报表要求调查对象中的每个单位都填报;非全面统计报表只要求调查对象中的一部分单位填报。非全面调查填报的报表属于非全面统计报表。

3. 按报送周期长短的不同

统计报表按报送周期长短的不同,可分为定期报表和年报。定期报表包括日报、旬报、月报、季报和半年报,其中,日报、旬报由于时效性强也称为进度报表。各种报表报送周期的长短和指标项目的详简有一定的关系。通常是报送的周期越短,报送的指标项目越简越粗;反之则指标项目就越多越细。

年报是带有总结性的报表,其作用在于总结报告年度计划执行情况,分析研究历年生产发展趋势和平衡关系,以及为各级领导机关制定方针政策提供依据,为研究社会经济发展及重要比例关系提供依据。所以,年报具有指标多、分组细、统计范围广等特点。

4. 按填报单位不同

统计报表按填报单位不同,可分为基层报表和综合报表。基层报表是由基层企事业单位根据原始记录,汇总整理、编报的统计报表。编报基层报表的单位称为基层填报单位。综合报表是由各级国家统计部门和业务主管部门根据基层报表汇总整理、编报的统计报表,反映一个地区、一个部门或全国的基本情况。编报综合报表的单位称为综合填报单位。

5. 按报送方式不同

统计报表按报送方式的不同,可分为电讯报表和书面(邮寄或投递)报表。电讯报表是通过电话、电报、传真、电子邮件和网络传输等方式传递的报表。日报、旬报等周期较短,时效性较强的报表通常采用电讯报表方式上报。邮寄报表是通过邮政寄送的方式报送资料,可用于周期相对较长的报表,如月报、季报、年报,但当前用得相对较少,用得较多的是电讯报表。

二、专门调查

(一)普查

1. 普查的概念

普查是专门组织的一次性全面调查,主要调查一定时点状况的社会经济现象的总量,搜集那些不能够或者不适宜用定期全面报表搜集的统计资料,以搞清重要的国情国力。

2. 普查的特点

普查有三个主要特点:第一,普查是专门组织的调查。它是为了了解和研究某一问题而专门进行的调查。第二,普查是一次性调查,即普查是不连续的调查。它是根据需要和调查对象本身的特点,每隔一段时间进行一次。第三,普查是全面调查。它是对调查对象中所包括的所有调查单位一一进行调查。

普查和定期统计报表都属于全面调查,但两者各有自己的特点和作用,不能相互替代。

普查属于不连续调查，调查内容主要是反映国情国力方面的基本统计资料；而全面统计报表属于连续调查，调查内容主要是需要经常掌握的各种统计资料。全面统计报表要经常填报，因此报表内容固定，调查项目较少；而普查是专门组织的一次性调查，它所包括的指标比定期报表更全面，所进行的分组也比定期报表更详细，普查能搜集到定期报表所不能或不宜取得的资料。例如，搜集人口方面的资料，有经常性人口登记表，但若需要掌握更全面、更详细的人口资料，以满足国家制定人口政策、分析人口和社会发展的关系，还需要普查来完成。

但普查也有其局限性，一次普查要花费大量的人力、物力、财力和时间，不宜经常组织。经常性统计资料的取得还需要靠全面统计报表。

3. 普查的组织形式

普查的组织形式有两种：一是组织专门的普查机构，配备一定数量的普查人员，对调查单位直接进行登记；另一种是利用普查单位的原始记录和核算资料，颁发一定的调查表格，由调查单位自填上报。

普查按资料汇总的特点分为一般普查和快速普查。一般普查是采取逐级布置任务、逐级汇总资料的方法，需要花费较长的时间。当调查任务紧迫，可以采用快速普查。快速普查从布置任务到上报资料，都由组织普查工作的最高领导机关直接与各基层单位取得联系，越过一切中间环节，突出一个“快”字。

4. 普查的原则

(1)必须统一规定调查资料所属的标准时点

这使所有资料都反映这一时点上的状况，避免重复和遗漏。例如，人口普查如果没有一个统一的标准时点，就会因人口的出生和死亡、迁入和迁出得不到准确的数字。

(2)正确选择普查的时期

普查的时期就是普查在什么时期进行。普查的标准时间是在普查时期选择的基础上才能确定的。普查时期应根据国家的需要选择在被调查现象变动最小的时期或是普查工作最方便的时期。

(3)确定调查的期限

在普查范围内各调查单位或调查点应尽可能同时进行调查，并在规定的期限内完成，以便在方法上、步调上协调一致。如果时间拉得过长，就会影响调查资料的准确性和时效性。

(4)调查项目一经确定，不能任意改变或增减

这样以免影响汇总综合，降低资料质量。同类普查的内容在各次普查中要尽可能保持一致，以便将历次普查资料进行对比。

此外，进行普查前应先试点，取得经验，交流推广；普查结束后，要用其他调查方式(比如抽样调查)对普查资料进行检查和修正，以保证普查资料的质量。

(二)重点调查

1. 重点调查的概念

重点调查是一种非全面的专门调查，它是在所要调查的社会现象总体的全部单位中选择一部分重点单位进行调查。所谓重点单位，是指这些单位在全部总体中虽然数目不多，所

占比重不大，但就调查的标志值来说却在总量中占很大的比重。通过对这部分重点单位的调查，可以从数量上说明整个总体在该标志总量方面的基本情况。例如，对为数不多的一些大型钢铁企业如宝钢、包钢、鞍钢、首钢、太钢等进行调查，能及时地了解全国钢铁生产的基本情况。因为这些企业的年钢铁产量占全部钢铁企业年总产量的绝大比重，所以可以满足调查任务需要的资料。

重点调查具有客观性和非全面性的特点。客观性是指重点调查对象的确定一般不具有主观性，通常是根据其标志值占总量的绝大多数为依据。非全面性是指所调查的单位只是总体所有单位中的一部分，或者说是重要部分。

2. 重点调查中重点单位的选取

组织重点调查的关键问题是确定重点单位。在选择重点单位时，应该遵循以下几项原则。

(1)重点单位应尽可能少，但标志值占总体标志总量应尽可能大。

(2)重点单位的选择应该根据调查任务要求来确定，不能固定不变。因为有些单位在某一方面是重点，但在另一方面就不一定是重点；有些单位在现在是重点，但以后却不一定是重点。

(3)重点单位应该是管理健全、统计基础较好的单位，以保证资料的准确性和及时性。

3. 重点调查的适用条件

(1)调查任务在于反映调查总体的主要情况或基本趋势，因此，重点调查通常用于不定期的一次性调查，但有时也用于经常性的连续调查。

(2)要有重点单位。重点调查中重点单位的选择着眼于标志量的比重，因而重点单位的选择具有客观性。当调查目的是掌握现象的基本情况，而部分单位又能比较集中地反映所研究的项目和指标时，可用重点调查。

(三)典型调查

1. 典型调查的概念

典型调查就是在调查对象中根据主观判断，有意识地选取若干具有典型意义的或具有代表性的单位进行非全面调查。其主要特点是：第一，主观性。典型调查单位是有意识地选取的，所以会受调查者的主观意志影响。第二，非全面性。典型调查针对的是少数单位或个别单位，属于非全面调查，调查工作能进行得更深入。第三，经济性。典型调查相对灵活，可节省较多的人力和财力。

2. 典型调查的作用

典型调查的作用主要体现在以下几个方面：第一，由于选择的单位较少，因此通常能对所研究的问题作更加具体、深入的分析，从而弄清事物的发展规律或总结经验教训；第二，典型调查便于发现和研究社会生活中的新事物，从而能及时反映各种新情况、新问题；第三，典型调查是全面统计调查的有益补充，典型调查的资料可对全面调查的结果进行检验和核实。

3. 典型调查的类型

典型调查一般可以分为两种类型，一种是“解剖麻雀”式的调查，即对个别典型单位进行深入细致的调查和研究，目的在于通过典型单位来说明事物的一般情况或事物发展的一般规律性。另一种下典型调查是“划类选典”式的调查，即通常先对调查对象进行分类，然后在各类中分别选择典型单位。这部分单位形成一个总体，通过对这个总体的观察，可以从数量上推断总体。

4. 典型单位的选择

典型调查的中心问题在于如何正确地选择典型单位，要保证被选中的单位具有充分的代表性。根据调查研究目的的不同，选择典型单位的方法也不同。

如果是为了近似地估算总体的数值，可以在了解总体大略情况的基础上，把总体分成若干类型，从每一类型中按它在总体中所占比例的大小，选出若干典型单位进行调查；如果是为了了解总体的一般数量表现，则可以选中等的典型单位作为调查单位；如果是为了研究成功的经验和失败的教训，则可以选出成功的典型单位和失败的典型单位，或选择上、中、下各类典型单位进行调查、比较。

总之，选择典型必须从全面着眼、分析。掌握调查对象的全面情况和平均水平，然后对比各个可供选择的调查单位的具体情况和具体水平，从中选择几个代表性较大的单位。

(四)抽样调查

1. 抽样调查的概念

抽样调查是按随机原则从总体中选取一部分单位进行调查，从而用这部分单位的数量特征来推断全部总体的数量的一种非全面调查方法。例如，我们要检验某种产品的质量，就要从整个产品中随机抽取若干个产品进行检验，看它们的合格率或不合格率是多少，然后以此推断全部产品的合格率或不合格率是多少，还可以推算合格或不合格产品的总量。

2. 抽样调查的特点

抽样调查与其他非全面调查比较，具有两个基本特征：第一，是按照随机原则抽取调查单位。随机原则也叫同等可能原则，它是指在总体中抽取样本单位时，每一个单位都有相同被抽中的机会。谁被抽中，谁不被抽中完全是同等可能的，即概率相等。第二，是对一小部分单位做深入细致的调查研究，取得数据，并据此从数量上来推断总体。

3. 抽样调查的应用范围

(1)有些社会经济现象，不能采用全面调查，但又需要了解其全面情况，只能采用非全面调查，这时采用抽样调查更合适。例如，对无限总体的认识，对具有破坏性的产品质量的检验，等等。

(2)有些社会经济现象从理论上看可以进行全面调查，但在实际执行中困难很大，或没有必要，这时采用抽样调查较好。例如，了解某森林区有多少棵树，一个地区居民肉、蛋、奶的消费量是多少，等等。

(3)对全面调查资料进行补充和修正。全面调查容易产生登记性误差，若误差较大，就必然会影响到全面调查数字的质量，这时我们可在全面调查的基础上，组织一次抽样调查，来补充和修正全面调查的数字。

抽样调查的方法将在本书第八章专门详细介绍。

综上所述,统计调查的方式多种多样,不同的统计调查方式各有其特点和作用。实际组织调查时到底采取什么方式方法,必须根据调查的具体任务和调查对象本身的特点而定,并随客观情况和工作条件的变化而适当选用。

本章小结

统计调查是统计工作过程中的重要一环,是统计工作的基础环节。统计调查的表现形式多样,按调查对象所包括的范围分为全面调查和非全面调查;按调查登记的时间是否连续分为经常调查和一次调查;按调查时收集数据的方法不同可分为直接观察法、报告法和采访法;按统计调查组织方式不同可分为统计报表和专门调查。

统计调查方案是统计调查工作的准备阶段,其主要内容包括确定调查目的、确定调查对象和调查单位、确定调查项目制作调查表、确定调查时间和调查期限、制订调查组织工作计划。

统计调查组织方式中,专门调查包括普查、重点调查、典型调查、抽样调查等,它们各有各的优点、缺点,在统计工作中非常重要,应用也都十分广泛。统计报表是一种定期的、比较稳定的收集资料的方法,在社会主义经济建设中具有重要的作用。

了解 Excel 的统计功能

一、Excel 概述

Microsoft Excel 是美国微软公司开发的 Windows 环境下的电子表格系统,是 Microsoft Office 组件之一。目前是应用最为广泛的办公室表格处理软件之一。通过它可以进行各种数据的处理、统计分析和辅助决策。Excel 广泛地应用于管理、统计、财经、金融等众多领域。目前常用的 Excel 软件有 Excel 2003、Excel 2007、Excel 2010 等不同版本,随着版本的不断提高,Excel 软件强大的数据处理功能和操作的简易性逐渐走入了一个新的境界,整个系统的智能化程度也不断提高。

Excel 具有强大的数据库管理功能、丰富的宏命令和函数,能完成数据的计算、分析、传递和共享,可以帮助用户将繁杂的数据转化为所需要的信息。

二、Excel 的统计功能

Excel 是一个设计精良、功能齐全的办公软件。Excel 的统计功能通常分为基本统计和数据分析两个部分。分别以统计函数和分析工具库的形式来提供。下面对它们做个简单介绍。

1. 描述统计量计算

(1)集中趋势计算

算术平均数:AVERAGE、AVERAGEA

几何平均数:GEOMEAN

调和平均数:HARMEAN

中位数:MEDIAN

众数:MODE

四分位数:QUARTILE

K 百分比数值点:PERCENTILE

内部平均值:TRIMMEAN

(2)离散程度计算

平均差:AVEDEV

样本标准差:STDEVA、STDEV

总体的标准偏差:STDEVP、STDEVPA

样本方差:VAR、VARA

总体方差:VARP、VARPA

样本偏差平方和:DEVSQ

(3)数据分布形状测度计算

偏斜度:SKEW

峰度:KURT

标准化值:STANDARDIZE

(4)数值计算

计数:COUNT、COUNTA

极值:MAX、MAXA、MIN、MINA、LARGE、SMALL

排序:RANK、PERCENTRANK

2. 概率计算

(1)离散分布概率计算

排列:PERMUT

概率之和:PROB

二项分布:BINOMDIST、CRITBINOM、NEGBINOMDIS

超几何分布:HYPGEOMDIST

泊松分布:POISSON

(2)连续变量概率计算

正态分布:NORMDIST、NORMINV

标准正态分布:NORMSDIST、NORMSINV

对数正态分布:LOGINV、LOGNORMDIST

卡方分布:CHIDIST、CHIINV

T 分布:TDIST、TINV

F 分布:FDIST、FINV

β 概率分布:BETADIST、BETAINV

指数分布:EXPONDIST

韦伯分布:WEIBULL

f 分布:GAMMADIST、GAMMAINV、GAMMALN、GAMMALN

3. 频数分布处理

频数分布处理:FREQUENCY

4. 参数估计

均值极限误差计算:CONFIDENCE

5. 假设检验

方差假设检验:FTEST

均值假设检验:TTEST、ZTEST

6. 卡方检验

拟合优度和独立性检验:CHITEST

7. 相关、回归分析

相关分析:COVAR、CORREL、PEARSON、FISHER、FISHERINV

线性回归分析:FORECAST、RSQ、LINEST、INTERCEPT、SLOPE、STEYX、TREND

曲线回归:LOGEST、GROWTH

思考与练习

【课后思考】

1. 什么是统计调查?统计调查应符合哪些要求?
2. 简述统计调查的分类情况。
3. 简述统计调查方案的内容。
4. 试述典型调查与重点调查的特点和作用,比较其异同。
5. 什么是统计报表?试述统计报表的作用及其分类情况。

【知识自测】

1. 单项选择题

(1)全国人口普查中,调查单位是(　　)。

A. 全国人口　　B. 每一个人　　C. 每一户　　D. 所有的居民户

(2)统计调查分为统计报表和专门调查是按(　　)。

A. 调查对象包括的范围不同划分的　B. 按其组织形式的不同划分的

C. 按收集资料的方式不同划分的　D. 按登记的时间不同划分的

(3)对某市工业企业的设备进行普查,填报单位是该市的(　　)。

A. 全部设备　B. 每台设备　C. 每个工业企业　D. 全部工业企业

(4)下列调查属于全面调查的是(　　)。

A. 对某种连续生产的产品质量进行调查

B. 某地区对工业企业设备进行普查

C. 对全国煤炭生产中的重点单位进行调查

D. 抽选部分地块进行农产品产量调查

(5)在统计调查中,调查单位与报告单位(　　)。

A. 是一致的　B. 有时是一致的,有时是不一致的

C. 报告单位大于调查单位　D. 是不一致的

(6)人口普查规定统一的标准时间是为了(　　)。

A. 避免登记的重复与遗漏　B. 确定调查的范围

C. 确定调查的单位　D. 登记的方便

(7)某市对占该地交通运输业总产值五分之四的六个运输企业进行调查,这种调查方法是(　　)。

A. 普查　B. 典型调查　C. 抽样调查　D. 重点调查

(8)某集团公司为了总结先进生产管理经验,有意识地选择了几个先进子公司进行调查,这种调查属于(　　)。

A. 典型调查　B. 普查　C. 重点调查　D. 抽样调查

(9)要调查市场上某种饮料的合格率,应该采用(　　)。

A. 典型调查　B. 问卷调查　C. 重点调查　D. 抽样调查

(10)专门组织的一次性全面调查是(　　)。

A. 普查　B. 重点调查　C. 典型调查　D. 抽样调查

(11)在统计调查中,调查期限是指(　　)。

A. 调查资料所属的时间　B. 整个调查工作的时限

C. 具体进行调查登记的时间　D. 调查工作进行的时间

2. 多项选择题

(1)按收集资料的方法不同,统计调查可分为(　　)。

A. 采访法　B. 抽样调查法　C. 直接观察法　D. 典型调查法

E. 报告法

(2)下列属于非全面调查的是(　　)。

A. 重点调查　B. 抽样调查　C. 快速普查　D. 典型调查

E. 统计报表

(3)某地区进行企业现状调查,则每一个企业是(　　)。

A. 填报单位　　B. 调查项目　　C. 调查单位　　D. 统计总体

E. 调查对象

(4)普查是一种(　　)。

A. 非全面调查　　B. 专门调查　　C. 全面调查　　D. 一次性调查

E. 连续性调查

(5)可采用抽样调查的有(　　)。

A. 居民的家计调查　　B. 食品罐头的质量检验

C. 产品产量调查　　D. 某地区企业数的调查

E. 出口茶叶质量检查

(6)全国人口普查中(　　)。

A. 每个人是总体单位　　B. 全国人口数是总体

C. 女性是品质标志　　D. 年龄是变量

E. 民族是品质标志

(7)一个完整的统计调查方案,应包括的内容有(　　)。

A. 确定调查目的　　B. 确定调查对象

C. 确定调查项目　　D. 确定调查时间和期限

E. 制订调查组织实施计划

3. 判断题

(1)全面调查只适用于有限总体的调查。(　　)

(2)询问法调查回答率较低,但其调查成本低。(　　)

(3)直接观察法不能用于对历史资料的搜集。(　　)

(4)抽样调查就是凭主观意识,从总体中抽取部分单位进行调查。(　　)

(5)人口普查可以经常进行,所以它属于经常性调查。(　　)

(6)在任何条件下,典型调查的资料均可以推算总体指标。(　　)

(7)专门调查是为了研究某些专门问题而临时组织的调查,它与定期统计报表是两种不同的方式。(　　)

(8)某市规定2020年工业企业年报的呈报时间为2021年1月31日前,则调查时间是一年,调查期限是一年零一个月。(　　)

(9)抽样调查与重点调查都是通过对部分单位的调查,来达到对总体数量特征的认识。(　　)

(10)重点调查中的重点单位是标志值较大的单位。(　　)

第三章　统计整理

第一节　统计整理的意义和步骤

一、统计整理的意义和内容

统计调查收集到的统计资料常常是大量的。按照一般情形，如果有上百个原始的数字和事项，人们就很难比较并发现它们的相互关系或规律，所以统计资料必须经过整理。统计资料的整理是统计方法中的关键环节，是以后进行统计分析的基础。

统计整理就是根据统计研究的目的和要求，对统计调查得到的大量原始资料进行科学的加工、分类、汇总，使其条理化、系统化，得出能够反映总体综合特征的统计资料的工作过程。统计调查所取得的原始资料是反映各个总体单位的资料，它们仅仅说明各个总体单位的具体情况，是不系统的、分散的，甚至还可能带有一定的片面性。统计需要的是反映总体特征的统计指标，因此需要进行统计整理。

统计整理介于统计调查和统计分析之间，是统计工作的中间环节。统计整理在统计工作中起着承上启下的作用，既是统计调查的继续，又是统计分析的基础和前提，它实现了从个别单位的标志值向说明总体数量特征的指标值过渡，是人们对社会经济现象从感性认识上升到理性认识的过渡阶段，是进一步进行统计分析的必要前提。可见，统计整理绝不是一个单纯的技术问题，而是统计工作中一个极其重要的理论问题。其主要内容通常包括三个方面，即设计统计整理方案、对统计资料进行汇总并计算各项指标和通过统计表描述整理的结果。

二、统计整理的程序和方法

统计整理是一项细致的、科学的工作。统计整理的主要内容决定了统计整理的全过程，统计整理的全过程体现了统计整理的主要内容。

统计整理的全过程大体上可以分为以下四个步骤。

1. 设计统计整理方案

统计整理方案与调查方案应紧密衔接,其指标体系要与调查项目一致,或者是其中的一部分,绝不能矛盾、脱节或超越调查项目的范围。整理方案是否科学,对于统计整理乃至统计分析的质量都是至关重要的。统计整理方案主要包括两个方面的工作:一是确定对总体资料的处理方法,如对统计资料如何分组、汇总等;二是确定统计指标和指标体系,如统计指标体系中包括哪些指标,指标间有何联系,指标名称、含义、内容等。

2. 统计资料的审核

统计资料的审核是为了保证统计资料的准确无误,使之符合统计研究的目的和要求。统计调查过程中,由于各种原因,难免会出现一些差错。为了确保统计资料的质量,在对原始资料进行汇总之前,必须对其进行审核和检查工作,以便发现问题及时纠正。实际工作中的一般做法是"不审不汇,不核不报",只有经过认真审核后的资料才能进行汇总。审核的内容主要包括资料的准确性、及时性和完整性。

对资料准确性审核的方法主要是逻辑审核和计算审核。逻辑审核就是看原始资料的内容是否合理,有无违反常规、相互矛盾、不合实际的地方。例如,人口调查中,儿童年龄段的居民不应有婚姻状况,人口数量不应小于家庭户数。计算审核就是检查各项数字与合计是否相符,计算方法是否一致,存在平衡关系的数字之间是否平衡。例如,审核中要注意各单项之和是否等于小计,小计之和是否等于合计,各横行纵栏的合计有无错误等。

通过审核发现错误以后,要根据不同情况及时纠正和处理。对弄虚作假、虚报瞒报、伪造篡改统计资料的,要按《中华人民共和国统计法》严肃处理。统计资料的审核是一项严肃细致的工作,一定要认真对待,不可草率从事。

3. 原始资料的分组与汇总

按照统计整理的要求,采用科学的方法对原始资料进行分组,在统计分组的基础上进行汇总,计算出各组的总体单位数和合计数,以及各组的指标数值和综合指标数值。对统计资料的整理不仅仅是计算出总计数值,更重要的是要进行科学的分组,分组是统计深化认识事物的前提。统计分组是根据社会现象的特点和统计研究的目的要求,按照某种重要标志把总体分成若干部分的科学分类,这是整个统计整理工作的核心内容。

4. 编制统计表或绘制统计图

根据现象之间的内在联系和统计分析的要求,将整理出来的资料绘制成统计图表,系统有序、清晰形象地表现出来。通过统计表或统计图表现的统计资料,一目了然,简明扼要,便于使用。

综上所述,设计整理方案、对原始资料进行审核是整理的前提,统计分组是统计整理的基础,统计汇总是统计整理的中心环节,编制统计表或绘制统计图是统计整理的结果。

因此可见,统计整理包括统计分组、统计汇总和统计图表等三个方面的主要内容。

第二节　数据的预处理

数据的预处理是在对数据分类或分组之前所做的必要处理，内容包括数据的审核、筛选、排序等。

一、数据审核

数据审核就是检查数据中是否有错误。在搜集资料的过程中，经常会由于某些原因出现一些差错。为了确保统计资料准确无误，以及符合统计研究目的的要求，必须对统计调查所获得的资料进行严格的审核，发现问题及时纠正。审核是统计整理中的首要环节，包括对资料的准确性、及时性和完整性等的审核。

1. 及时性审核

及时性审核是检查报告单位是否按规定的时间报送了统计资料，如有不报、漏报或迟报的现象，就要及时查清。

2. 完整性审核

审查资料的完整性，主要是检查应调查的单位或个体是否有遗漏，调查表是否已经收齐，调查表中要求所填写的项目是否填写完整，有无遗漏，报送单位、日期等是否全部正确无误。

3. 准确性审核

审查资料的准确性，就是检查所填报的资料是否准确可靠。审核主要从两个方面进行：一是逻辑检查，主要从理论上或常识上检查资料的内容是否有悖常理、有无不切实际或不符合逻辑的地方，以及各项目之间有无相互矛盾之处。例如，在一张调查表中，年龄是 13 岁，职业是律师，其中必有一处是错误的。又如，若在某劳动密集型行业报表中，企业规模为大型，而职工人数为 80 人，这其中也必有一处错误。二是检查各项目之间有无相互矛盾的地方。例如，企业的销售成本大于统计销售总值就是明显的逻辑错误。审查资料是否正确的第二种方法是计算检查，就是检查各项指标的计算口径、计量单位是否符合规定，并通过各种计算方法来检查各指标间的数字是否相互衔接。

4. 历史资料的审核

在利用历史资料时应审核资料的可靠程度、指标的含义、所属时间与空间的范围、计算方法和分组条件与规定的要求是否一致。一般可以从调查资料的历史背景、调查者搜集资料的目的以及资料来源等来判断资料的可靠程度，也可以从指标间的相互关系以及指标的变动趋势来检查它的正确性。对不能满足要求、有缺漏或有疑问的资料要进行有科学根据的推算、弥补和订正。

5. 资料审核后的订正

通过上述审核，如发现缺报、缺份和缺项等情况，应及时催报、补报；如有不正确之处，应分别对不同情况做如下处理。

(1)对于可以肯定的一般错误,应及时代为更正,并通知原报告单位。

(2)对于可疑之数或无法代为更正的错误,应要求原单位复查、更正。

(3)如果所发现的差错在其他单位也可能发生时,应将错误的情况及时通报所有单位,以免发生类似错误。

(4)对于严重的错误,应发函重新填写,并查明发生错误的原因,若属于违法行为应依法严肃处理。

二、数据筛选

数据筛选是根据需要找出符合特定条件的某类数据。比如,找出销售额在2000万元以上的企业,找出考试成绩在90分以上的学生,等等。数据筛选可借助计算机自动完成。

三、数据排序

数据排序是指按一定顺序将数据排列,以便研究者通过浏览数据发现一些明显的特征或趋势,找到解决问题的线索。除此之外,排序还有助于对数据进行检查纠错,以及为重新归类或分组等提供方便。在某些场合,排序本身就是分析的目的之一。例如,了解究竟谁是中国汽车生产的三巨头,对于汽车生产厂商而言,不论它是伙伴还是竞争者,都是很受用的信息。美国的《财富》杂志每年都要在全世界范围内排出500强企业,通过这一信息,不仅可以了解自己企业所处的位置,清楚自己的差距,还可以从一个侧面了解到竞争对手的状况,有效制订企业的发展规划和战略目标。

对于分类数据,如果是字母型数据,排序则有升序、降序之分,但习惯上升序用得更多,因为升序与字母的自然排列相同;如果是汉字型数据,排序方式则很多,比如按汉字的首个拼音字母排列,这与字母型数据的排序完全一样,可按姓氏笔画排序,其中也有笔画多少的升序、降序之分。交替运用不同方式排序,在汉字型数据的检查纠错过程中十分有用。

对于数值型数据,排序只有两种,即递增和递减。设一组数据为$x_1,x_2,\cdots,x_n$,递增排序后可表示为:$x_{(1)}<x_{(2)}<\cdots<x_{(n)}$;递减排序后可表示为$x_{(1)}>x_{(2)}>\cdots>x_{(n)}$。排序后的数据也称为顺序统计量。

第三节　统计分组

一、统计分组的概念

统计分组是指根据所研究事物的特点和统计研究的目的与任务,将统计总体按照某一个或某几个标志,划分为若干个性质不同又有联系的部分。例如,国民经济按产业分组划分为第一产业、第二产业和第三产业;考试成绩划分为不及格、及格、中、良好、优秀这五个等级，等等。

统计分组就是把性质相同的总体单位归为一组，将不同性质的总体单位区分开来形成不同的组。统计分组必须保证组内单位的同质性和组间单位的差异性。因此，理解统计分组应从两个方面进行：一方面，对总体而言是“分”，即将总体按照某个标志划分为若干个性质相异的组成部分；另一方面，对总体单位而言是“合”，即将具有某种相同性质的总体单位归在同一组。统计分组，可以揭示现象各部分之间存在的差异。结合统计分析，能够认识事物的发展变化规律。

二、统计分组的作用

统计分组是统计整理的主要方法，统计分组的作用主要有以下三个方面。

（一）划分社会经济现象的不同类型

现象之间千差万别，要了解各种现象的性质、特点及其相互关系，必须根据某种标志把它们划分为性质不同的类型，以便提示不同现象的质的差异。例如，企业按所有制分组，国民经济按产业分组，农业按农、林、牧、渔业分组，人口按性别分组，等等。

（二）揭示社会经济现象的内部结构

从数量上反映总体内部的结构是统计研究的重要任务。总体的内部结构可体现部分与整体的关系以及各部分之间的存在差别和相互联系，反映事物从量变到质变的过程，帮助人们掌握事物的特征和认识事物的性质。例如，表 3－1 反映 2019—2020 年我国国内生产总值构成及变化情况表。

表 3－1　2019—2020 年我国国内生产总值构成及变化情况表

按三次产业分组	2019 年		2020 年	
	国内生产总值（亿元）	比重（%）	国内生产总值（亿元）	比重（%）
第一产业	70467	7.1	77754	7.7
第二产业	386165	39	384255	37.8
第三产业	534233	53.9	553977	54.5
合计	990865	100	1015986	100

从表 3－1 可以看出我国产业结构及其变化情况：国内生产总值中第三产业所占比重大，其次是第二产业，而第一产业所占比重比较小。第一产业和第三产业所占比重增加，第二产业所占比重降低。

（三）分析社会现象之间的依存关系

社会经济现象不是孤立存在的，各现象之间存在广泛的联系和制约关系，一种现象的变化常是另一种现象变化的原因或结果。统计分组，可以揭示现象之间的依存关系。例如，施肥量与农作物产量之间，工人劳动生产率和产品成本之间，商品销售额与流通费用率之间，这些方面的依存关系，都可以利用分组法说明影响因素对结果因素的作用程度。表3－2列示的即为某地区粮食施肥量与单位面积产量的关系。

表 3－2 某地区施肥量与单位面积、粮食产量的关系资料 单位：千克/公顷

化肥施用量	单位面积粮食产量
202	5655
231	6238
267	6792
294	6819
307	6976
327	7123

表 3－2 中按化肥施用量分组，在计算各组的粮食单位面积产量，可以反映化肥施用量与单位面积粮食产量之间的依存关系。随着化肥施用量的增加，单位面积粮食产量也随之增加。

三、统计分组的原则

统计分组是一切统计研究的基础，应用于统计工作的全过程时，是统计研究的基本方法之一。要保证分组的科学性，统计分组时必须同时满足穷尽互斥的原则。所谓穷尽，是指每一个总体单位都有组可归。例如，将某班学生按性别分为男生和女生两组，没有一名同学既不归属于男生组，又不归属于女生组的情况，这就是穷尽原则。所谓互斥，是指每一个总体单位只能归属于某一个分组。例如，上例中，不能存在一名学生既归属于男生组，又归属于女生组的情况，这就是互斥性原则。分组后，还要求总体的每一个单位都能有组可归，无一遗漏。

四、分组标志的选择

分组标志，即将同质总体区分为不同组的标准或依据。分组标志一旦选定，就必然突出总体在该标志下的性质差别。分组标志选择不当，不但无法显示现象的根本特征，甚至会混淆事物的性质，歪曲社会经济的真实情况。因此，分组标志的选择是统计分组的核心问题。为了达到统计分组的目的，在进行统计分组时要遵循以下原则。

(一)根据统计研究的目的选择分组标志

统计分组是为统计研究服务的，统计研究的目的不同，选择分组标志也应有所不同。统计总体中的个体有许多标志，选择什么标志作为分组标志，要根据统计研究的目的来确定。例如，要了解某单位职工的学历状况，就应选择“文化程度”为分组标志；要了解学生的学习情况，要以“成绩”为分组标志，而不能用“性别”“年龄”“爱好”为分组标志，因为这些标志与要了解的内容无关。

因此，根据研究目的，正确选择分组标志是保证统计分组具有科学性的关键，是保证统计研究获得正确结论的前提。

(二)选择最能够体现现象本质特征的标志作为分组标志

研究某一问题，可能涉及许多标志，有些标志是主要标志，有些标志是次要的。其中，主

要标志能反映现象的本质，在统计分组时，要选择最能体现现象本质的标志。例如，要研究国民经济结构的特点，像经济类型、产业结构都是最能反映经济结构本质特征的最基本标志。又如，研究城镇居民生活水平时，有每户就业人口数、家庭总收入、平均每人每月收入等几个标志。而其中最能反映城镇居民生活水平的标志是平均每人每月收入，因此应选择这一标志作为分组标志。

(三)要考虑现象所处的历史条件

现象是随着时间、地点、条件的变化而不断变化，反映现象本质特征的标志也会因时、因地而有所不同。过去适用的，现在不一定适用，此处适用的不一定彼处适用。例如，对于劳动密集型产业，应采用职工人数作为分组标志来反映各企业生产规模的大小；对于技术密集型企业，反映各企业生产规模大小就要选用固定资产价值或产值作为分组的标志。

因此，必须根据统计研究的目的，在对现象进行分析的基础上，抓住具有本质性的区别及反映现象内在联系的标志作为分组标志。

五、统计分组的种类

分组标志是用来进行统计分组的标志。进行统计分组的关键在于选择分组标志，而选择分组标志的关键在于所选标志要服从研究任务的需要，能够反映总体的本质特征。统计分组的分类方法有很多，其中之一就是按分组标志划分。

(一)按分组标志的性质分组，可分为品质分组和数量分组

1. 品质分组是按品质标志进行的分组

例如，企业按经济类型分组，人口按性别、民族、受教育程度、职业分组等。品质标志分组，可以反映现象的构成和不同属性的事物在总体中的地位和作用。

2. 数量分组就是按数量标志进行的分组

例如，人口按年龄分组，企业按固定资产价值分组，网民按个人月收入分组等。数量标志分组可以通过反应现象在数量上的差异，来反映现象在性质上的区别。

(二)按分组标志的多少及其形式分组，可分为简单分组、复合分组和并列分组

1. 简单分组

简单分组就是对总体只按一个标志分组。例如，企业员工按性别分为男、女两组，国内生产总值按产业分为第一产业、第二产业、第三产业三组。简单分组只能反映总体一个方面的特征。

2. 复合分组

复合分组就是对总体按两个或两个以上的标志进行的重叠分组，即在按某一标志分组的基础上，再按另一标志进一步分组。复合分组构成复合分组体系，例如，人口总体在按性别分组的基础上，再按年龄分组，得到如下复合分组：

人口总数	男性	0～14 岁
		15～64 岁
		65 岁及以上

女性　0～14 岁
　　　15～64 岁
　　　65 岁及以上

复合分组的优点是，可以从对同一现象的层层分组和分组标志的联系中，更加深入全面的研究总体各个方面的内部结构。但是，采用复合分组会使组数随着分组标志的增加而成倍增加，使每组中的单位数相应减少，处理不好就不利于分析问题。因此，不能滥用复合分组，也不宜对较小总体进行复合分组，尤其不宜采用过多的标志进行复合分组。

3. 并列分组

并列分组也称平行分组体系，平行分组体系是指对同一总体按两个或两个以上的标志分别进行简单分组而形成的分组体系，借以反映总体多方面的特征。例如，工业企业按规模，经济类型，轻、重工业三个标志分别进行分组，得到如下平行分组体系：

按企业规模分组
大型企业
中型企业
小型企业

按轻、重工业分组
轻工业
重工业

按经济类型分组
国有经济
集体经济
私营经济
股份制经济
外商投资经济
港、澳、台投资经济
其他经济

平行分组体系的特点是两种或多种分组相互独立而不重叠，即可从不同的方面反映事物的多种结构，又不致使分组过于烦琐，故被广泛采用。它能从多个方面说明总体的特征，是从广度上分析研究总体现象的。

第四节　分配数列

统计分组只是将总体单位按照分组标志划分为若干个不同的小组，并没有讲究这些若干个不同小组之间的排列顺序，因此统计分组还不能很好的体现总体分布的规律。为了更好地研究总体的数量属性，下面引入分配数列。

一、分配数列的概念

分配数列，是指反映总体单位在各组的分布状况的一系列数字。它是在统计分组的基础上，将总体的所有单位按组归类，并把所有的组及其单位数按一定顺序排列而成的。由于分布数列反映了总体单位数（次数）在各组的分布状况，因此也叫次数分布和次数分配。

分配数列是统计整理的一种重要形式，也是统计描述和统计分析的一种重要方法。它可以表明总体的分布特征和内部结构，并据此研究总体中某种标志的平均水平及其变动规律。

分配数列包括两个要素：一是组的名称，即按一定标志划分出来的各个组，其中按数量标志分组表现为各组的变量值（标志值），常用 x 表示。二是各组次数，即各组所对应的总体单位数。由于各组次数实际上表现了具有各组标志值的现象在总体中"频繁"出现的多少，因此也叫频数，常用 f 表示。次数的相对数形式即各组单位数占总体单位总数的比重，称为频率，它说明具有某组标志值的个体在总体中频繁出现的程度，反映总体的构成。

二、分配数列的种类

分配数列是建立在统计分组的基础上的，因此按照所依托的统计分组的类型划分数列，可以有不同的种类，即统计分组是哪一类，数列就是哪一类。例如，如果统计分组是品质分组，那么数列就是品质数列；如果统计分组是数量分组，那么数列就是数量数列，又称变量数列。由于统计的研究对象是客观事物的数量方面，因此下面主要研究数量数列。

（一）品质分配数列

品质分配数列简称品质数列，是按品质标志分组形成的分配数列，表 3－3 就是一个品质数列。

表 3－3　某校 2020 级新生按民族分组表

按民族分组	学生人数（人）	比率（%）
汉族	900	81.82
少数民族	200	18.18
合计	1100	100

（二）变量分配数列

变量分配数列简称变量数列，即按可变的数量标志分组形成的分配数列。变量数列反映了总体在一定时期内的数量状态及量变过程，按照变量值在各组是否存在变动范围，又可分为单项式变量数列和组距式变量数列。

1. 单项式变量数列

单项式变量数列简称单项数列，是指数列中的每个组只用一个变量值表示并按顺序排列而成的数列，简称单项数列。例如，某高中学生年龄分组资料见表 3－4 所列。

单向式变量数列一般适用于离散型变量，且在不同变量值不多、变动范围不大的条件下采用。离散型变量如果变量值变动很大，项数很多，采用单项式分组，势必造成所分的组数太多，各组次数过于分散，失去了分组的意义。如果变量值较多而且变动范围较大，则需要采用组距数列。

表 3-4　某高中学生年龄分布表

年龄(岁)	学生学生数(人)	比重(%)
16	100	10.31
17	200	20.62
18	240	24.74
19	210	21.65
20	220	22.68
合计	970	100

2. 组距式变量数列

组距式变量数列简称组距数列，它是数列中的每个组用表示一定范围的两个变量值表示并按顺序排列而形成的数列。组距式变量数列一般在不同变量值很多且变量值变动范围很大时使用。例如，某企业职工月生活费支出情况见表 3-5 所列。

表 3-5　某企业职工月生活费支出表

生活费支出(元)	职工数(人)	比重(%)
600 以下	20	20
600～800	50	50
800～1000	20	20
1000 以上	10	10
合计	100	100

组距式变量数列的特点是：每个组用两个变量值限定区间表示，采取“由多少至多少”的形式；组别的多少由组距的大小决定。当变量值较多，变动范围较大时，编制单项数列会使分组过多，过于分散，不便于说明问题。特别是连续变量不能编制单项数列时，如果编制单项数列，会使数据丢失，违背完整性原则，但是，有些变量本质上是连续的，而在日常实践中常常用整数计量，如年龄用“岁”，体重用“公斤”来计量等，可按离散型随机变量处理，即可以编制单项数列或组距数列。

三、变量数列的编制

在统计分组的基础上形成的变量数列可以用次数分布表和次数分布图两种形式表现。这里主要介绍次数分布表的编制，而次数分布又有简单次数分布和累计次数分布两种类型。

(一)简单次数分布表的编制

简单次数分布数列可以表示每个变量组出现的次数,以及在整个数列中次数分布的规律。

1. 单项式变量数列的编制

编制单项式变量数列是直接将每一变量值作为一组,汇总计算各组相应的单位数,然后利用表格形式列示即可,所以它的编制比较简单。编制单项式变量数列必须具备两个条件:一是变量是离散型变量;二是变量值的个数不多。只有同时具备这两个条件才可采用单项式变量数列形式。

【例 3-1】 某车间 30 名工人每人操作机器台数资料为

3	6	5	5	2	4	4	5	3	3
5	5	4	2	5	6	4	5	4	4
4	2	5	3	3	4	4	5	3	4

要求根据上述资料编制变量数列。

分析:根据资料,看管机器台数是离散变量,且变量值的具体表现是 2,3,4,5,6,共 5 个不同的变量值,所以可以编制单项式变量数列。

编制步骤:

第一步,将变量值的原始资料按顺序排列,一般是由小到大排列。即

2	2	2	3	3	3	3	3	3	4
4	4	4	4	4	4	4	4	4	5
5	5	5	5	5	5	5	5	6	6

第二步,确定各组的变量值和组数。一个变量值为一组,重复出现的变量值只取一个。则分为:2,3,4,5,6,共 5 组。

第三步,整理出变量值出现的次数,编制单项式变量数列,见表 3-6 所列。

表 3-6 某车间 30 名工人操作机器台数资料

机器台数(台)	工人数(个)	比重(%)
2	3	10
3	6	20
4	10	33.3
5	9	30
6	2	6.7
合计	30	100

2. 组距式变量数列的编制

编制组距式变量数列应具备两个条件:一是适用于连续型变量,二是变量值比较多。在这种条件下,在编制变量数列时多数情况下采用组距数列。组距式变量数列的编制比较烦琐,产生的问题也比较多,一般按一定的程序编制。下面举例说明组距式变量数列的编制方法。

【例 3-2】 经济学班 40 名学生英语考试成绩为

70	82	71	58	74	94	85	77	97	88
51	71	91	73	60	84	75	65	85	79
80	53	82	83	93	62	95	85	78	69
89	89	57	93	83	74	63	97	66	89

根据上述资料,编制变量数列以反映学生学习成绩的分布及构成。

分析:根据资料,学生的学习成绩是连续型变量,且变量值比较多,所以可编制组距式变量数列。

编制步骤如下:

第一步,将原始资料按其数值大小重新排列。

只有把得到的原始资料按其数值大小重新排列顺序,才能看出变量分布的集中趋势和特点,为确定全距、组距和组数做准备。

将以上资料的变量值按从小到大的顺序排列为

51	53	57	58	60	62	63	65	66	69
70	71	71	73	74	74	75	77	78	79
80	82	82	83	83	84	85	85	85	88
89	89	91	93	93	94	95	97	97	99

第二步,计算全距。

全距是原始资料中最大值与最小值之差,表明标志值的变动范围,一般用 R 表示。确定全距主要是确定变量值的变动范围和变动幅度,如果是变动幅度不大的离散变量,即可编制单项式变量数列;如果是变动幅度较大的离散变量或者连续变量,就要编制组距式变量数列。本例中 $R=99-51=48$。

第三步,确定组距和组数。

(1)组数。组数一般是依据数据本身分布的特点及数据的多少确定的,如果组数太少则数据分布会过于集中,如果组数太多则数据分布会过于分散,这都不利于观察数据分布的特征和规律。所以组数的数量应适中,一般情况下不应少于 5 组,也不应多于 15 组。

组数的多少取决于全距和组距。在等距数列中,组数=全距/组距($k=R/d$)。组数过少达不到统计分组的基本要求,组数过多容易使总体各列都不能很好地体现出总体的分布规律。那么到底分多少组,并没有统一的要求,主要是靠研究者凭借经验对所研究问题的性质做出判断。本例确定分为 5 组($k=5$)。若无经验可言,可借助美国学者斯特杰斯(Sturges)的确定公式来计算,即 $k=1+3.322\lg N$,其中 N 为总体单位数。

(2)组距。在组距式分组中,一个组的最小值称为下限,一个组的最大值称为上限,上限与下限之差为组距,即组距=全距/组数。所以组距的大小与组数的多少是相互制约的。在组距既定的条件下,全距大则组数多,全距小则组数少;在全距既定的条件下,组距大则组数少,组距小则组数多。全距是客观存在的事实,不以人的意志为转移。

根据各组的组距是否相等,组距数列又可分为等距数列和不等距数列。一般情况下,编制等距数列;但当数据的分布很不均匀或者希望将现象的类型更好地划分出来时,可编制不等距数列。

第四步,确定组限。

当组数和组距确定以后,还需要划定各组的数量界限,也就是组限,才可编制组距数列。组限是各组标志值取值范围的限定值(两个极限值),大的称为“组上限”,小的称为“组下限”。组限的表现形式一般有两种:

(1)闭口组。闭口组就是组限的表示形式为“既有上限又有下限”的组限。它包括有重叠闭口组和无重叠闭口组两种表示法。有重叠闭口组是相邻组限有重叠的表现形式,如 70~80,80~90。无重叠闭口组就是相邻组限不重叠的形式,如 70~79,80~89。社会经济统计学中一般采用有重叠闭口组来表示。

(2)开口组。开口组就是“有上限无下限”或“有下限无上限”的表现形式。“有上限无下限”称为“下开口组”,如“60 以下”;“有下限无上限”的称为“上开口组”,如“90 以上”。

在组限的确定中,要注意的是应使最小组的下限低于或等于最小变量值,最大组的上限高于或等于最大变量值,即变量中有极大值或极小值时,就需用开口组表示,即用“……以下”表示或用“……以上”表示。如果是离散型变量,可根据具体情况采用不重叠组限或重叠组限的表示方法,而连续变量则用重叠组限来表示。

第五步,计算组中值。

每组上限和下限的中点数值叫作组中值,计算公式为

$$\text{组中值}=\frac{\text{上限}+\text{下限}}{2}$$

组中值可用来表示各组变量值的平均水平。对于等组距分组来说,在实际工作中就没有必要将各组组中值都用公式去计算,只要第一组的组中值确定之后,加上一个组距就是第二组的组中值,如此类推。

如果是不等组距分组的话,若为开口组,则以相邻组的组距为其组距。其组中值的计算公式分别为

$$\text{缺下限组的组中值}=\text{上限}-\frac{\text{邻组组距}}{2}$$

$$\text{缺上限组的组中值}=\text{下限}+\frac{\text{邻组组距}}{2}$$

第六步，计算各组单位数。

首先，在变量分组确定之后，通过手工汇总和电子计算机汇总，直接将总体各单位分配到各组，计算出各组的单位数；然后将其用数列表示便得到变量数列。而将总体各单位分组情况展示出来的表格称为次数分布表，见表 3-7 所列即为次数分布表。

在分配总体各单位时有一点要说明的是，当组限为闭口组表示法时，如果有一个标志值的值刚好等于相邻两组的上组的上限值和下组的下限值时，应遵循“上限不在本组内原则”，这样对标志值的分配就“不重不漏”，准确无误。

将次数分布表中各组次数除以总次数，可得各组的频率，反映了各组单位数占总体单位数的百分比，适用于多个总体同一变量值的组间对比。

表 3-7 经济学班学生英语成绩次数分布表

按学习成绩分组(分)	组中值(分)	学生人数(人)	比重(%)
60 以下	55	4	10
60～70	65	6	15
70～80	75	10	25
80～90	85	12	30
90 以上	95	8	20
合计	—	40	100

(二)累计次数分布

如果我们想知道分布数列中各组的次数，以及总体单位数的分布特征，只从简单次数分布表中一眼就可以看出来。但是，如果要知道总体截至到某一组变量值以下或以上所对应的分配次数是多少，以及事物发展进程等情况，则需要将有关组的分配次数进行累加后，才能说明问题。所以要全面深入地分析分布数列，还应编制累计次数分布。

累计次数分布是将各组变量的次数和频率逐组累计相加，它表明总体的某一标志值在某一水平上下的总体次数和比率。累计次数的计算方法有向上累计次数和向下累计次数两种。

向上累计次数是将各组次数或比率从变量值低的组向变量值高的组逐组累计。向上累计每组的累计次数或累计频率表示该组上限以下的次数和或频率和，这就是所谓的“上限以下”。向下累计次数是将各组次数或比率从变量值高的组向变量值低的组逐组累计。向下累计每组的累计次数或累计频率表示该组下限以上的次数和或频率和，这就是所谓的“下限以上”。

如果将表 3-7 的分布次数分别按照向上累计次数和向下累计次数两种方法进行累计，就可得到累计次数分布表，见表 3-8 所列。

通过累计次数可以观察某一上限值以下或下限值以上的部分在现象总体中的地位及其影响，这是累计次数分布在经济分析中的主要作用。

表 3-8 经济学班学生英语成绩累计次数分布表

学习成绩(分)	组中值(分)	学生人数(人)	比重(%)	向上累计次数	向下累计次数
60 以下	55	4	10	4	40
60～70	65	6	15	10	36
70～80	75	10	25	20	30
80～90	85	12	30	32	20
90 以上	95	8	20	40	8
合计	—	40	100	—	—

四、变量数列次数分布的图示

图示法能具体形象地表现总体的分布特征，常用的图形有以下几种。

1. 直方图

直方图是以横坐标表示标志值，用纵轴表示次数，将每一组用矩形表示的方法。左侧纵轴表示频数，矩形面积反映各组分布的次数。如果是等距数列，矩形面积的大小可以直接反映各组次数的多少；不等距数列，需要对矩形面积进行调整才能比较各组次数的多少。图 3-1是根据表 3-8 中资料绘制的直方图。

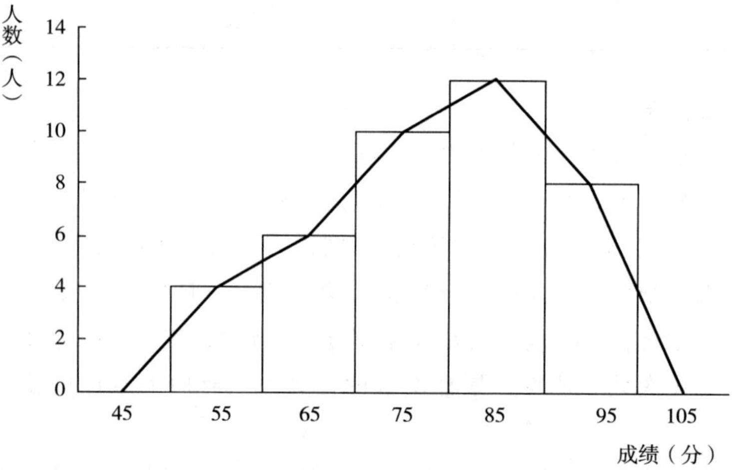

图 3-1 经济学班学生英语成绩次数分布直方图和折线图

2. 折线图

根据直方图，把每组的组中值与该组次数组成的坐标点，用折线连接起来，并延伸至横轴，就是次数分布折线图。如图 3-1 中，将直方图中各矩形顶边中点连线绘制的，就是折线图。

折线图还可以表示累计次数分布，以次数分布表中各组的组中值做横坐标，而以各组的累计次数做纵坐标，把坐标点连接起来就可得到累计次数折线图。如图 3-2 所示就是根据表 3-8 中资料绘制的向上和向下累计次数的折线图。

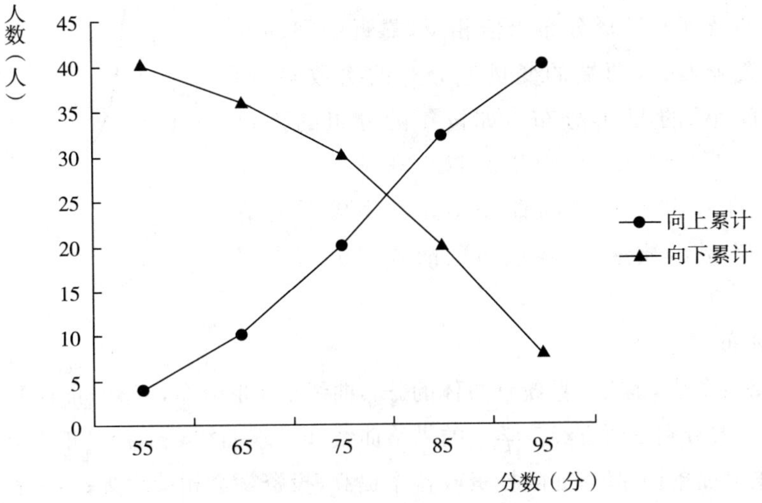

图 3-2　经济学班学生英语成绩累计次数分布图

五、变量数列次数分布的主要类型

由于社会经济现象的性质不同，各种统计总体一般总是服从于不同类型的次数分布，根据次数分布的分布特征，可以将其划分为钟形分布、U 形分布、J 形分布三种主要类型。

(一)钟形分布

钟形分布类似于一口古钟的纵截面，其主要特征是“两头小，中间大”，即靠近中间的变量值分布的次数多，靠紧两边的变量值分布的次数少。

常见的钟形分布是对称分布，以中心值为对称轴，两侧呈对称形态，称为正态分布。正态分布是应用最广泛的对称分布，而社会经济现象的分布大都接近正态分布，如农作物单位面积产量分布，人的身高、智商及收入水平等，所以正态分布在统计分析中具有十分重要的意义。而不对称的钟形分布曲线有左偏和右偏两种情况。左偏分布是指较小标志值的分布次数较少，即钟形分布有一条较长的拖向左边的尾巴，又称负偏分布。右偏分布是指较大标志值的分布次数较少，即钟形分布有一条较长的拖向右边的尾巴，又称正偏分布。钟形分布曲线图如图 3-3 所示。

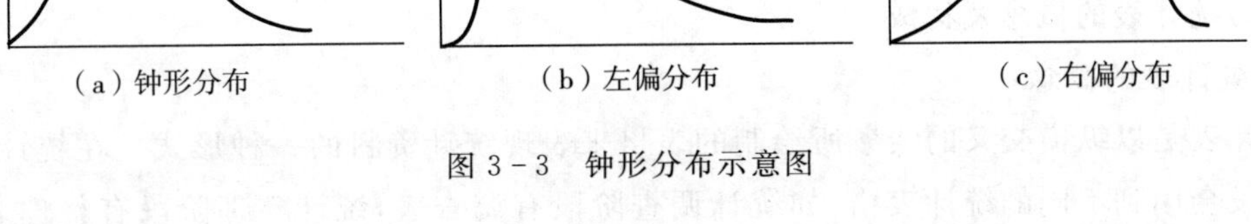

图 3-3　钟形分布示意图

(二)U形分布

U形分布的特征与钟形分布恰恰相反,靠近中间的变量值分布的次数少,靠近两端的变量值分布的次数多,形成“两头大,中间小”的U形分布。如按年龄分组的人口死亡率就表现为U形分布,反映年龄越小和越大的人死亡率越高,而处于中间年龄段的青壮年死亡率较低的情况。另外,还有产品的质量、机器设备的故障等分布也都服从U形分布。

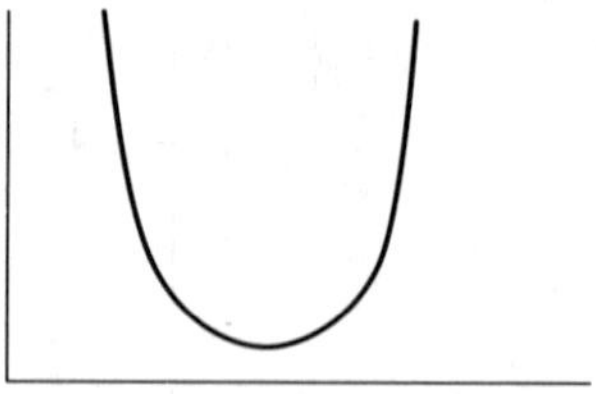

图3-4　U形分布示意图

(三)J形分布

在社会经济现象中,也有一些统计总体的分布曲线呈J形分布,J形分布有正J形和反J形两种分布,应用较广的分别是西方经济学中的供给曲线和需求曲线。一种是正J形分布,其特征是次数随变量值增大而单调递增,如随投资收益率提高,投资额会相应增加;另一种是反J形分布,是随着变量值增大而次数单调递减,如人口总体按年龄分组,一般呈反J形分布,如图3-5所示。

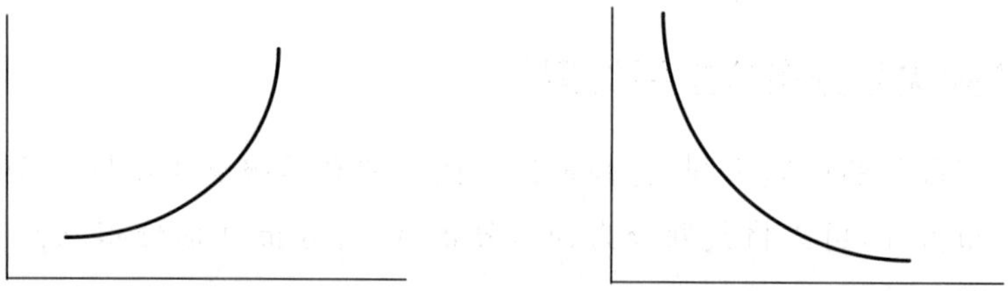

(a)正J形分布　　(b)反J形分布

图3-5　J形分布示意图

第五节　统计表和统计图

通常情况下,我们面对的是经过统计分组后的资料,因此如何通过统计图表将这些经过分组后的资料显示出来,就显得尤为重要。统计表和统计图是显示统计数据最常用的两种形式。统计图表不仅在统计工作中被广泛采用,在经济管理、经济研究以及日常宣传报道中均有十分普遍的应用。

统计表把许多杂乱的数据有条理地组织在一张简明的表格内,统计图则把数据通过生动的图形形象地显示出来,使我们看统计表和统计图比看枯燥的数据更有趣、更易理解。因此,学会阅读、编制和使用统计表、统计图是做好统计分析的最基本技能。

一、统计表

(一)统计表的概念及构成

1. 统计表的概念

统计表是以纵横交叉的线条所绘制的表格来表现统计资料的一种形式。在统计工作的各个阶段会用到不同的统计表格,如统计调查阶段有调查表,统计整理阶段有整理表,统计分析阶段有分析表，这里重点说明统计整理阶段涉及的统计表。

用统计表能把大量统计资料进行科学组织，以便于系统、有条理地表现统计资料，清晰地描述统计资料的内容和数量特征，便于资料的对比和计算。

2. 统计表的结构

统计表的形式多种多样，根据使用者的要求和统计数据本身的特点，我们可以绘制形式多样的统计表。其构成可以从以下两个方面来看。

（1）从统计表的形式上看

统计表的结构，从形式上包括总标题、横行标题、纵栏标题、指标数值等四个部分，见表3－9所列。

表3－9　2020年某省工业增加值分类情况表 ←总标题

按轻重工业分类	增加值（亿元）	比上年增长（%）
轻工业	1643.84	25.0
重工业	3794.22	23.9
合计	5438.06	24.2

纵栏标题　横行标题　指标数值

主词　宾词

总标题是统计表的名称，用来概括说明统计表中全部资料的内容，一般写在表的上端中央；横行标题是统计表横行的名称，用来表示各组的名称，一般写在表的左方；纵栏标题是统计表纵栏的名称，用来表示总体的统计指标的名称，一般写在表的上方；指标数值在各横行标题与各纵栏标题的交叉处，每一个数值的含义都由横行标题和纵栏标题共同限定。

（2）从统计表的内容上看

从统计表的内容上看，统计表由主词和宾词两部分构成，见表3－9所列。

主词是统计表所要说明的总体，它可以是总体的各个组或各个单位的名称，一般排列在表的左方；宾词是说明总体的各种统计指标，包括指标名称和指标数值，一般排列在表的右方。但是，统计表的主词和宾词的排列位置并不是固定不变的，有时考虑到资料显示的某些因素，也可以将主词和宾词的位置加以改变。

（二）统计表的种类

根据不同的分类标志，统计表可以划分为以下不同的类型。

1. 统计表按其用途不同分类

（1）调查表：是指在统计调查中用于登记、收集原始资料的表格。

（2）整理表：是在统计汇总或整理过程中使用的表格和用于表现统计整理结果的表格。

（3）分析表：是在统计分析中用于对整理所取得的统计资料进行定量分析的表格。它常与整理表结合在一起的，是整理表的扩展。

2. 统计表按主词分组情况分类

按主词所选分组标志的多少和分组的程度不同可分为简单表、分组表和复合表。

(1)简单表。简单表是指主词未经任何分组的统计表,也称为一览表。通常用以表现三种数列资料,即时间数列、空间数列和指标数列。表3－10就是一个简单表,是对调查来的原始资料做初步整理所采用的形式,即为按总体各单位名称排列的简单表。

表3－10　我国居民消费价格总指数

年　份	居民消费价格总指数(%)
2016	102.0
2017	101.6
2018	102.1
2019	104.5
2020	100.2

(2)分组表。分组表是指主词按一个标志进行分组的统计表。在研究总体的内部结构和分布状况以及现象之间的依存关系时,大多采用分组表,见表3－11所列。

表3－11　美国30支共同基金的风险等级分布情况

风险等级	频数(支)	比重(%)
高等风险	8	26.67
中等风险	16	53.33
低等风险	6	20
合计	30	100

(3)复合表。复合表是指主词按两个或两个以上的标志进行层叠分组的统计表,见表3－12所列。复合表可以揭示现象之间的多重关系和现象内部比较复杂的构成。但要恰如其分地使用复合表,并不是分组越细越好。因为复合表中多进行一次分组,组数将成倍增加,分组太细反而不利于研究现象的特征。

表3－12　2020年某高校在校学生情况

学生构成	学生人数(人)
大学本科	12000
男	6100
女	5900
大学专科	2000
男	1300
女	700
合计	14000

(三)统计表的编制规则

为了使统计表能更好地反映被研究对象的数量特征,便于比较分析,应遵循以下编制规则,使统计表更加科学、实用、简明、美观。

1. 统计表表格样式设计规则

(1)表格样式。统计表应设计成由横纵交叉线条组成的长方形表格，长与宽之间保持适当的比例，统计表的上下两端线应当用粗线绘制，表中其他线条一律用细线绘制，表的左右两端习惯上均不划线，采用开口式。

(2)合计栏的设置。表中横行“合计”一般列在最后一行(或最前一行)，表中纵栏等“合计”一般列在最前一栏。

(3)栏数的编号。如果栏数较多，应当按顺序编号，习惯上主词栏部分分别编制以序号“甲、乙、丙、丁……”，宾词栏分别编以序号“(1)(2)(3)……”。若各栏中统计指标有一定的计算关系，还可以用计算式表示。

2. 统计表内容设计规则

(1)标题设计。无论是总标题还是横行标题、纵栏标题都应简明扼要、简练而又准确地表达出统计资料的内容及所属的时间和空间范围。

(2)标题顺序。统计表中的主词与宾词的排列应根据时间的先后、数量的大小、空间的位置等自然顺序编排，应尽量反映出内容方面的逻辑关系。一般按先局部后整体的顺序，即先列分项后列合计编排；但如果只打算列出全体中的部分项目，则先列合计，后列分项，并对下属各行用“其中”表示。

(3)表中数字应填写整齐，上下位置对齐，同栏中的小数保留位数要一致。遇有相同数字应照写；当数字因太小而忽略不计时可填写“0”，缺少资料或忽略不计的格内用“……”表示，没有数字或免填的格内用“—”表示。

(4)计量单位。指标数字应有计量单位。如果表中的数字属同一计量单位，可将计量单位标在表的右上方；如果宾词的计量单位不同，可直接标注在指标名称的旁边或下方；如果主词的计量单位不同，可在横行标题后设计量单位专栏。指标名称与计量单位用“/”隔开。

(5)注解与资料来源。为保证统计资料的科学性与严肃性，在统计表下，应注明资料来源，以便考察。必要时在统计表下加注解予以说明。

二、统计图

(一)统计图的概念

统计图是在统计表的基础上，表现统计资料的辅助形式，也是统计分析的一种重要工具。

统计图是用几何图形或实物图形把统计表中的数字资料形象地再现出来，使人易于接受和理解。运用统计图，鲜明醒目、一目了然，能直观地描述现象分布的特征和变量之间的关系。

(二)统计图的种类

统计图的种类比较多，常见的统计图有条形图、折线图、圆形图等几种形式。

1. 条形图

条形图是以宽度相等的条形高度或长度来比较统计资料数值大小或多少的一种图形。对于品质分配数列或离散型变量，可用条形图来显示数列分布情况。例如，2020 年上半年某经销商电脑销售量示意图，如图 3 - 6 所示。

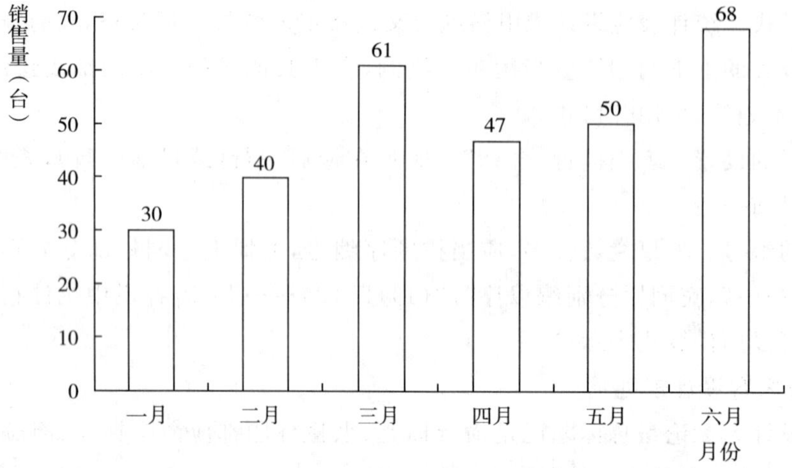

图 3-6　2020 年上半年某经销商电脑销售量示意图

2. 折线图

折线图常常用于时间数列的趋势分析或时间数列的趋势对比分析，折线图也可以用于分布图，如图 3-7 所示。

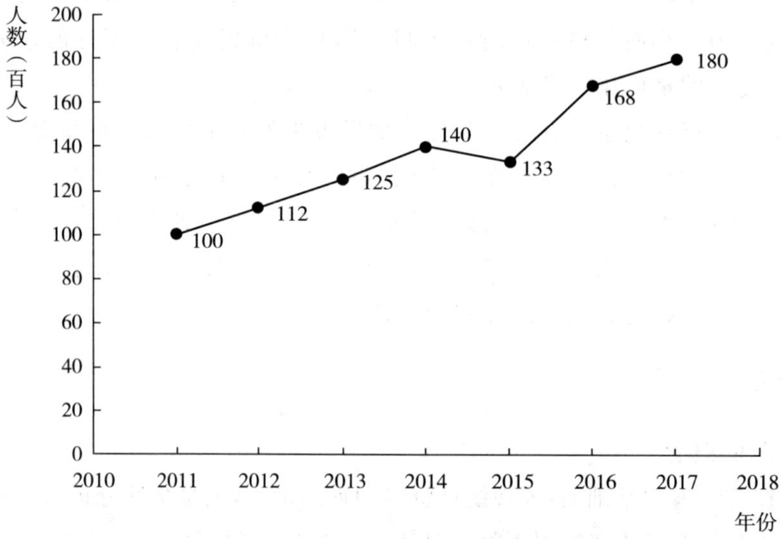

图 3-7　某旅游景点历年观光游客人数示意图

3. 圆形图

圆形图也称饼图，是以圆形的面积或以圆内各扇形的面积的大小来表示总体的分组及结构情况的一种图形。它最适宜用来表示品质分配数列的次数分布情况。因为它没有起点和终点，图中的各部分看不出顺序，这与品质分配数列中各组的平等关系特征是一致的。

圆形图可以是平面的，也可以加工成立体的或组合的形式。例如，不同品牌饮料的市场占有率分组圆形结构图，如图 3-8 所示。

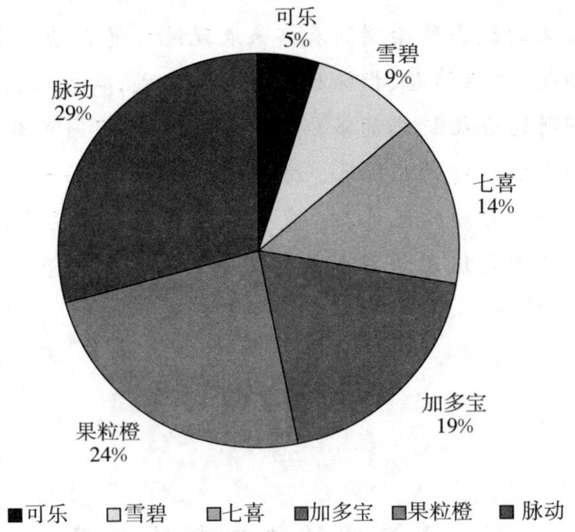

图 3-8 不同品牌饮料的市场占有率统计示意图

本章小结

统计分组是指根据所研究事物的特点和统计研究的目的和任务，按照一定的分组标志将总体划分成若干个组成部分的一种统计方法。统计分组的重要作用在于：区分社会经济现象的类型、研究总体的内部结构和分析现象之间的依存关系。进行统计分组时，必须遵循科学性原则、完整性原则和互斥性原则。统计分组的关键是正确选择分组标志和划分各组界限。分组标志是指对总体进行分组时所遵循的标准或依据。正确选择分组标志，应遵循以下原则：根据统计研究的目的选择分组标志，选择最能够反映现象本质特征的标志作为分组标志，根据事物所处的具体条件选择分组标志；划分各组界限，就是在分组标志变异的范围内，划分各相邻组间的性质界限和数量界限。对研究的总体按一个分组标志进行的分组叫作简单分组。对同一总体按两个或两个以上的标志分别进行简单分组而形成的分组体系叫作平行分组体系，借以反映总体多方面的特征。对研究总体按两个或两个以上的分组标志层叠起来进行分组叫复合分组，复合分组形成复合分组体系。

在统计分组的基础上，将总体中的所有单位按组归类整理，并按一定顺序排列，形成总体单位数在各组间的分布，这个数列称为分配数列。分配数列由组名(各组的品质属性或变量值)和总体单位数两个要素组成，其中分布在各组的总体单位数表现为绝对数称为次数或频数，表现为相对数即各组次数与总次数之比的比重称为比率或频率。

分配数列可分为品质分配数列和变量分配数列。品质分配数列简称品质数列，是按品质标志分组形成的分配数列。变量分配数列简称变量数列，是按可变的数量标志分组形成的分配数列。变量数列可分为单项式变量数列和组距式变量数列。单项式变量数列就是数列中的每个组只用一个变量值表示的数列。组距式变量数列就是数列中的每个组用表示一定范围的两个变量值表示的数列。分配数列的分布有三种类型,钟形分布、U 形分布和 J 形分布。

统计表是以纵横交叉的线条所绘制的表格来表现统计资料的一种形式。统计表从形式上看,由总标题、横行标题、纵栏标题、指标数值四部分构成;从内容上看,由主词和宾词两部分构成。统计表按主词所选分组标志的多少和分组的程度不同可分为简单表、分组表和复合表。简单表是指主词未经分组的统计表。分组表是指主词按一个标志进行分组或按两个及两个以上的标志进行平行分组的统计表。复合表是指主词按两个或两个以上的标志进行层叠分组的统计表。统计图是用几何图形或具体事物的形象来表现统计资料的一种形式。常见的统计图有条形图、折线图、圆形图等几种形式。

Excel 在统计整理中的应用

一、用 Excel 进行统计分组

用 Excel 进行统计分组有两种方法,一是利用 FREQUENCY 函数;二是利用数据分析中的"直方图"工具。我们介绍一下后者的操作方法。

例如,根据某车间 50 名工人的月产量资料输入工作表,如图 3-9 所示。

	A	B	C	D	E	F	G	H	I	J
1	146	176	198	227	298	137	173	194	222	267
2	140	175	196	224	282	129	164	188	211	255
3	135	171	191	219	260	126	162	186	209	252
4	122	160	184	204	243	117	159	183	203	237
5	100	153	181	201	229	112	157	181	203	232

图 3-9 工人月产量资料

然后按以下步骤操作。

第一步:在工具菜单中单击数据分析选项,从其对话框的分析工具列表中选择"直方

图”，打开“直方图对话框”。如图 3-10 所示。

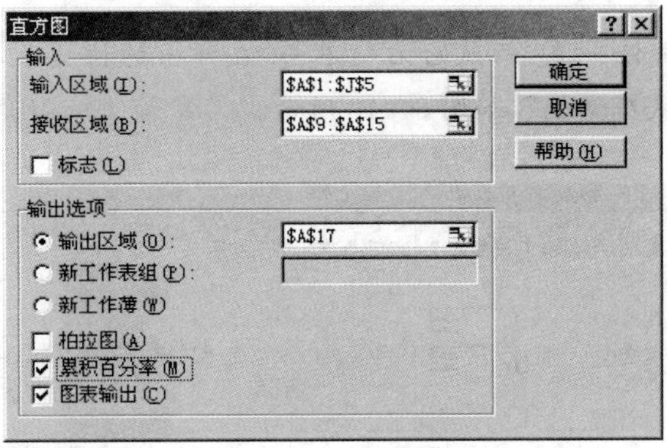

图 3-10 “直方图对话框”

第二步：在输入区域输入“$A$1：$J$5”，在接收区域输入“$A$9：$A$15”。接收区域指的是分组标志所在的区域，假定我们把分组标志输入到“A9：A15”单元格，注意这里只能输入每一组的上限值，即“130,160,190,220,250,280,310”。

第三步：选择输出选项，可选择“输入区域”“新工作表组”或“新工作簿”。我们在这里选择“输入区域”，可以直接选择一个区域，也可以直接输入一个单元格(代表输出区域的左上角)，这里我们推荐只输入一个单元格(本例为“A7”)，因为往往事先并不知道具体的输出区域有多大。

第四步：选择“图表输出”，可以得到“直方图”；选择“累计百分率”，系统将在“直方图”上添加“累积频率折线”；选择“柏拉图”，可得到按降序排列的“直方图”。

第五步：单击“确定”按钮，可得如图 3-11 所示的输出结果。

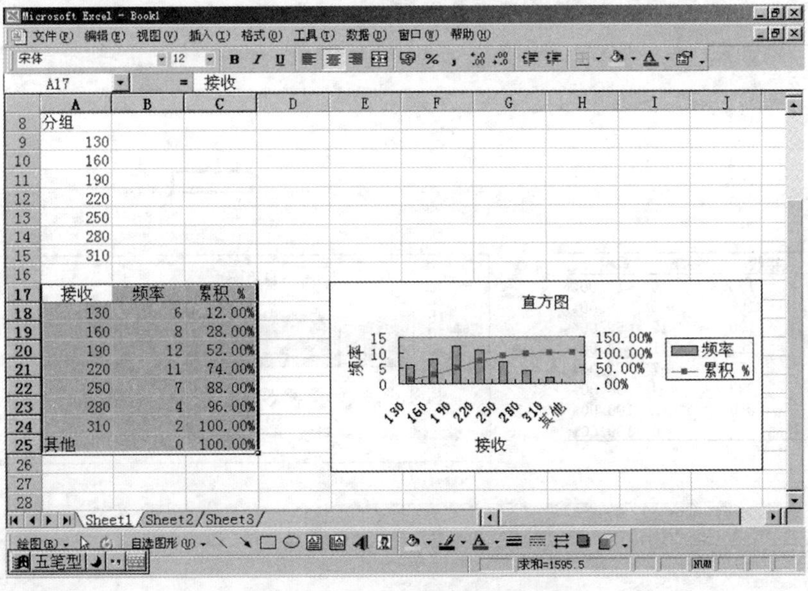

图 3-11 频数分布和直方图

应当注意，图 3－11 实际上是一个条形图，而不是直方图，若要把它变成直方图，可按如下操作：

① 用鼠标左键单击任一直条，然后右键单击，在弹出的快捷菜单中选取“数据系列格式”，弹出“数据系列格式对话框”，如图 3－12 所示。

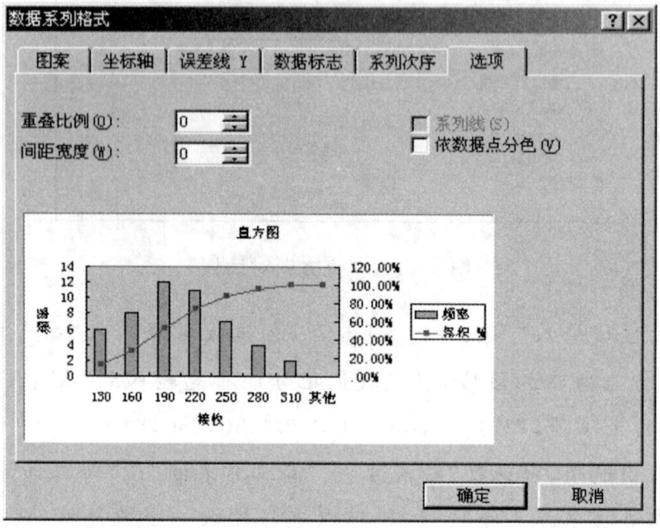

图 3－12 “数据系列格式对话框”

② 在对话框中选择选项标签，把“间距宽度”改为“0”，单击“确定”后即可得到“直方图”，如图 3－13 所示。

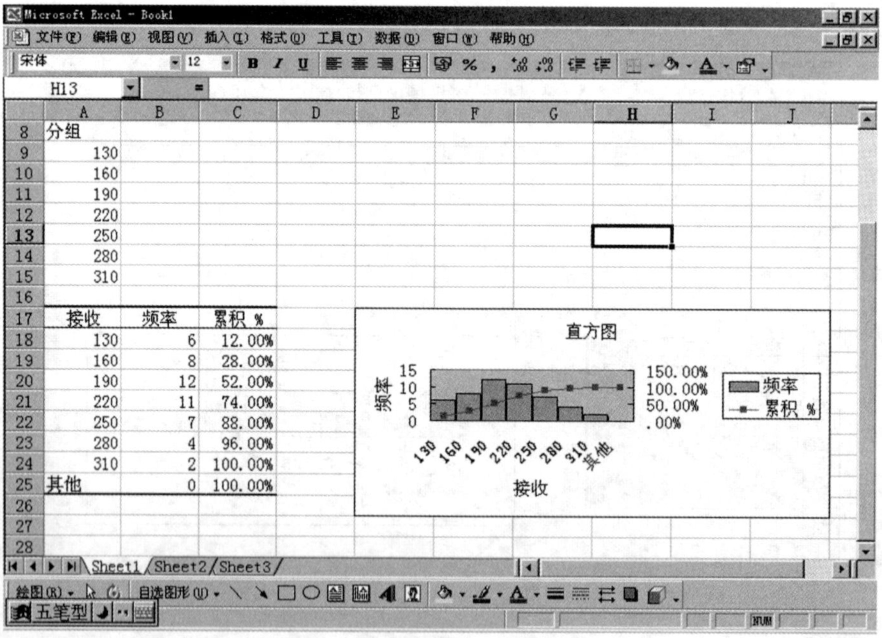

图 3－13 调整后的“直方图”

二、用 Excel 作统计图

Excel 提供的统计图有多种，包括柱形图、条形图、折线图、饼图、散点图、面积图、环形图、雷达图、曲面图、气泡图、股价图、圆柱图、圆锥图等，各种图的做法大同小异。

例如，根据某年河北省人口资料输入工作表，制作一张饼图。首先把数据输入到工作表中，如图 3 - 14 所示。

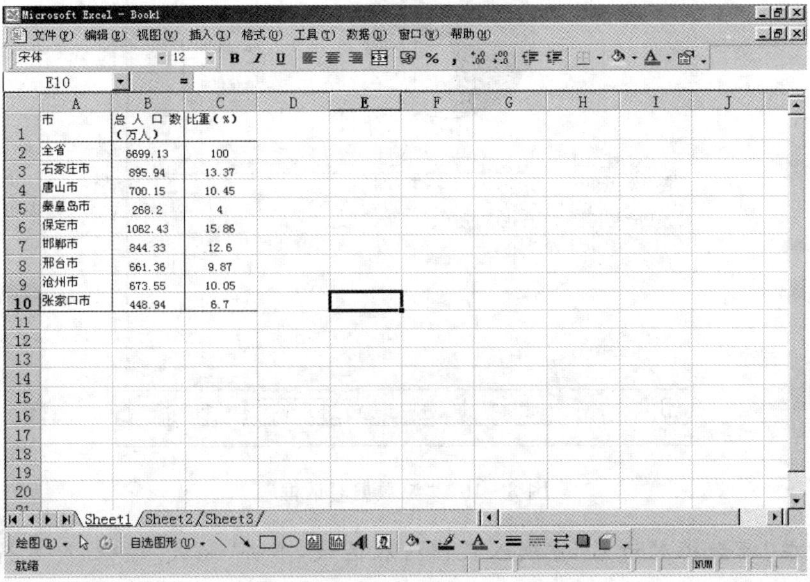

图 3 - 14　河北省某年人口情况

然后，按照以下步骤可制作出饼图。

第一步：选中某一单元格，单击“插入菜单”，选择“图表选项”，弹出“图表向导对话框”，如图 3 - 15 所示。

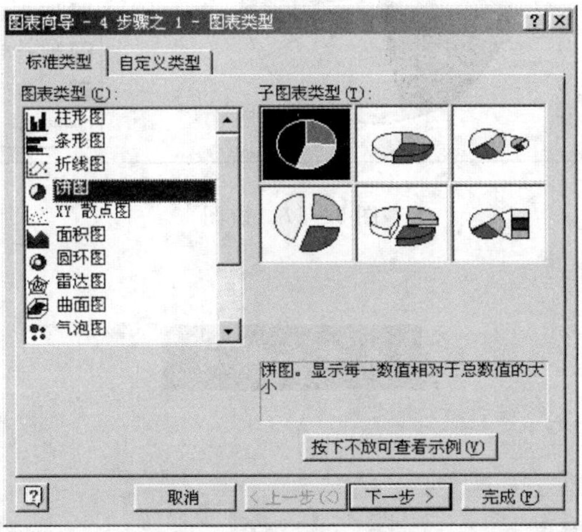

图 3 - 15　“图表向导对话框”

第二步：在图表类型中选择饼图，然后在子图表类型中选择一种类型，这里我们选用系统默认的方式。之后，单击“下一步”按钮，打开“源数据对话框”。如图 3-16 所示。

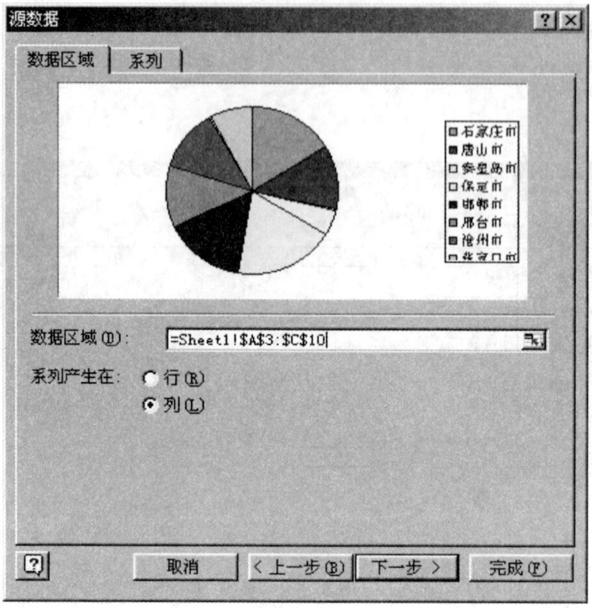

图 3-16 “源数据对话框”

第三步：在“源数据对话框”中填入数据所在区域，单击“完成”按钮，即可得如图 3-17 所示的饼图。

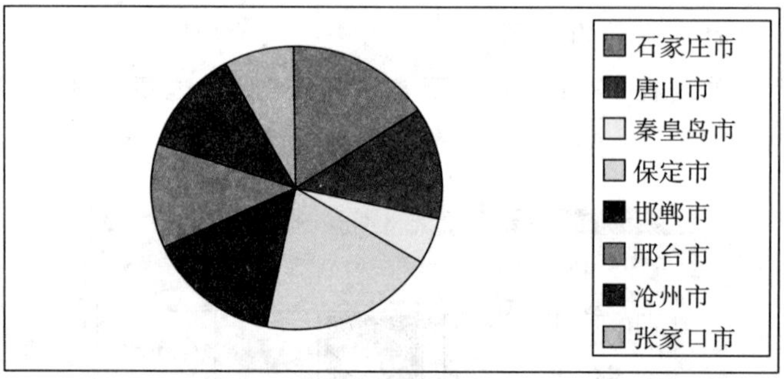

图 3-17 饼图

思考与练习

【课后思考】

1. 试述统计整理的意义。
2. 统计资料整理一般有哪些步骤？

3. 统计分组的意义和作用是什么？

4. 正确选择分组标志有何重要意义？如何正确选择分组标志？

5. 什么是统计分组体系？它有哪些重要意义？

6. 什么是分配数列？分配数列按分组标志的不同有哪两种数列？

7. 什么情况下编制等距数列或不等距数列？

8. 统计资料汇总前，为什么要对原始资料进行检查？需要检查哪些内容？

9. 试述统计表的意义和作用。

10. 统计表的构成要素有哪些？编制时应注意哪些问题？

【知识自测】

1. 单项选择题

(1)对某企业1000名职工按文化程度分组编制的分配数列，属于(　　)。

A. 品质数列　　B. 单项数列　　C. 变量数列　　D. 组距数列

(2)计算向上累计次数，各累计次数的意义是(　　)。

A. 各组下限以上的累计次数　　B. 各组上限以下的累计次数

C. 各组下限以下的累计次数　　D. 各组上限以上的累计次数

(3)确定连续型变量的组限时，相邻组的组限必须(　　)。

A. 相近　　B. 不等　　C. 间断　　D. 重叠

(4)将统计总体按某一标志分组的结果表现出(　　)。

A. 组内同质性，组间差异性　　B. 组内差异性，组间差异性

C. 组间同质性，组内差异性　　D. 组内同质性，组间同质性

(5)对全市镇办企业按总产值分组所编制的变量数列中，变量是(　　)。

A. 企业数　　B. 各组企业所占比重

C. 总产值　　D. 各组产值所占比重

(6)统计表按主词是否分组，可分为(　　)。

A. 分组表和复合表　　B. 简单表和复合表

C. 简单表、分组表和复合表　　D. 单一表和一览表

(7)等距分组适合于(　　)。

A. 变量变化比较均匀的情形　　B. 呈水平趋势变动的情形

C. 呈急剧升降变动的情形　　D. 变量个数较少的情形

(8)编制变量数列时，若有特大或特小的标志值，应采用(　　)。

A. 闭口组　　B. 开口组　　C. 单项分组　　D. 等距分组

(9)在重叠组限分组中，若恰有标志值等于组限，则应归入(　　)。

A. 上限所在组　　B. 下限所在组

C. 上限或下限所在组均可　　D. 另立一组

(10)对企业先按经济类型分组，再按企业规模分组，这样的分组属于(　　)。

A. 简单分组　B. 平行分组　C. 复合分组　D. 统计分组体系

2. 多项选择题

(1)构成分配数列的基本要素是(　　)。

A. 各组的组别　B. 组限　C. 组中值

D. 分配在各组的次数　E. 组距

(2)对全厂职工按月工资分组,分成如下五组:800 元以下、800～1000 元、1000～1200 元、1200～1400 元、1400 元以上,所编制的分配数列,属于(　　)。

A. 品质数列　B. 变量数列　C. 组距数列

D. 等距数列　E. 开口组组距数列

(3)下列分组哪些是按品质标志分组(　　)。

A. 职工按工龄分组　B. 科技人员按职称分组　C. 人口按民族分组

D. 企业按经济类型分组　E. 人口按地区分组

(4)指出下列分组哪些是按数量标志分组(　　)。

A. 学生按性别分组　B. 家庭按收入水平分组　C. 企业按规模大小分组

D. 企业按资产多少分组　E. 职工按工资水平分组

(5)按统计表的主词是否分组以及分组的程度,可把统计表分为(　　)。

A. 单一表　B. 简单表　C. 分组表

D. 一览表　E. 复合表

(6)统计分组的关键在于(　　)。

A. 选择分组标志　B. 按品质标志分组　C. 按数量标志分组

D. 划分各组界限　E. 按主要标志分组

(7)次数分布的表示方法有(　　)。

A. 表式法　B. 图示法　C. 累计法

D. 分解法　E. 公式法

3. 判断题

(1)用品质标志对总体进行分组,有时也可以形成变量数列。(　　)

(2)职工按年龄分组形成的分配数列里,变量是“年龄”。(　　)

(3)统计表分为简单表、分组表、复合表是根据统计表的主词是否分组和分组的程度来划分的。(　　)

(4)某班学生按考试成绩分组所形成的分配数列里,变量是考试分数。(　　)

(5)向下累计次数的含义是各组下限以上的累计次数。(　　)

(6)只有按数量标志分组所形成的变量数列才是次数分配数列。(　　)

(7)用两个不同标志对同一个总体资料分组,则称作复合分组。(　　)

(8)品质数列也叫单项数列。(　　)

(9)统计表分为简单表、分组表、复合表,是根据统计表的内容多少来划分的。(　　)

(10)编制变量数列时,若资料有极端值,则采用开口组组距数列较适宜。(　　)

【计算题】

1. 某生产车间30名工人日加工零件件数(件)如下:

30	26	42	41	36	44	40	37	37	25
45	29	43	31	36	36	49	34	47	33
43	38	42	32	34	38	46	43	39	35

要求:

(1)根据以上资料分成如下几组:25～30,30～35,35～40,40～45,45～50,计算出组的频数和频率,并编制次数分布表。

(2)指出分组标志及类型以及分组方法的类型。

2. 某厂有30个工人看管机器台数如下:

4	2	6	5	4	2	4	3	4	3
4	4	4	2	2	3	4	5	3	4
2	4	3	4	3	2	6	2	4	3

试编制分配数列。

3. 某年某地工业企业按固定资产总值大小分组资料见表3-13所列。

表3-13

按固定资产分组(万元)	工业企业个数(个)
100以下	5
100～200	6
200～400	10
400～600	14
600～800	25
800～1000	16
1000～1200	13
1200～1400	7
1400以上	4
合计	100

(1)上述变量数列属于哪一种变量数列?

(2)指出统计表中的变量、变量值、上限、下限、次数、总体单位总数。

(3)计算组距、组中值和频率。

4. 某工厂120个工人某月份生产某种产品件数的资料见表3-14所列。

表 3－14

103	70	104	90	100	124	85	88	112	134	99	104
114	108	118	106	95	98	117	106	98	108	115	115
104	97	105	125	126	85	129	94	99	97	134	112
138	110	123	118	97	106	104	110	108	114	107	116
104	100	108	87	89	85	114	124	120	118	131	75
118	114	98	110	129	104	114	105	116	117	124	100
117	114	113	108	115	109	95	118	126	113	106	104
108	125	106	113	90	103	134	121	115	124	85	128
86	113	91	124	107	114	103	101	125	104	71	102
110	94	86	138	98	105	84	90	133	126	118	98

要求：

(1)根据上述原始统计资料，把工人按生产件数(等距)分成七组，并编制变量数列表。

(2)绘制直方图及次数分布折线图。

5. 某车间 50 名工人完成个人生产定额百分数(%)的资料如下：

380	390	400	410	420	460	470	910	600	960
560	560	570	570	580	430	480	690	590	590
560	550	550	530	520	520	490	600	620	620
860	790	780	680	700	720	650	630	640	630
830	810	750	680	680	750	650	660	660	880

要求：根据以上资料编制合适的变量数列，并绘制直方图及次数分布折线图。

6. 某班学生统计学考试成绩见表 3－15 所列。

表 3－15

成绩(分)	人数(人)	比重(%)	向上累计		向下累计	
			人数(人)	比率(%)	人数(人)	比率(%)
60 以下	2					
60～70	8					
70～80	10					
80～90	12					
90 以上	8					
合计	40					

要求：根据表 3－15 中的资料，计算相应的数字，填入表中空格，并说明各指标的意义。

第四章　综合指标

第一节　总量指标

一、总量指标的概念

总量指标是反映社会经济现象在一定时间、地点、条件下总规模或总水平的统计指标。例如，一个国家或地区一定时期的人口总数、耕地面积、粮食总产量、工农业总产值等都是总量指标。总量指标的表现形式为绝对数，故也叫统计绝对数。它的数值随着统计范围的变化而增加或减少，而且只有对有限总体才能计算总量指标。

总量指标是社会经济统计中最常用、最基本的指标，在统计分析研究中具有以下重要作用。

(1)总量指标是反映一个国家国情国力，反映一个地区或部门人力、物力、财力的基本状况的指标。例如，我国土地面积为960万平方千米，2020年年末我国人口数为14.1亿人，这两个绝对数表现了我国幅员辽阔、人口众多的基本特点。2020年我国国内生产总值100万亿元，粮食总产量66949万吨，工业增加值为313071亿元，全社会固定资产投资为527270亿元，消费品零售总额为391981亿元，等等。这些总量指标反映了2020年我国国民经济发展变化的基本状况。

(2)总量指标是制定政策、编制计划、实行经营管理的主要依据。编制经济计划，检查计划的执行情况，实行科学管理、宏观调控，开展经济分析等都依赖于总量指标。

(3)总量指标是计算相对指标和平均指标的基础。相对指标和平均指标一般都是由两个有联系的总量指标对比计算出来的，例如，某企业职工的平均工资、劳动生产率，按人口平均的粮食产量，等等。相列指标和平均指标都是在总量指标的基础上派生出来的，总量指标的计算是否科学、合理，会直接影响相对指标和平均指标的准确性。

二、总量指标的种类

(一)按说明总体内容的不同分类

总量指标按其反映现象总体内容的不同，分为总体单位总量和总体标志总量。

总体单位总量，简称为总体总量，是指总体内所有单位的总数，说明总体本身的规模大小。例如,全国商业系统零售商店总数、全国高等学校总数等。

总体标志总量,简称为标志总量,是总体中各单位标志值的总和,说明总体特征的总数量。例如,研究某地区工业企业生产情况,则该地区工业企业总数为总体总量,该地区工业企业的总产值、工资总额、职工人数等为标志总量。由此可见,在同一总体中,总体总量只有一个,标志总量可以有多个。一个总量指标究竟属于总体总量还是标志总量,它要随着研究目的的不同和研究对象的变化而变化。例如,如果研究某地区工业企业生产情况,则该地区全部工业企业就是一个总体总量,用以反映总体规模的大小,该地区工业企业的总产值、职工人数、工资总额等为标志总量;如果统计的目的在于研究该地区工业企业职工的状况,那么,该地区工业企业的职工总数就是总体总量,职工的工资、职工的生产量等为标志总量。

(二)总量指标按反映时间状况的不同分类

总量指标按反映时间状况的不同,可分为时期指标和时点指标。

1. 时期指标是反映社会经济现象在一定时期内发展过程的总量

例如,粮食产量、工业总产值、商品销售量、工资总额等都属于时期指标。时期指标具有以下特点:

(1)连续性。时期指标是对现象进行连续不断地登记取得的。

(2)可加性。时期指标可以相加,相加后表示较长时期现象的总的发展水平。例如,2020 年的销售额是本年度 12 个月的销售额之和。

(3)时期指标的大小与时期长短有直接关系。时期愈长,指标数值愈大;时期愈短,指标数值愈小。如一年的总产值必定大于本年度一个季度的总产值。

2. 时点指标是反映社会经济现象在某一时刻(或瞬间)所达到的总水平

例如,耕地面积、人口总数、企业数、商品库存量等都属于时点指标。时点指标具有以下特点:

(1)不连续性。时点指标是对现象进行间断登记取得的。

(2)不可加性。时点指标不能相加,相加起来没有意义。例如,企业职工人数,是某一时点上的职工人数,不同时点的职工人数不能相加。

(3)时点指标的大小与时期长短无直接关系。例如,某企业 2020 年 10 月末职工人数为 1200 人,后两个月因企业调整,调出 140 人,则 2020 年末职工人数只有 1060 人。

(三)按采用的计量单位不同分类

总量指标按采用的计量单位不同,可分为实物指标、价值指标和劳动量指标,具体内容在下一个问题中阐述。

三、总量指标的计量单位

总量指标的表现形式为绝对数,它不同于数学中抽象化的绝对数,而是具有一定社会经济内容的,都是有计量单位的。总量指标的计量单位有三种:实物单位、货币单位和劳动量单位。

(一)实物单位

它是根据事物的自然属性和特点而采用的计量单位,常用的有以下几种。

(1)自然单位。它是按照事物的自然状况来计量的单位。如人口以人为单位,手表以块为单位,鞋子以双为单位等。

(2)度量衡单位。它是按照统一的度量衡制度的规定来计量的单位。如重量以公斤或吨为单位,长度以尺、米为单位,体积以升、立方米为单位等。

(3)双重计量单位。如发电机的装机总容量用台/千瓦,拖拉机用台/马力表示等。

(4)复合单位。如货运量用吨·公里,客运量用人·公里,发电量用千瓦·时表示等。

(5)标准实物单位。如将各种发热量不同的煤、石油、天然气折合成发热量为7000大卡/公斤的标准燃料。

以实物单位计量的总量指标称为实物指标,其最大特点是能够直接反映产品的使用价值,具体地表明事物的规模或水平,如产品产量、耕地面积、企业数等。在掌握国民经济的基本情况,计划、管理各项生产任务,研究各种物资的消耗和库存,分析各种产品对生产和国民需要的满足程度等方面,实物指标都有广泛应用。实物指标还是计算价值指标的基础,在实际工作中占有重要的地位,但是实物指标的缺陷是综合性能较差,不同的实物,由于性质不同,计量单位不同,无法进行综合汇总,因此,不能用以反映不同类型现象总体的总规模、总水平。

(二)货币单位

它是用货币作为价值尺度来计量社会物质财富或劳动成果的价值量单位。以货币为计量单位的总量指标称为价值指标,其最大特点是具有广泛的综合概括能力。例如,国内生产总值、商品销售额、财政收入、工资总额、实现利税等都是价值指标,它们能够用以表明复杂现象的总规模、总水平。但是,价值指标脱离了现象的具体物质内容,比较抽象,因此,只有将价值指标和实物指标结合运用,才能比较全面地认识事物。

(三)劳动量单位

它是用劳动时间表示的计量单位,如工日、工时等。以劳动时间作为计量单位的总量指标称为劳动量指标。劳动量指标一般在同一企业内部运用,不同企业间不具有可比性。

四、计算总量指标需要注意的问题

(一)要有明确的含义

统计绝对数不同于数学中的绝对数,不是一个单纯技术性的加总问题,而是各种社会经济现象总量的表现,因此,必须正确地确定绝对数所表示的各种社会经济现象的概念、构成、范围和计算方法。否则,就不能得到反映客观现象的正确数字。例如,不了解农业生产的性质和实际情况,就不可能正确地统计出各种农作物的播种面积。又如对移栽作物如水稻、红薯等播种面积的计算,应按移植后的面积计算播种面积,原来的秧田不应计算为播种面积。

(二)作为实物指标计算总量时,应注意现象的同类性

只有同类现象才能计算总量,而同类性是由事物的性质或用途决定的。例如,我们可以把粮食作物看作一类产品来计算它们的总产量或消费量,但不能把粮食作物与经济作物混起来计算总量。

(三)要有统一的计量单位

在计算同类现象的实物量时,要规定统一的计量单位。例如,棉花产量既可用担表示,也可用吨表示,汇总时必须规定统一的计量单位。

第二节　相对指标

一、相对指标的概念和作用

绝对数是统计的基本数字,仅仅只靠绝对数往往不能对现象做出明确的判断。要判断,要鉴别,就必须通过绝对数之间的比较才能得到解决。相对指标又称相对数,它是两个有联系的总量指标之比,用于反映现象的发展程度、结构、强度、普遍程度或比例关系等,如甲地区 2019 年粮食产量为 4450 万吨,2020 年为 5200 万吨,2020 年为 2019 年的 116.85%,这个由两个不同时期粮食产量对比得到的比率为 116.85%,这就是相对指标。它说明甲地区 2020 年粮食产量的发展速度快。又如人口的性别比例和年龄构成、人口密度等。借助于相对指标对现象进行对比分析,是统计分析的基本方法。相对指标在经济分析中得到广泛应用,其作用主要表现在以下几个方面:

第一,相对指标可以说明社会经济现象之间相互联系的程度和效益,有助于鉴别和分析事物。例如,某工业企业 2020 年工业总产值为 2200 万元,单就这个指标说明这个企业生产所达到的水平,是无法对这 2200 万元产值做出鉴别的。要鉴别就得有比较,将 2200 万元产值与它的计划总产值、上年总产值或历史上最高的总产值进行对比分析,才能得到比较正确的认识。

第二,相对指标能使一些不能直接对比的统计指标,找到共同比较的基础。例如,甲乙两县人口资料见表 4-1 所列。

表 4-1　甲乙两县人口资料

县名	总人口数(人)	人口自然增长量(人)	人口自然增长率(‰)
甲	105914	1940	18.32
乙	248415	2383	9.59

从表 4-1 中可知看,若仅从人口自然增长量进行比较,就会得到甲县计划生育工作比乙县搞得好的结论,但这样比较是不合理的,因为两县的总人口数不周。为此,就需要计算人口自然增长率这个相对指标,它剔除了不可比因素,使之可以直接比较。对比的结果表明:乙县的人口自然增长率大大低于甲县。

二、相对指标的表现形式

相对指标的表现形式有两种:有名数和无名数。相对指标的表现形式也就是它的计算单位。

当对比的两个指标的计量单位不相同，相对数表现为有名数。如人口密度的计量单位用“人/平方公里”，人均粮食产量用“斤/人”表示，等等。

当对比的两个指标的计量单位相同，相对数表现为无名数。无名数是一种抽象化的数值，一般有系数、倍数、成数、百分数和千分数。在相对指标中，绝大多数相对指标是以无名数表示的。当两个统计指标对比时，其分子与分母指标数值相差不大时，常用系数表示；其分子比分母指标数值大很多时，则用倍数表示。例如，某企业2020年利润总额是2016年的5倍。成数是将对比的基数抽象化为10而计算出来的相对数。例如，某地今年粮食产量比去年增产三成，即增产十分之三。百分数是将对比的基数抽象化为100而计算出来的相对数，它是相对数中最常用的一种形式。千分数是将对比的基数抽象化为1000而计算出来的相对数，一般在分子指标比分母指标小很多时，才用千分数。例如，人口的出生率、死亡率及人口自然增长率等。

以上几种无名数究竟采用哪一种，主要看哪样表现形式更能明显地表明所要反映的社会经济现象的数量关系以及所使用的语言环境。

三、相对指标的种类及计算方法

由于研究目的和任务不同，指标对比的基数也不同，也就产生了不同的相对指标。

(一)计划完成相对指标

计划完成相对指标是以某现象在某一段时间内的实际完成数与计划任务数对比，说明计划的完成程度，一般用百分数(%)表示，所以又叫计划完成百分数。其计算公式为

$$\text{计划完成相对数}=\frac{\text{实际完成数}}{\text{计划任务数}}\times 100\%$$

$$\text{超额(或未完成计划)的绝对数}=\text{实际完成数}-\text{计划任务数}$$

这个公式要求分子、分母在指标含义、计算口径、计算方法、计量单位以及它们的时间长度和空间范围等方面要相适应。同时，由于计划数是衡量计划完成情况的标准，故分子、分母不能互换。由于计划任务下达的数值表现形式有绝对数、相对数和平均数，因此计划完成相对指标的计算在形式上也有差别。

1. 计划指标为绝对数时，计划完成相对指标的计算

当计划指标为绝对数时，可以有两种算法从不同的方面表示计划完成的程度。

(1)实际完成数与计划任务数属于同一时期的，这时

$$\text{计划完成相对数}=\frac{\text{实际完成数}}{\text{计划任务数}}\times 100\%$$

借以观察计划完成程度。

【例4-1】 某企业去年工业增加值计划为230万元，实际为260万元。则

$$\text{计划完成相对数}=\frac{260}{230}\times 100\%=113.04\%$$

$$\text{超额完成增加值}=260-230=30(\text{万元})$$

计算结果表明，该企业去年超额 13.04% 完成增加值计划，实际超额完成增加值 30 万元。这种计划完成相对数具有总结的性质，除对本计划期的计划完成情况进行总的评定外，也是制订下期计划的依据。

(2)实际完成数只是计划全期某一段时期的累计实际完成数，这种计划完成相对数称为计划执行进度。在计划执行过程中，要对计划进度情况经常进行检查，以了解进度的快慢，保证计划的完成。计划执行进度的计算公式为

$$计划执行进度=\frac{某一段时期实际累计完成数}{计划全期任务数}\times 100\%$$

该指标可以用来检查整个计划期间计划执行的进度和计划执行的均衡性。

【例 4-2】 某企业去年计划生产甲产品 10 万台，1—9 月份累计实际完成 7.5 万台。则

$$计划执行进度=\frac{7.5}{10}\times 100\%=75\%$$

计算结果表明，该企业到第三季度为止，产量完成了全年计划的 75%，时间过了四分之三，任务也完成四分之三。只要在第四季度保持前三个季度的水平或有所提高，年末完成或超额完成全年计划是有把握的。

2. 计划指标为相对数时，计划完成相对指标的计算

当计划指标以提高或降低的百分数来表示时，计划完成相对指标的计算公式为

$$计划完成相对数=\frac{实际完成的百分数}{计划规定的百分数}\times 100\%$$

它一般适用于考核各种社会经济现象的降低率、增长率的计划完成情况，如考核产品成本降低率、人口自然增长率、流通费用降低率等计划完成情况。运用上式计算计划完成相对数注意不能直接用增长或降低的百分数进行对比，而应当包括原有基数在内，即以 100% 为基数加上增长或降低百分数，然后再进行对比。

【例 4-3】 某企业计划今年产量比去年提高 3%，实际执行结果提高了 5%，则

$$产量计划完成相对数=\frac{100\%+5\%}{100\%+3\%}\times 100\%=101.94\%$$

计算结果表明，该企业今年产量超额完成计划 1.94%，即超额完成计划的百分数=101.94%−100%=1.94%。

【例 4-4】 某企业计划某产品的单位成本比去年降低 4%t 实际执行结果降低了 6%，则

$$单位成本计划完成相对数=\frac{100\%-6\%}{100\%-4\%}=97.92\%$$

计算结果说明，该企业产品单位成本实际比计划降低了 2.08%，即 97.92%−100%=−2.08%。

在实际工作中也有直接用实际提高或降低百分数减计划提高或降低百分数来表示计划完成程度。如在例 4－3 中，用 105％－103％＝2％，结果只说明产量的实际数比计划数提高了 2 个百分点；在例 4－4 中，用 94％－96％＝－2％，结果说明单位成本实际比计划降低了 2 个百分点。这种用“减”的方法计算的计划完成程度与前面用“除”的方法计算的计划完成程度含义是不同的，不能互相代替。

3. 计划指标为平均数时，计划完成相对指标的计算

当计划指标为平均数时，计划完成相对指标的计算公式为

$$\text{计划完成相对数}=\frac{\text{实际完成的平均数}}{\text{计划规定的平均数}}\times 100\%$$

它一般适用于考核以平均水平表示的技术经济指标的计划完成情况，如劳动生产率、单位面积产量、单位产品成本等。

【例 4－5】 某地区 2020 年计划粮食平均亩产 850 公斤，实际平均亩产 910 公斤，则

$$\text{粮食平均亩产计划完成相对数}=\frac{910}{850}\times 100\%=107.06\%$$

计算结果说明，该地区粮食平均亩产实际比计划提高了 7.06％。

4. 计划完成相对数的评价

在掌握了计划完成相对指标的计算方法以后，还必须明确对计划完成情况指标的评价。这要根据指标的类型而定，对于产出型的指标，如产品产量、产值、劳动生产率、利润等，计划完成相对数应该大于 100％才好，超过 100％部分，表示超额完成计划的程度；不足 100％的部分，表示未完成计划的差距。对于投入型的指标，如原材料消耗量、单位产品成本等，其计划完成相对数应该小于 100％才好，计划完成程度超过 100％的部分；表示浪费的部分，而不足 100％的部分，则是节约部分。

5. 长期计划完成程度的检查

长期计划执行情况的检查，主要是指国民经济五年计划完成情况的检查，由于计划指标制订的方法不同，有两种不同的检查方法。

（1）累计法。累计法的计划任务是按整个计划期内各年实际完成的总和规定的。例如，基本建设投资额、造林面积等。对这类指标检查长期计划完成情况应采用累计法。其计算公式为

$$\text{计划完成相对数}=\frac{\text{五年计划期间实际累计完成数}}{\text{五年计划规定的累计数}}\times 100\%$$

累计法是将计划期内完成的实际数累计起来，与累计计划指标对比，反映计划完成程度。累计法五年计划提前完成的时间按下列公式计算。

$$\text{提前完成计划的时间}=\text{计划全部时间}-\begin{matrix}\text{自计划执行之日起到累计实际完成数}\\ \text{达到计划数止所需时间}\end{matrix}$$

【例 4－6】 某地区 2016 年至 2020 年，计划造林面积为 3820 亩，五年内实际累计完成

4184 亩，求计划完成相对数。

$$计划完成相对数=\frac{4184}{3820}\times 100\%=109.53\%$$

计算结果表明，该地区超额 9.53%完成了五年计划。

假定 2016—2020 年计划造林面积为 3820 亩，实际至 2020 年 9 月底为止累计完成造林面积为 4184 亩，则

$$提前完成计划的时间=5\ 年-4\ 年零\ 9\ 个月=3(个月)$$

计算结果表明，该地区提前 3 个月完成了五年计划规定的造林面积。

(2)水平法。水平法的计划任务是按计划期末应达到的水平规定的。例如，产品产量、产值等。检查这类指标长期计划的完成程度要用水平法。所谓"水平法"是指用计划期最后一年的实际水平与长期计划规定的最末一年应达到的水平相对比，来确定全期计划是否完成，其计算公式为：

$$计划完成相对数=\frac{五年计划末年实际达到的水平}{五年计划规定的末年水平}\times 100\%$$

【例 4-7】 某企业 2016—2020 年计划规定某种产品要达到年产 48 万吨的水平，实际完成情况见表 4-2 所列。

表 4-2　2016—2020 年产量完成情况表　　单位：万吨

年　份	2016	2017	2018		2019				2020			
			上半年	下半年	一季	二季	三季	四季	一季	二季	三季	四季
产量	33	35	18	21	10	11	12	12	12	13	12	13

试计算产品计划完成程度和提前完成计划的时间。

$$计划完成相对数=\frac{12+13+12+13}{48}\times 100\%=\frac{50}{48}\times 100\%=104.17\%$$

计算结果说明，该企业五年计划完成较好，超额完成计划 4.17%。

水平法提前完成计划时间是这样计算的：从计划全期的任何一个月或一个季度算起，只要有连续一年(即连续 12 个月或 4 个季度，可以跨年度)实际完成的水平达到了计划规定末年应达到的水平，以后的时间就是提前完成计划的时间。其计算公式为

$$\frac{提前完成}{计划的时间}=\frac{计划期}{全部时间}-\frac{计划执行期间连续一年实际完成数}{达到计划规定末年水平止所需时间}$$

若计划执行期间连续一年实际完成数超过计划规定末年水平时，提前完成计划的时间按下列公式计算。

$$\frac{提前完成}{计划的时间}=\frac{计划期}{全部时间}-\frac{计划执行期间连续一年实际完成数}{达到计划规定末年水平止所需时间}+\frac{超额完成数}{年平均计划数}$$

例子中，该企业从2019年第三季度到2020年第二季度止连续4个季度累计实际年产量已达到49万吨，超过五年计划规定最末一年产量48万吨。则

$$\text{提前完成计划的时间}=5\text{ 年}-4\text{ 年 }2\text{ 个季度}+\frac{10000\text{ 吨}}{480000\text{ 吨}/365\text{ 天}}$$

$$=2\text{ 个季度}+\frac{10000\text{ 吨}}{1315\text{ 吨/天}}=2\text{ 个季度零 }8\text{ 天}$$

(二)结构相对指标

结构相对指标是在统计分组的基础上，将总体中各组数值与总体数值对比。换句话说，就是总体各个组成部分在总体中所占的比重。该指标一般用百分数表示，也可用系数表示。各部分比重之和等于100%或1。其计算公式为

$$\text{结构相对指标}=\frac{\text{总体部分数值}}{\text{总体全部数值}}\times 100\%$$

【例4-8】 某地2020年农业总产值及构成见表4-3所列。

表4-3 2020年农业总产值及构成表

	2020年农业总产值（万元）	各业占农业总产值的百分数(%)	
		2010年	2020年
种植业	26.33	67.63	52.66
林业	9.33	12.83	18.66
畜牧业	9.62	15.02	19.24
渔业	4.72	4.52	9.44
合计	50	100	100

从表4-3中的资料可以看出该地农业中，种植业比重下降，而林、牧、渔业比重上升，说明该地区农业结构发生了显著变化，多种经营有了较大发展。

结构相对指标必须以科学的分组为基础。只有在科学分组的前提下，结构相对指标才能从现象内部的构成比重来说明现象的本质和特点，研究分析内部结构是否合理，以便发现问题及时解决；通过各构成部分所占比重在不同时期的变化，可以清晰地表明现象发展变化的趋势和规律；分析总体不同指标的结构，研究现象的内部联系。

(三)比较相对指标

比较相对指标是指同一时期不同地区(部门、单位、事物)同类指标数值之比。它可以说明两个同类现象在不同地区(部门、单位、事物)之间数量上的差异程度。其计算公式为

$$\text{比较相对数}=\frac{\text{甲地区(部门、单位、事物)某指标数值}}{\text{乙地区(部门、单位、事物)同类指标数值}}$$

比较相对指标常用百分数或倍数表示。上述公式中所对比的两个指标数值在指标的含义、口径、计算方法和计量单位必须一致。

【例4-9】 中国的国土面积为960万平方公里，美国为936.3万平方公里，则

$$比较相对指标=\frac{960}{936.3}=102.5\%或1.025倍$$

计算结果说明中国的国土面积为美国的102.5%或1.025倍。

比较相对数可用来反映某种现象在同一时期不同空间条件下的差异程度。例如,在经济工作中把企业的各项技术经济指标与同类企业的先进水平对比、国家规定质量标准对比或与国际先进水平对比,从而找出差距,为提高企业生产水平和管理水平提供依据。例如,甲地区工业企业劳动生产率为28000元/人,该地区A企业的劳动生产率为44000元/人,B企业的劳动生产率为18000元/人。则A企业的劳动生产率是全地区平均水平的1.57倍,是B企业的2.44倍,这说明A企业的劳动生产率指标远远高于全地区和B企业的平均水平。

计算比较相对指标时,既可用总量指标,也可用相对指标或平均指标。由于总量指标易受总体范围等条件不同影响,实际工作中更多地用相对指标或平均指标进行比较。

(四)比例相对指标

比例相对指标是同一总体中不同部分指标数值对比的结果,用以分析总体范围内各个局部、各个分组之间的比例关系和协调平衡状况。其计算公式为

$$比例相对指标=\frac{总体中某一部分数值}{总体中另一部分数值}$$

比例相对指标可以用百分数表示,也可以用几比几的形式表示。例如,某大学今年招收新生5600人,其中男生为3100人,女生为2500人。若以女生为100,则新生男女性别比例相对指标为124%,或男女性别比例为1.24∶1。

利用比例相对指标可以分析国民经济中的各种比例关系,例如,国内生产总值中第一产业、第二产业、第三产业比例关系,工农业总产值中农轻重比例关系等,促进国民经济按比例协调发展。

(五)强度相对指标

强度相对指标是两个性质不同但有密切联系、属于不同总体的总量指标之间的对比。用以说明现象的密度、强度和普遍程度。其计算公式为

$$强度相对指标=\frac{某一总量指标数值}{另一有联系而性质不同的总量指标数值}$$

【例4-10】 我国2020年粮食总产量为66949万吨,人口数为141000万人,则

$$人均粮食产量=\frac{66949\times1000}{141000}=474.82(公斤/人)$$

强度相对指标所反映的实际上也是一种比例关系。如人均国民收入反映人口与国民收入之间的比例关系,人口密度反映人口与土地面积之间的比例关系。但这种比例关系是一种依存性的比例关系,而不是结构性的比例关系。

强度相对指标与其他相对指标比较有三个特点:

(1)强度相对指标的表现形式与其他相对指标不同。强度相对指标一般表现为一个有名数,并且是用复合单位来表示的。例如,人口密度用“人/平方公里”表示;人均粮食产量用

“斤/人”表示，等等，但也有少数强度相对指标是用百分数表示的，如资金利润率。

(2)强度相对指标带有平均意义，如人均国内生产总值、人均粮食产量等都具有这种含义，但是，强度相对指标不是平均数。因为平均数是将总体标志总量与总体单位总数相比，不涉及两个总体。

(3)强度相对指标在一般情况下，分子与分母可以互换。因此，强度相对指标有正指标和逆指标两种。若强度相对指标的数值大小与现象的发展程度成正比，叫正指标；若与现象的发展程度成反比，叫逆指标。

【例 4-11】 某城市 2020 年有商业零售机构 8000 个，人口 150 万人，则

$$零售商业网密度(正指标)=\frac{8000\text{个}}{1500\text{千人}}=5(\text{个/千人})$$

计算结果表明该市每千人拥有 5 个零售商业机构。这个指标的数值越大，表明零售商业网密度越大，所以称其为正指标。如果把分子与分母互换一下，则

$$零售商业网密度(逆指标)=\frac{1500000\text{人}}{8000\text{个}}=188(\text{人/个})$$

计算结果表明该市每个零售商业机构平均服务 188 人。该指标的数值越大表示零售商业网密度越小，所以称其为逆指标。

一般来说，正指标越大越好，逆指标则越小越好。

强度相对指标应用非常广泛，它能说明社会经济现象的强弱程度，反映一个国家的经济实力，如人均粮食产量、人均国内生产总值、人均钢产量等；它还可以用来反映现象的密度和普遍程度，如人口密度、铁路或公路网密度等；它还能用来反映社会服务状况，一般是将服务单位数与人数对比，表明社会服务行业的负担情况和保证程度；此外，它还可用于反映社会生产活动的条件或效果，如每个职工平均拥有的固定资产额、每万元产值的利润等。

(六)动态相对指标

动态相对指标是同一事物在不同时间上两个指标数值之比。它可以说明现象在不同时间上发展变化的方向和程度。这个指标又称为发展速度，其计算公式为

$$动态相对指标=\frac{报告期水平}{基期水平}\times 100\%$$

通常把作为比较基础的时期叫基期，与基期相比较的时期称为报告期或计算期。计算的结果用倍数或百分数表示，且分子分母不能互换。

动态相对指标在统计分析中应用广泛，其内容将在第五章中详细介绍。

四、应用相对指标的原则

(一)必须遵守可比性原则

可比性原则是计算相对指标应遵循的基本原则。所谓可比性原则，是指相对指标的分子与分母必须在经济内容、包括范围、计算方法、计量单位、计算价格等方面具有可比性。例如，我国不同时期的工业总产值，是不能直接比较的，因为工业总产值可采用不同的不变价

格计算，也可采用现行价格计算，要比较就必须经过调整换算。

（二）必须遵守相对指标和总量指标结合运用的原则

相对指标是两个有联系的总量指标的对比，它将现象之间的绝对差别抽象化了，仅仅利用相对指标分析问题，不能正确认识事物，得出正确结论。因为，小的相对指标背后可能隐藏着很大的总量指标，而大的相对指标后面的总量指标却很小。同样的相对指标，背后隐藏的总量指标可能不同。只有将相对指标和总量指标结合起来分析问题，才能做出正确的判断。

【例 4-12】 甲、乙两商店销售额资料见表 4-4 所列。

表 4-4 甲、乙两商店销售额

商店	基期销售额（万元）	报告期销售额（万元）	报告期与基期相比（%）
甲	2200	2400	109.1
乙	220	240	109.1

从表 4-3 中的相对数看出，甲、乙两商店的发展速度均为 109.1%，都增长了 9.1%。但从绝对数上看，甲商店报告期销售额比基期增加了 200 万元，而乙商店只增加了 20 万元，甲是乙的 10 倍。由此可见，只有把相对指标和总量指标结构起来，才能正确反映它们之间的差别。

（三）各种相对指标结合运用的原则

一种相对指标只能反映现象某一方面的问题，而任何事物都具有多方面的特征，要想全面地分析事物和认识事物，就必须将各种相对指标结合应用。例如，分析一个企业生产状况时，可将实际产值与计划产值对比，计算产值计划完成百分数，看其是否按预期目标生产；将企业的总产量与全部职工人数对比，计算劳动生产率，说明该企业全员劳动效率的高低；将企业的利润总额与全部资金额对比，计算资金利润率；考察企业经济效益状况；将其经济效益指标与其他同类企业同类指标相比，看其是否存有差距，可挖的潜力有多大；将各种指标与历史水平相比，看其生产是否保持长期发展。通过上述一系列指标的计算分析，人们就可以对该企业的生产状况做出全面的、正确的评价。

第三节 平均指标

一、平均指标的概念和作用

（一）平均指标的概念

平均指标又叫平均数，是总体内各单位某一数量标志在一定时间、地点、条件下所达到的一般水平。例如，同质总体是该企业全部职工，每个职工是总体单位，数量标志是工资额，平均工资说明该企业职工工资收入的一般水平。

由此可见，平均指标是说明总体单位的综合数量特征的，而不是说明总体内个别单位的数量特征的；它反映的是总体的一般水平，而不是总体内个别单位的具体水平。概括起来讲,平均指标有以下几个特点。

(1)总体的同质性。统计总体的特征之一是各单位具有同质性,如果各单位在性质上不相同,就不能称之为统计总体。平均指标只能是同类现象数量标志值的平均,这是正确应用平均指标的前提条件。

(2)平均指标是一个代表性数值。它将总体各单位某一数量标志的差异抽象化,以反映总体在该标志下的一般水平。例如,某企业职工平均月工资 5500 元,但这个企业每个职工的工资并不一定都是 5500 元,有的职工高于 5500 元,有的低于 5500 元,职工月平均工资的 5500 元就是把该企业全体职工月工资的具体差异抽象掉了,用它来代表该企业职工工资的一般水平。可见,平均指标所反映的是现象的共性,而不是现象的差异性。

(3)平均指标反映了总体分布的集中趋势。月平均工资 5500 元是各个职工工资变动的中心,每个职工的月工资额总是围绕这个平均工资左右变动的,反映了该企业职工月工资额的集中趋势。

(4)平均指标数值的大小不受总体范围大小的影响。

(二)平均指标的作用

平均指标在经济分析中应用广泛,主要有以下几个方面的作用。

1. 比较作用

平均指标不仅可以对同类现象在不同地区、单位之间的比较,以说明工作成绩、经济效益或工作质量的差距。例如,为了反映不同工业企业的生产状况,不能用总产量或总产值等总量指标来比较,因为总量指标受企业生产规模大小的影响,要比较就要使用平均指标,如用劳动生产率进行比较,可以说明不同工业企业的生产状况。还可用于同一现象在不同时间上的对比,以反映其发展变化趋势。例如,同一地区不同时期粮食平均亩产的对比,以说明该地区粮食平均亩产发展变化的趋势和规律性。

2. 用于分析现象之间的依存关系

在统计分组的基础上,结合平均指标,可以分析现象之间的依存关系。例如,将耕地按施肥量这个标志进行分组,计算各组的农作物收获率,就可以反映出施肥量多少与收获率之间的依存关系。

3. 可用于进行数量上的推算和预测

例如,在抽样调查中,常用样本平均指标推算总体平均指标,用总体平均指标推算总体标志总量。

4. 平均指标可作为评价事物的数量标准或参考

例如,对企业工人劳动效率的评定,通常以他们的平均劳动生产率水平为依据。

二、平均指标的种类及计算方法

在统计中应用的平均指标有很多种,根据它们计算方法的特点不同可分为两类:一类是数值平均数,它是根据所有被平均的变量值计算的,包括有算术平均数、调和平均数和几何平均数等;另一类是位置平均数,它是以变量值在分配数列所处的特殊位置确定的,包括众数、中位数。下面分类介绍。

(一)算术平均数

算术平均数是统计中最常用的一种平均数。它的基本形式是以总体内各单位某一标志总量除以总体单位总数来计算的，其基本计算公式为

$$算术平均数=\frac{总体标志总量}{总体单位总数}$$

【例 4-13】 某班 50 个学生统计学成绩为 4050 分，则

$$平均成绩=\frac{4050}{50}=81(分)$$

在利用上述公式计算平均数时，要求分子与分母必须属于同一总体。算术平均数与强度相对数都是两个总量指标的对比，也都是有名数，但它们却是两个性质不同的统计指标，两个指标的区别有两点：

第一，分子指标与分母指标是否来自同一总体。强度相对数的分子与分母指标来自两个不同总体，算术平均数的分子与分母指标来自同一总体。

第二，算术平均数的分子指标(标志总量)随着分母指标(总体单位数)的变动而变动，二者互相适应，而强度相对数的分子指标同分母指标之间不存在这样的关系。

在实际工作中，由于所掌握的统计资料不同，算术平均数有简单算术平均数和加权算术平均数两种。

1. 简单算术平均数

如果所掌握的统计资料是总体单位的标志值，就可将各单位标志值简单相加求得总体标志总量，然后再除以总体单位总数。简单算术平均数的计算公式为

$$\bar{x}=\frac{x_1+x_2+x_3+\cdots+x_n}{n}=\frac{\sum x}{n}$$

式中：$\bar{x}$ 代表算术平均数，$x_i(i=1,2,5,\cdots,n)$ 代表各单位标志值，n 代表总体单位数，$\sum$ 代表总和符号。

【例 4-14】 有五名学生的身高分别为 1.66、1.68、1.70、1.72 和 1.76 米，求学生的平均身高。

$$\bar{x}=\frac{\sum x}{n}=\frac{1.66+1.68+1.70+1.72+1.76}{5}=\frac{8.52}{5}=1.7(米)$$

简单算术平均数之所以简单，就是因为各个变量值出现的次数相同，例 4-14 中每个变量值出现的次数都是 1，它适用于未分组的统计资料。

2. 加权算术平均数

如果我们研究总体的变量值很多，而且差异比较大，通常要对资料进行分组，并编制变量数列，再采用加权算术平均数的方法计算平均指标。由于变量数列有单项数列和组距数列两种，其计算方法也分以下两种。

(1)根据单项数列计算加权算术平均数

【例 4-15】 某生产车间有20名工人,按每人日产零件数的分组资料见表4-5所列。

表 4-5 某生产车间工人日产零件数

日产零件数 x(件)	工人数 f(人)	总产量 xf(件)	各组工人所占比重 $f/\sum f$(%)
16	2	32	10
17	4	68	20
18	5	90	25
19	5	95	25
20	4	80	20
合计	20	365	100

要计算工人平均日产零件数,应先将各组日产零件数乘以相应组的工人数,可得到各组总产量,各组总产量相加得到全车间的总产量,用车间总产量除以车间工人总数,即得到平均每名工人的日产零件数。

$$\text{平均日产零件数}=\frac{16\times2+17\times4+18\times5+19\times5+20\times4}{20}=\frac{365}{20}=18.25(\text{件})$$

将这种计算方法用符号表示为

$$\bar{x}=\frac{x_1f_1+x_2f_2+x_3f_3+\cdots+x_nf_n}{f_1+f_2+f_3+\cdots+f_n}=\frac{\sum xf}{\sum f}$$

式中:$\bar{x}$ 代表算术平均数,$x_i(i=1,2,5,\cdots,n)$ 代表各组标志值,f_i 代表各组单位数。

由上式可见,加权算术平均数的大小不仅受各组标志值大小的影响,而且也受各组次数多少的影响。次数多的标志值对平均数的影响大,次数少的标志值对平均数的影响小。这里,各组标志值次数的多少在平均数的计算中具有权衡轻重的作用,因此,统计上通常把各组的次数称为权数。

当各个标志值出现的次数都完全相等时,权数就失去了权衡轻重的作用,这时,加权算术平均值就等于简单算术平均数。即

当 $f_1=f_2=f_3=\cdots=f_n=f$ 时,则:

$$\bar{x}=\frac{\sum xf}{\sum f}=\frac{f\cdot\sum x}{n\cdot f}=\frac{\sum x}{n}$$

由此可见,简单算术平均数是加权算术平均数的一个特例。

由于加权算术平均数的公式又可写成:

$$\bar{x}=\frac{\sum xf}{\sum f}=\sum\left(x\cdot\frac{f}{\sum f}\right)$$

式中：$\frac{f}{\sum f}$ 表示各组次数在总次数中所占的比重。

所以权数有两种表现形式：一种是绝对数权数，如前例中的工人数；另一种是相对数权数，即比重权数$\left(\frac{f}{\sum f}\right)$，权数权衡轻重的作用就体现在比重的大小上。也就是说比重越大，相应的变量值计入平均数的份额也越大，对平均数的影响就越大；反之，比重越小，相应的变量值计入平均数的份额也越小，对平均数的影响就越小。仍以表 4-4 资料为例，用比重权数计算加权算术平均数。

$$\text{平均日产零件数}=\sum\left(x\cdot\frac{f}{\sum f}\right)$$

$$=16\times0.1+17\times0.2+18\times0.25+19\times0.25+20\times0.2$$

$$=18.25(\text{件})$$

从计算结果看，用比重权数加权计算的结果与用绝对数权数加权计算的结果是一致的

(2)根据组距数列计算加权算术平均数

根据组距数列计算加权算术平均数与根据单项数列计算加权算术平均数的方法相同。只是由于组距数列中，每组的标志值是一个变动范围，而不是一个具体数值，因此，要先计算出各组的组中值，以各组组中值代替各组的标志值，然后计算加权算术平均数。

【例 4-16】 某地粮食作物按亩产量分组资料见表 4-6 所列。

表 4-6　某地粮食平均亩产计算表

按亩产量分组(公斤)	播种面积 f(亩)	组中值 x	收获量 xf
500 以下	7	450	3150
500～600	31	550	17050
600～700	50	650	32500
700～800	60	750	45000
800～900	40	850	34000
900 以上	16	950	15200
合计	204	—	146900

$$\text{粮食平均亩产}=\frac{\sum xf}{\sum f}=\frac{146900}{204}=720.1(\text{公斤})$$

以上计算方法是有假定性的，即假定各组标志值在组内分布是均匀的，实际上并不是均匀分布的。因此，根据组中值计算的加权算术平均数只能是一个近似值。

3. 算术平均数的数学性质

算术平均数在统计学中有着重要的地位，它是进行统计分析和统计推断的基础，下面两

个有关算术平均数的命题是其两个重要的数学性质。

(1) 各变量值与其平均数离差之和等于零

即

$$\sum_{i=1}^{n}(x_i-\bar{x})=0$$

证明为

$$\sum_{i=1}^{n}(x_i-\bar{x})=\sum_{i=1}^{n}x_i-\sum_{i=1}^{n}\bar{x}=\sum_{i=1}^{n}x_i-n\bar{x}$$

$$=\sum_{i=1}^{n}x_i-n\cdot\frac{\sum_{i=1}^{n}x_i}{n}=\sum_{i=1}^{n}x_i-\sum_{i=1}^{n}x_i$$

$$=0$$

(2) 各变量值与其平均数离差平方之和等于最小值，即

$$\sum_{i=1}^{n}(x_i-\bar{x})^2=\text{最小值(min)}$$

证明为

设 x_0 为任意数，c 为常数($c\neq 0$)，并令 $x_0=\bar{x}\pm c$，则

$$\sum_{i=1}^{n}(x_i-x_0)^2=\sum_{i=1}^{n}[x_i-(\bar{x}\pm c)]^2=\sum_{i=1}^{n}[(x_i-\bar{x})\pm c]^2$$

$$=\sum_{i=1}^{n}(x_i-\bar{x})^2\pm 2c\sum_{i=1}^{n}(x_i-\bar{x})+nc^2$$

$$=\sum_{i=1}^{n}(x_i-\bar{x})^2+nc^2$$

因为 $nc^2>0$，所以 $\sum_{i=1}^{n}(x_i-x_0)^2>\sum_{i=1}^{n}(x_i-\bar{x})^2$，即 $\sum_{i=1}^{n}(x_i-\bar{x})^2$ 为最小值。

算术平均数易受极端变量值的影响，使平均数的代表性变小。

(二) 调和平均数

在实际工作中，经常会遇到只有各组变量值和各组标志总量而缺少总体单位数的情况，这时就要用调和平均数计算平均指标。调和平均致是各个标志值倒数的算术平均数的倒数。由于它是根据标志值的倒数计算，所以又称为倒数平均数。根据所掌握的资料不同，调和平均数分为简单调和平均数与加权调和平均数两种形式。

1. 简单调和平均数

根据未经分组资料计算平均数。其计算公式为

$$H=\frac{1}{\frac{\frac{1}{x_1}+\frac{1}{x_2}+\cdots+\frac{1}{x_n}}{n}}=\frac{n}{\sum\frac{1}{x}}$$

式中:H 代表调和平均数,n 代表标志值的项数。

【例 4-17】 某农贸市场青菜早市每斤 0.86 元,晚市每斤 0.52 元,如果早市、晚市各买 1 元,问平均每斤价格为多少元?

我们可以这样分析此问题。早市、晚市各买 1 元,购买金额共 1+1=2 元,购买青菜量共 $\frac{1}{0.86}+\frac{1}{0.52}=3.09$ 斤,也就是 2 元钱共买了 3.09 斤青菜,则

$$平均每斤价格=\frac{购买额}{购买量}=\frac{1+1}{\frac{1}{0.86}+\frac{1}{0.52}}=\frac{2}{3.09}=0.65(元)$$

简单调和平均数是在各变量值对平均数起同等作用条件下应用的。因为不同价格的青菜各购买了 1 元。在许多情况下,各变量值对平均数的作用是不同的。如果上例中各种不同价格的蔬菜不是各购买 1 元,而是购买不同的金额,这时就必须用加权调和平均数。

2. 加权调和平均数

加权调和平均数计算公式为

$$H=\frac{m_1+m_2+m_3+\cdots+m_n}{\frac{m_1}{x_1}+\frac{m_2}{x_2}+\frac{m_3}{x_3}+\cdots+\frac{m_n}{x_n}}=\frac{\sum m}{\sum \frac{m}{x}}$$

【例 4-18】 仍用前面对青菜计算平均价格为例,如果现在早市、晚市所花钱数不再是一元,而是见表 4-7 的情形,求平均价格。

表 4-7 调和平均数计算表

时间	价格 x(元/斤)	购买金额 m(元)	购买量 m/x(斤)
早市	0.86	2	2.33
晚市	0.52	3	5.77
合计	—	5	8.10

$$平均每斤价格=\frac{2+3}{\frac{2}{0.86}+\frac{3}{0.52}}=\frac{5}{8.1}=0.62(元)$$

3. 根据相对数或平均数计算平均数

如果被平均的标志值是相对数或平均数时,计算总体平均数不能将各相对数或平均数相加除以相对数或平均数的个数,而应根据每个相对数或平均数本身的计算方法来计算总体平均数。若我们掌握其分子资料而无分母资料时,则采用调和平均数形式来计算总体平均数。

【例 4-19】 某贸易公司所属四个门市部去年商品零售计划完成情况和实际销售额见表 4-8 所列。

表 4-8 加权调和平均数计算表

门市部	计划完成 x(%)	实际销售额 m(万元)	计划销售额 m/x(万元)
一	108	1512	1400
二	92	368	400
三	104	16640	16000
四	100	600	600
合计	—	19120	18400

$$\text{平均计划完成程度}=\frac{\sum m}{\sum \frac{m}{x}}=\frac{19120}{18400}=103.9\%$$

【例 4-20】 某企业三个车间工人劳动生产率和产量资料见表 4-9 所列。

表 4-9 加权调和平均数计算表

车间	劳动生产率 x(件/人)	产量 m(件)	工人数 m/x(人)
甲	50	500	10
乙	54	648	12
丙	52	780	15
合计	—	1928	37

$$\text{企业平均劳动生产率}=\frac{\text{企业总产量}}{\text{企业总工人数}}=\frac{\sum m}{\sum \frac{m}{x}}=\frac{1928}{37}=52.11(\text{件/人})$$

调和平均数是作为算术平均数的变形来使用的。它的计算内容服从于算术平均数的内容,即以标志总量除以总体单位数。调和平均数的权数是算术平均数中被平均标志值与单位数相乘所确定的标志总量,即 $m=xf$,则 $f=\frac{m}{x}$,将它代入加权算术平均数公式

$$\bar{x}=\frac{\sum xf}{\sum f}=\frac{\sum x\cdot\frac{m}{x}}{\sum \frac{m}{x}}=\frac{\sum m}{\sum \frac{m}{x}}=H$$

由此可以看出,两种平均数只是计算形式不同,而计算内容完全相同,计算结果也是一致的。

在实际工作中,选择哪种形式计算平均数,要考虑变量的经济内容和计算中所掌握的资料情况。如果只有分母资料,而无分子资料时,可用分母作为平均数的权数,采用算术平均数公式计算平均数;如果只有分子资料,而无分母资料时,可用分子作为平均数的权数,采用调和平均数公式计算平均数。

调和平均数易受极端值影响,变量值不能为零。

（三）几何平均数

几何平均数是 n 个变量值连乘积的 n 次方根。根据所掌握的资料不同，可分为简单几何平均数和加权几何平均数两种。

1. 简单几何平均数

当我们掌握的是未分组资料时，应采用简单几何平均数的计算方法。其计算公式为

$$G=\sqrt[n]{x_1 \cdot x_2 \cdot x_3 \cdots x_n}=\sqrt[n]{\prod_{i=1}^{n} x_i}$$

式中：G 代表几何平均数，x_i 代表各个变量值，n 代表变量值的项数，$\prod$ 为连乘符号。

【例 4－21】 某机械厂有三个流水作业车间。各车间制品合格率分别为 98%、96%、94%，求车间平均产品的合格率。

$$G=\sqrt[n]{x_1 \cdot x_2 \cdot x_3}=\sqrt[3]{0.98 \times 0.96 \times 0.94}=95.99\%$$

2. 加权几何平均数

当我们掌握的是已分组资料，且每个变量值的次数不相同时，应采用加权几何平均数。其计算公式为

$$G=\sqrt[\sum f]{x_1^{f_1} \cdot x_2^{f_2} \cdot x_3^{f_3} \cdots x_n^{f_n}}=\sqrt[\sum f]{\prod_{i=1}^{n} x_i^{f_i}}$$

式中：f 为每个变量值出现的次数即权数，$\sum f$ 为次数总和，且

$$\sum f=f_1+f_2+f_3+\cdots+f_n$$

【例 4－22】 将一笔款项存入银行，存期 12 年，年利率是按复利计息。第 1～3 年的年利率为 3%，第 4～5 年的年利率为 2%，第 6～8 年的年利率为 4%，第 9～12 年的年利率为 5%，求平均年利率。

由于是以复利计息，要计算平均年利率首先必须将各年利率加上 100%换算为各年的年本利率，再按加权几何平均数计算平均年本利率，最后减去 100%即得平均年利率。我们可以先编制单项数列，见表 4－10 所列。

表 4－10 年本利率表

年本利率 x(%)	年数 f(年)
103	3
102	2
104	3
105	4
合计	12

$$\text{平均年本利率}=\sqrt[12]{1.03^3 \cdot 1.02^2 \cdot 1.04^3 \cdot 1.05^4}=113.3\%$$

平均年利率＝平均年本利率－100％＝113.3％－100％＝13.3％

几何平均数受极端数值的影响，如果被平均的数列中有一个标志值为零，则不能计算几何平均数；如果数列中有负值，则几何平均数就成为负数或虚数。所以几何平均数的应用范围较小，一般多用于计算社会经济现象的平均发展速度，同时也用于计算具有等比关系数列的平均数。

（四）众数

1. 众数的概念

众数是总体中出现次数最多的那个变量值，通常用符号 Mo 表示。它是一种位置平均数，不受极端值的影响。

例如，某生产班组有 10 名工人，其日产零件数分别为（单位：件）

7、8、8、9、10、12、12、12、14、15

在这个数列中 12 件就是众数，因为日产零件数为 12 件的工人数最多。在一个数列中，如果各个数值出现的次数相同，则数列无众数；如果有两个数出现的次数最多，而且相同，如 10 个工人日产零件分别 7、8、8、8、10、12、12、12、14、15，这时众致有两个即 8 件和 12 件。

在实际工作中，有时利用众数来说明社会经济现象的一般水平。例如，为了掌握集市上某种商品的价格水平，一天中可能有几个价格，其中成交量最多的那个价格，就是众数，可用这个众数价格来代表该商品价格的一般水平。又如，为了生产衣服、鞋子、帽子，要了解市场最普通的尺码，这不能看算术平均数，而要看众数，就是说要看需要哪种尺码衣、鞋、帽的人最多。必须强调的是，众数只有在总体单位数比较多而又有明显的集中趋势的资料中计算才有意义。如果总体单位少，或总体单位数虽多，但各变量值无明显集中趋势，计算众数无实际意义。

2. 确定众数的方法

（1）根据单项数列确定众数

根据单项数列确定众数比较容易，不用计算，可直接观察得到，即看数列中哪个变量值出现的次数最多，哪个变量值就是众数。

【例 4－23】 某校新生身高资料见表 4－11 所列，试确定身高的一般水平。

表 4－11　某校新生身高情况

按身高分组（厘米）	学生数（人）
165	60
169	150
172	380
176	90
180	20
合计	700

由表 4－11 可知，身高 172 厘米的人数最多，所以学生身高的众数 Mo＝172（厘米）。

（2）根据组距数列确定众数

从原则上讲依然是根据次数分配的多少来决定。首先要确定众数所在组，然后根据公式计算众数的近似值。由组距数列求众数的公式有两个:上限公式和下限公式,计算时可任意选用其中之一。

下限公式:

$$Mo = L + \frac{\Delta_1}{\Delta_1 + \Delta_2} \times d$$

上限公式:

$$Mo = U - \frac{\Delta_2}{\Delta_1 + \Delta_2} \times d$$

式中:Mo 代表众数,L 代表众数组的下限,U 代表众数组的上限,Δ_1 代表众数组的次数与其前一组的次数之差,Δ_2 代表众数组的次数与其后一组的次数之差,d 代表众数组的组距。

【例 4-24】 某班学生统计学成绩及学生数资料见表 4-12 所列,求众数。

表 4-12　某班学生统计学成绩

按成绩分组(分)	学生数(人)
50～60	2
60～70	10
70～80	12
80～90	20
90～100	6
合计	50

计算过程分以下几步进行:

第一步,确定众数所在组。从表 4-12 中资料可知,成绩在 80～90 分的学生数最多(20 人),因此,该组是众数组。

第二步,根据公式计算众数的近似值。

下限公式:

$$Mo = L + \frac{\Delta_1}{\Delta_1 + \Delta_2} \times d = 80 + \frac{20-12}{(20-12)+(20-6)} \times 10 = 83.64(\text{分})$$

上限公式:

$$Mo = U - \frac{\Delta_2}{\Delta_1 + \Delta_2} \times d = 90 - \frac{20-6}{(20-12)+(20-6)} \times 10 = 83.64(\text{分})$$

众数不受极端数值的影响。如果组距数列中出现开口组时,对众数无影响。

(五)中位数

1. 中位数的概念

中位数是将总体中某一数量标志的各个标志值按大小顺序排成数列,处在数列中间位置的那个标志值叫作中位数,通常用符号 Me 表示,它也是一种位置平均数。

【例 4-25】 有 7 名学生身高(单位:厘米)按大小顺序排列为

158、162、168、170、172、175、180

其中,170 厘米就是中位数。由于中位数居中,恰好把全部标志值分为两个部分,一部分大于中位数,一部分小于中位数,所以,有时利用中位数来代表现象的一般水平。

2. 确定中位数的方法

根据中位数的性质,确定中位数的关键在于找出总体中各单位的中间项的位置点,中间项的位置点,即是中位数所在的位置,其标志值即为中位数。但由于所掌握的资料不同,确定中位数的方法也就不同。

(1)根据未分组资料确定中位数。在资料未分组的情况下,确定中位数,首先要将全部标志值按大小顺序排列,然后用下面的公式确定中位数的位置,即

$$\text{中位数的位置}=\frac{N+1}{2}$$

其中,N 为标志值的项数。

如果标志值的项数是奇数,则居于中间位置的那个标志值就是中位数。根据【例 4-25】中位数的位置$=\frac{N+1}{2}=\frac{7+1}{2}=4$,这就是说数列中的第 4 项,即身高为 170 厘米是中位数。

如果标志值的项数是偶数,则居于中间位置的两个标志值的算术平均数即为中位数。

将【例 4-25】中减去一个人的身高,即 6 名学生身高分别为:158、162、168、170、172、175 则,中位数的位置$=\frac{N+1}{2}=\frac{6+1}{2}=3.5$,表示中位数的位置在第 3 项与第 4 项之间。因此,中位数为第 3 项与第 4 项标志值的算术平均数,即

$$\text{中位数}=\frac{168+170}{2}=169(\text{厘米})$$

(2) 根据分组资料确定中位数。由于分组资料有单项数列与组距数列两种。

① 由单项数列确定中位数。对单项数列确定中位数,可按以下步骤计算:

首先,计算单项数列各组的累计次数。

然后,计算中位数所在位置,即用公式$\frac{\sum f}{2}$来确定。

最后,根据中位数的位置对照累计次数来确定中位数所在的组,中位数所在组的标志值就是中位数。

【例 4-26】 某班学生按年龄分组资料见表 4-13 所列,求中位数。

首先,计算单项数列各组的累计次数,见表 4-13 所列。

然后,计算中位数所在位置,中位数位置$=\frac{\sum f}{2}=\frac{50}{2}=25$。

最后,25 位落在第三组{向上累计次数 39,向下制累计次数 37},第三组的变量值 18 即为中位数,即

$$Me = 18(岁)$$

表 4-13　某班学生年龄资料

年龄(岁)	学生人数(人)	向上累计次数	向下制累计次数
16	4	4	50
17	9	13	46
18	26	39	37
29	9	48	11
20	2	50	2
合计	50	—	—

② 由组距数列确定中位数。由组距数列确定中位数比较复杂一些，仍可用单项数列确定中位数的步骤计算，只不过最后一步确定了中位数所在的组以后，再用下列公式计算中位数的近似值。

下限公式：

$$Me = L + \frac{\frac{\sum f}{2} - S_{m-1}}{f_m} \times d$$

上限公式：

$$Me = U - \frac{\frac{\sum f}{2} - S_{m+1}}{f_m} \times d$$

式中：Me 代表中位数，L 代表中位数所在组的下限，U 代表中位数所在组的上限，f_m 代表中位数所在组的次数，S_{m-1} 代表中位数所在组以前各组的累计次数，S_{m+1} 代表中位数所在组以后各组的累计次数，d 代表中位数所在组的组距，$\sum f$ 各组次数的总和。

现以表 4-14 资料为例来说明由组距数列计算中位数的过程。

表 4-14　某班学生统计学成绩

按成绩分组(分)	学生数(人)	累计次数	
		向上累计次数	向下累计次数
50 ～ 60	2	2	50
60 ～ 70	10	12	48
70 ～ 80	12	24	38
80 ～ 90	20	44	26
90 ～ 100	6	50	6
合计	50	—	—

$$中位数位置=\frac{\sum f}{2}=\frac{50}{2}=25$$

从表 4-14 中可以看出：中位数在 80～90 分这一组内。根据公式计算中位数的近似值。

用下限公式计算为

$$Me=L+\frac{\frac{\sum f}{2}-S_{m-1}}{f_m}\times d=80+\frac{25-24}{20}\times 10=80.5(分)$$

用上限公式计算为

$$Me=U-\frac{\frac{\sum f}{2}-S_{m+1}}{f_m}\times d=90-\frac{25-6}{20}\times 10=80.5(分)$$

两个公式计算结果完全相同。

中位数不受极端数值的影响，在组距数列中也不受开口组的影响。

三、几种平均数之间的关系

1. 算术平均数、几何平均数与调和平均数之间的关系

对同一资料计算三种平均数时，三者之间的数量关系可用不等式表示

$$\bar{x}>G>H$$

例如，有三个工人日产零件数分别为 10、12、18 件，则

$$\bar{x}=\frac{\sum x}{n}=\frac{10+12+18}{3}=13.33(件)$$

$$G=\sqrt[3]{x_1\cdot x_2\cdot x_3}=\sqrt[3]{10\times 12\times 18}=12.93(件)$$

$$H=\frac{n}{\sum\frac{1}{x}}=\frac{3}{\frac{1}{10}+\frac{1}{12}+\frac{1}{18}}=12.56(件)$$

此例验证了上述不等式的关系。只有当 n 个变量值都相等时，则

$$\bar{x}=G=H$$

2. 算术平均数、众数与中位数之间的关系

算术平均数、众数与中位数之间的数量关系取决于总体内的次数分布状况。

(1) 当总体的次数为对称分布时，算术平均数、众数和中位数三者相等，即 $\bar{x}=Mo=Me$，如图 4-1(a) 所示。

(2) 当总体的次数为非对称分布时,有两种情况:

① 如果是左偏分布,众数最大,算术平均数最小,即$\bar{x} < Me < Mo$,如图 4-1(b) 所示。

② 如果是右偏分布,众数最小,中位数居中,算术平均数最大,即$\bar{x} > Me > Mo$,如图 4-1(c) 所示。

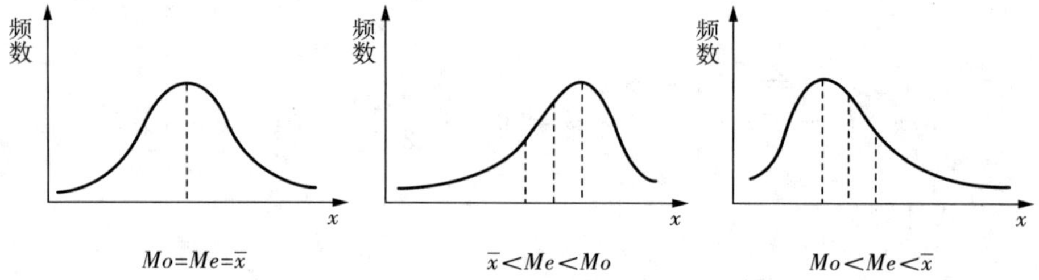

(a) 对称分布　　(b) 左偏分布　　(c) 右偏分布

图 4-1　众数、中位数和算术平均数的关系示意图

在偏斜适度的情况下,不论是右偏还是左偏,算术平均数、众数与中位数三者之间构成一个固定关系,即假定众数与算术平均数之间的距离为一个单位,则中位数与算术平均数之间的距离为$\frac{1}{3}$;众数与中位数之间的距离为$\frac{2}{3}$。其公式称为皮尔逊(英国统计学家)公式,即

$$Mo = 3Me - 2\bar{x}$$

根据上述关系,可从两个已知的平均指标来推算另一个平均指标。

四、应用平均指标的基本原则

应用平均指标对社会经济现象进行分析时,应遵循以下几个基本原则。

(一)要以同质总体为基础

总体的同质性是计算平均指标和进行平均分析的基本前提。平均指标是以一个代表性的数字来反映大量社会经济现象的一般水平,用以揭示总体的共同性质。因此,要求总体各单位必须是同性质的。如果总体中各单位性质不同,那么所计算出来的平均数非但不能说明现象的一般水平,反而会歪曲现象的本质特点,从而形成“虚构平均数”。

(二)用组平均数补充说明总平均数

总平均数虽然是以同质总体为基础计算的,但在总体的各个单位之间还存在其他一些性质上的差别,而这些差别对平均数往往是有重要影响的。因此,在许多情况下我们还必须按照反映这些重要差别的标志把总体单位分组,通过计算组平均数以补充说明总平均数,以便进一步反映现象总体的特征和内部结构的影响。例如,某企业 2020 年与 2019 年劳动生产率资料见表 4-15 所列。

表 4-15 某企业 2019 年与 2020 年劳动生产率

工人分组	2019 年			2020 年		
	工人数（人）	生产量（件）	劳动生产率（件/人）	工人数（人）	生产量（件）	劳动生产率（件/人）
新工人	200	8200	41	400	17200	43
老工人	800	48800	61	600	39000	65
合计	1000	57000	57	1000	56200	56.2

从总劳动生产率看，这个企业的劳动生产率由 57 件/人，下降到 56.2 件/人，能否由此得出结论证明这个企业劳动生产率降低了呢？如果我们分别从新工人和老工人来看，就会看到这个结论是不全面的。因为无论是新工人还是老工人，他们各自的劳动生产率都提高了。总劳动生产率之所以降低，主要是由于该企业新、老工人结构变动的影响所致。所以，利用总平均数分析问题时，必须应用组平均数做补充说明。

（三）用分配数列补充说明总平均数

由于平均数是用一个数值来代表总体某种标志的一般水平，因而它不仅把总体各个单位之间的差异抽象掉了，而且把总体内部各单位的分布情况也掩盖起来了。为了深入分析问题，不仅要观察和分析总体的一般水平，还必须注意平均数所掩盖的各个单位的差异及其分配情况。例如，某市商业部门有 50 个商业网点，年度销售利润平均计划完成程度为 105%，其按计划完成程度分组的分配见表 4-16 所列。

表 4-16 某市商业部门 50 个商业网点计划完成程度

按计划完成程度分组（%）	商业网点数（个）	比重（%）
90 以下	5	10
90～100	5	10
100～110	32	64
110 以上	8	16
合计	50	100

该市整个商业部门超额 5%完成了计划，从分配数列看，各个商业网点完成计划情况有好有坏，其中 20%的商业网点尚未完成计划，16%的商业网点超额完成计划 10%以上。这样，用分配数列补充说明总平均数，可使我们认识得更具体、更深入，更有利于全面分析问题。

（四）平均指标与典型事例相结合

平均指标将总体各单位的个性抽象化了，说明了社会经济现象某些总体的共性。因此，平均数必须与个别总体单位的典型事例相结合，研究先进和后进的典型，发现新生事物，探明现象变动的原因、条件和活动情况。

第四节　变异指标

一、变异指标的概念和作用

(一)变异指标的概念

变异指标是反映总体各单位标志值之间差异程度大小的统计指标，又叫标志变动度。它与反映总体一般水平或分布数列集中趋势的平均指标相比，变异指标从另一个角度说明了总体的特性，即它反映了总体各单位的差异水平和分布数列的离中趋势。为什么要计算变异指标呢？因为在同质总体中各单位之间没有质的差别，但有量的差别。平均数是将总体各单位标志值的数量差异抽象化了，用一个代表性数值来反映总体的一般水平。因此，通过平均数只能看出被研究现象的共性，而无法了解总体各单位标志值的差异情况和离散趋势，为了解决这一问题，有必要计算变异指标。

(二)变异指标的作用

1. 变异指标可用来衡量平均数代表性大小

平均数是总体特征的一个代表数值，其代表性的大小取决于总体各单位标志值的差异程度。变异指标大，说明标志值之间的差异程度大，平均数的代表性小；变异指标小，说明标志值之间的差异程度小，平均数的代表性大。

【例 4－27】 有两个生产班组，各有 5 名工人，其日产零件数(单位：件)为

甲班：30、50、70、80、110

乙班：62、64、69、70、75

则

$$\bar{x}_{甲}=\frac{30+50+70+80+110}{5}=68(件)$$

$$\bar{x}_{乙}=\frac{62+64+69+70+75}{5}=68(件)$$

两个生产班组的平均日产零件都是 68 件，但是两组平均数代表性差别很大。甲班平均数的代表性差，乙班平均数的代表性好，因为甲班每位工人日产量和平均日产量很疏远，即差异程度大；而乙班每位工人日产量和平均日产量接近，即差异程度小。

2. 变异指标可以用来反映社会经济活动过程的均衡性及生产工作过程的稳定性

例如，在分析计划完成情况时，看其是否按时间过程均衡地完成；在工业产品质量检验中，可用以表明产品质量的稳定性，以便加强产品质量管理。

【例 4－28】 两家企业生产进度资料见表 4－17 所列。

表 4－17 两家企业生产进度

企业名称	生产进度(%)		
	4 月	5 月	6 月
甲	38	41	41
乙	25	35	60

从表 4－17 可看出，甲企业生产较均衡，而乙企业前松后紧。

3. 变异指标反映总体各单位标志值分布的离中趋势

例如，价格背离价值的平均程度，变异指标值愈大，说明标志值的分布愈分散。

二、变异指标的种类及其计算方法

在统计分析中，常用的变异指标有全距、平均差、标准差和离散系数四种。

(一)全距

全距是总体单位标志值中的最大值与最小值之差，故又称“极差”，用以说明总体标志值的变动范围，通常用 R 表示。其计算公式为

$$R=\text{最大标志值}-\text{最小标志值}=X_{max}-X_{min}$$

全距大，说明标志值的离散程度大，平均数的代表性小；全距小，说明标志值的离散程度小，平均数的代表性大。

如前【例 4－27】计算甲、乙两生产班组日产零件数的全距。

$$R_{甲}=110-30=80(\text{件}),R_{乙}=75-62=13(\text{件})$$

$\bar{x}_{甲}=\bar{x}_{乙}=68$(件)，但是两个生产班组产量的变动范围不同：甲班组为 80 件，乙班组为 13 件，说明甲班组产量的变动范围大于乙班组，所以甲班组平均数的代表性低于乙班组。

如果是组距数列，可用最高组的上限与最低组的下限之差计算，即

$$R=\text{最高组的上限}-\text{最低组的下限}$$

全距含义明确，计算简单，实际工作中常用于检查产品质量的稳定性和进行质量控制。在编制次数分配表时，全距还是确定组数、组距的重要依据。

其缺点是全距易受极端值的影响，带有较大的偶然性，因为全距只是两极端值的差距，没有包括众多的中间变量值的差异情况，所以，全距不能全面地反映总体各单位标志的变异程度。另外，对开口组的组距数列无法计算全距，因为在开口组的组距数列中最低组无最小值，最高组无最大值。如要准确、全面地反映总体的综合差异程度，还需要计算其他变异指标。

(二)平均差

平均差是总体各单位标志值与算术平均数的离差绝对值的算术平均数。一般用 $A.D.$ 表示。由于所掌握的资料不同，平均差可分为简单平均差和加权平均差两种。

1. 简单平均差

适合于未分组资料，其计算公式为

$$A.D.=\frac{\sum|x-\bar{x}|}{n}$$

2. 加权平均差

适合于分组资料，其计算公式为

$$A.D.=\frac{\sum|x-\bar{x}|f}{\sum f}$$

式中为什么要用标志值与算术平均数的离差绝对值之和呢？是因为各标志值与算术平均数的离差之和等于零，即$\sum(x-\bar{x})=0$，所以离差的平均数也一定等于零，无法表示离散程度的大小。用离差绝对值求平均数，可以消除正负号的影响，反映各标志值与算术平均数离差大小的平均程度。

平均差与全距不同，它是根据总体中各单位标志值与算术平均数的离差计算的，能综合反映总体各单位某一数量标志总的变动程度。平均差愈大，说明标志变异程度愈大，平均数的代表性就愈小；平均差愈小，说明标志变异程度愈小，平均数的代表愈大。下面举例说明平均差的计算。

在资料未分组的情况下，仍以【例 4－27】为例计算平均差，见表 4－18 所列。

表 4－18 平均差计算表

甲班			乙班		
产量 x（件）	离差 $x-\bar{x}$	离差绝对值 $\|x-\bar{x}\|$	产量 x（件）	离差 $x-\bar{x}$	离差绝对值 $\|x-\bar{x}\|$
30	－38	38	62	－6	6
50	－18	18	64	－4	4
70	2	2	69	1	1
80	12	12	70	2	2
110	42	42	75	7	7
合计	—	112	合计	—	20

$$A.D_{甲班}=\frac{\sum|x-\bar{x}|}{n}=\frac{112}{5}=22.4(件)$$

$$A.D_{乙班}=\frac{\sum|x-\bar{x}|}{n}=\frac{20}{5}=4(件)$$

在甲、乙两个生产班组平均日产零件相等（都等于 68 件）的情况下，甲班的平均差大于乙班的平均差，说明甲班平均数的代表性比乙班小。

在资料分组情况下，现以表 4－19 资料为例来说明由分组资料计算平均差的过程。

表 4－19 平均差计算表

按成绩分组（分）	学生数（人）	组中值 x	总成绩 xf	$x-\bar{x}$	$\lvert x-\bar{x}\rvert$	$\lvert x-\bar{x}\rvert f$
50～60	2	55	110	－23.6	23.6	47.2
60～70	10	65	650	－13.6	13.6	136
70～80	12	75	900	－3.6	3.6	43.2
80～90	20	85	1700	6.4	6.4	128
90～100	6	95	570	16.4	16.4	98.4
合计	50	—	3930	—	—	452.8

$$\bar{x}=\frac{\sum xf}{\sum f}=\frac{3930}{50}=78.6(\text{分})$$

$$A.D=\frac{\sum|x-\bar{x}|f}{\sum f}=\frac{452.8}{50}=9.06(\text{分})$$

从计算方法中可看出，平均差由于采用绝对值进行运算，不适合于代数形式处理，在实际应用上受到很大的限制。

（三）标准差

1. 标准差的概念及计算方法

标准差是总体各单位标志值与算术平均数离差平方和的算术平均数的平方根，又称为均方差，通常用 σ 表示。根据所掌握的资料不同，标准差有两种计算形式。

对未分组资料，采用简单标准差，其计算公式为

$$\sigma=\sqrt{\frac{\sum(x-\bar{x})^2}{n}}$$

对分组资料，采用加权标准差，其计算公式为

$$\sigma=\sqrt{\frac{\sum(x-\bar{x})^2 f}{\sum f}}$$

有了平均差，为什么还要用标准差来反映总体的离散程度呢？因为标准差这个指标，一方面具有平均差的优点，即它将总体中各个单位标志值的差异全部包括在内，可以综合反映总体中各单位标志值的离散程度；另一方面，它在计算上运用算术平均数 $\sum(x-\bar{x})^2$ 为最小值的数学性质，即采用离差平方和的方法来消除正负离差，更适合于代数运算。由于标准差指标具有以上这些优点，在实际工作中，一般都用标准差来测定总体各单位标志值的离散

程度,而且被视为标准的测定数。

依据上述公式计算标准差的步骤是:① 计算各变量值的算术平均数。② 计算各变量值与平均数的离差。③ 将各个离差平方求和;若有权数,则将各个离差平方乘权数求和。④ 计算离差平方和的算术平均数并开方,即可得到标准差。

下面举例说明标准差的计算方法。

对未分组资料计算标准差,仍以【例 4-27】为例计算标准差,见表 4-20 所列。

表 4-20　标准差计算表

甲班			乙班		
产量 x(件)	离差 $x-\bar{x}$	离差平方 $(x-\bar{x})^2$	产量 x(件)	离差 $x-\bar{x}$	离差平方 $(x-\bar{x})^2$
30	−38	1444	62	−6	36
50	−18	324	64	−4	16
70	2	4	69	1	1
80	12	144	70	2	4
110	42	1764	75	7	49
合计	—	3680	合计	—	106

$$\sigma_{甲}=\sqrt{\frac{\sum(x-\bar{x})^2}{n}}=\sqrt{\frac{3680}{5}}=27.13(件)$$

$$\sigma_{乙}=\sqrt{\frac{\sum(x-\bar{x})^2}{n}}=\sqrt{\frac{106}{5}}=4.6(件)$$

计算结果表明,在两个生产班组平均日产零件数相等(都等于 68 件)的条件下,甲班的标准差比乙班大,所以甲班平均数代表性比乙班低。

标准差的平方称为方差,即 σ^2。

对分组资料计算标准差,仍以表 4-19 资料为例,其计算过程见表 4-21 所列。

表 4-21　标准差计算表

按成绩分组(分)	学生数 f(人)	组中值 x	总成绩 xf	$x-\bar{x}$	$(x-\bar{x})^2$	$(x-\bar{x})^2f$
50～60	2	55	110	−23.6	556.96	1113.92
60～70	10	65	650	−13.6	184.96	1849.60
70～80	12	75	900	−3.6	12.96	155.52
80～90	20	85	1700	6.4	40.96	819.20
90～100	6	95	570	16.4	268.96	1613.76
合计	50	—	3930	—	—	5552.00

$$\bar{x}=\frac{\sum xf}{\sum f}=\frac{3930}{50}=78.6(\text{分})$$

$$\sigma=\sqrt{\frac{\sum(x-\bar{x})^2f}{\sum f}}=\sqrt{\frac{5552.00}{50}}=10.54(\text{分})$$

2. 标准差的简捷计算法

上述标准差的计算方法为积差法。实际工作中，有时可以将上述标准差公式进行变形，使计算更简便。

对未分组资料：

$$\sigma=\sqrt{\frac{\sum x^2}{n}-\left(\frac{\sum x}{n}\right)^2}=\sqrt{\overline{x^2}-(\bar{x})^2}$$

对分组资料：

$$\sigma=\sqrt{\frac{\sum x^2f}{\sum f}-\left(\frac{\sum xf}{\sum f}\right)^2}=\sqrt{\overline{x^2}-(\bar{x})^2}$$

仍以【例 4－27】中乙班资料为例说明未分组计算标准差，其计算过程见表 4－22 所列。

表 4－22　标准差计算表

产量 x(件)	x^2
62	3844
64	4096
69	4761
70	4900
75	5625
合计	23226

$$\sigma=\sqrt{\frac{\sum x^2}{n}-\left(\frac{\sum x}{n}\right)^2}=\sqrt{\frac{23226}{5}-\left(\frac{340}{5}\right)^2}=4.6(\text{件})$$

以表 4－11 的资料为例说明分组资料计算标准差，其计算过程见表 4－23 所列。

$$\sigma=\sqrt{\frac{\sum x^2f}{\sum f}-\left(\frac{\sum xf}{\sum f}\right)^2}=\sqrt{\frac{314450}{50}-\left(\frac{3930}{50}\right)^2}=10.54(\text{分})$$

由上述计算可知，简捷计算法与积差法计算结果相同，但计算手续简化了。

表 4-23 标准差计算表

按成绩分组（分）	学生数（人）	组中值 x	总成绩 xf	x^2	x^2f
50～60	2	55	110	3025	6050
60～70	10	65	650	4225	42250
70～80	12	75	900	5625	67500
80～90	20	85	1700	7225	144500
90～100	6	95	570	9025	54150
合计	50	—	3930	29125	314450

（四）离散系数

平均数反映变量的集中趋势，变异指标反映变量的离散趋势，它们都是用名数表示的，两者有着密切的联系。如果将各种变异指标与算术平均数进行对比，其比值就叫作离散系数，也叫变异系数。例如，将全距与算术平均数对比称为全距系数；将平均差与算术平均数对比称为平均差系数；将标准差与算术平均数对比称为标准差系数，反映总体各单位标志值相对地离散程度。其中，最常用的离散系数是标准差系数，用 V_σ 表示，计量形式是百分数。其公式为

$$V_\sigma = \frac{\sigma}{\bar{x}} \times 100\%$$

计算离散系数的意义在于：平均差和标准差都是反映标志变异程度的绝对指标，它与算术平均数有相同的计量单位，其数值的大小不仅受标志值之间差异程度的影响，而且也与变量数列的平均水平有关。我们要对比、分析两个平均水平不同的变量数列之间标志差异程度，就不能直接用平均差和标准差来比较其标志变异程度的大小。只有消除平均水平的高低影响，才能真正反映出不同水平的变量数列的离散程度，比较平均水平不同数列的平均数的代表性好坏，这就需要计算离散系数，以相对数的形式来进行比较。

离散系数愈小，说明标志值的离散程度小，平均数的代表性大；反之，平均数的代表性小。

【例 4-29】 甲、乙两班学生英语平均成绩分别为 86 分、79 分；其成绩的标准差分别为 7.9 分、7.47 分，试比较甲乙两班平均成绩代表性大小。

从题中可看出，甲班的平均成绩和标准差都比乙班高，不能由此断言乙班的平均数的代表性高于甲班。因为这两个班的平均水平不同，在这种情况下，就需要利用离散系数进行比较。

甲班离散系数为

$$V_{甲} = \frac{7.9}{86} \times 100\% = 9.19\%$$

乙班离散系数为

$$V_{乙}=\frac{7.47}{79}\times 100\%=9。46\%$$

从离散系数的比较中可以看出，甲班离散程度比乙班低，所以，甲班平均数代表性比乙班大。

第五节　成数指标

一、成数指标的概念

成数是指次数分布中具有某种属性的单位数占总体单位数的比重。在统计分析研究中，有时把某一总体的全部总体单位分为具有某一标志表现的单位数和不具有某一标志表现的单位数。例如，在全部产品中按产品质量可分为合格品和不合格品两类；全部人口按性别可分为男性和女性两类；民意调查可分为赞成和不赞成两类等。对于只有肯定或否定两种表现的标志称为“是”“非”标志。是非标志既可按一定品质属性来划分，如居民按居住地分为城镇和乡村两类，学生按性别分为男生和女生两类等；也可按一定的数量界限来划分，如学生成绩在60分以下为不及格，其余为及格等；灯泡耐用时数在1000小时以上为合格品，其余为不合格品等。在这种情况下，成数指标反映是非标志总体中具有某种属性的单位数占总体单位数的比重，说明总体中“是”或“非”性质的单位构成情况。

设总体全部单位数 N 中，具有某种标志表现的单位数有 N_1 个，不具有某种标志表现的单位数有 N_0 个，且 $N=N_1+N_0$。

$$P=\frac{N_1}{N} \quad 或 \quad Q=\frac{N_0}{N}$$

式中：P 表示总体中具有某种标志的单位数占总体单位数的比重，Q 表示总体中不具有某种标志的单位数占总体单位数的比重。统计中常把这样的两种比重称为成数。

两个成数之和等于1，即 $P+Q=1$。

对于样本来说，与总体 N_1 对应的就是 n_1，与总体 N_0 对应的就是 n_0，样本单位数为 n，则有

$$p=\frac{n_1}{n} \quad 或 \quad q=\frac{n_0}{n}$$

两个成数之和等于1，即 $p+q=1$。

【例4-30】 设某批灯泡100只，经检验合格品有94只，不合格品有6只，则

$$合格品的成数\ P=\frac{94}{100}=94\%$$

$$不合格品的成数\ q=\frac{6}{100}=6\%$$

二、成数的平均数

由于是非标志是一种品质标志，其表现为文字。，因此，对是非标志我们不能直接计算平均数。若要计算平均数，首先要将它们过渡到量的差异上来。既然是非标志的表现只有“是”与“非”两种可能，我们就可以用1表示“是”，即表示具有某一标志表现的总体单位的标志值，用零表示“非”，即表示不具有某一标志表现的总体单位的标志值。这样，就把是非品质标志过渡到(1,0)数量标志。然后以“1”和“0”作为变量值，计算加权算术平均数。这样计算的平均数称为是非标志平均数，也称为成数的平均数，可按表4-24所列的资料计算。

表4-24　成数平均数计算表

品质标志	标志值(x)	次数(f)	xf
是	1	N_1	N_1
非	0	N_0	0
合计	—	N	N_1

根据加权算术平均数的计算公式，是非标志平均数即成数的平均数为

$$\overline{X}=\frac{\sum xf}{\sum f},\overline{X}_p=\frac{1\times N_1+0\times N_0}{N_1+N_0}=\frac{N_1}{N}=p$$

计算结果表明，是非标志平均数即成数的平均数等于总体中具有某种标志的单位数与总体单位数的比重。

以【例4-30】为例，其计算过程见表4-25所列。

表4-25　是非标志平均数计算表

品质标志	标志值(x)	灯泡数(f)	xf
合格品	1	94	94
不合格品	0	6	0
合计	—	100	94

$$\overline{X}=\frac{\sum xf}{\sum f}=\frac{94}{100}=94\%=P$$

三、成数的标准差与方差

将经过量化处理的是非标志的表现“1”和“0”作为变量值代入总体的标准差计算公式，是非标志的标准差即成数的标准差可按表4-26所列的资料计算。

表 4-26　成数标准差计算表

品质标志	标志值 x	次数 f	离差 $x-\bar{x}$	离差平方 $(x-\bar{x})^2$	离差平方加权 $(x-\bar{x})^2f$
是	1	N_1	$1-p$	$(1-p)^2$	$(1-p)^2N_1$
非	0	N_0	$0-p$	$(0-p)^2$	$(0-p)^2N_0$
合计	—	N	—	—	$(1-p)^2N_1+p^2N_0$

是非标志的标准差即成数的标准差为

$$\sigma=\sqrt{\frac{\sum(x-\bar{x})^2f}{\sum f}}=\sqrt{\frac{(1-p)^2N_1+(0-p)^2N_0}{N_1+N_0}}$$

$$=\sqrt{\frac{q^2N_1}{N}+\frac{P^2N_0}{N}}=\sqrt{q^2p+p^2q}=\sqrt{pq(q+p)}$$

$$=\sqrt{pq}=\sqrt{p(1-p)}$$

计算结果说明，是非标志的标准差即成数的标准差就是具有某一标志表现的单位数在总体中的成数与不具有某一标志表现的单位数在总体中的成数乘积的平方根。

其方差为

$$\sigma^2=p(1-p)$$

本章小结

总量指标是反映总体的总规模、总水平的统计指标。其表现形式是绝对数，又称绝对指标或绝对数。总量指标包括总体标志总量和总体单位总量，时期指标和时点指标。时期指标和时点指标的区别是：时期指标的数值大小与时期长短有直接关系，时点指标的数值大小与时间长短没有直接关系；时期指标数值可以相加，时点指标数值不可相加；时期指标的资料通过经常性调查取得，时点指标的资料通过一次性调查取得。相对指标是由两个有联系的总量指标对比的结果。其表现形式：一是无名数，包括倍数、系数、成数、百分数、千分数等；二是有名数。常用的相对数有：计划完成程度相对数、结构相对数、比例相对数、比较相对数、强度相对数和动态相对数。

平均指标是用来反映同质总体各单位某一数量标志一般水平的统计指标，包括算术平均数、调和平均数、几何平均数、众数和中位数。加权算术平均数受变量值和次数两个因素的影响。次数对平均数的大小起着权衡轻重的作用，因此又称为权数。权数有两种表现形式：一是绝对数权数，二是比重权数。比重权数能更好地体现权数作用的实质。加权调和平均数实际上是加权算术平均数的变形。当掌握了算术平均数基本公式分母的直接资料即单位数（权数）时，用算术平均数方式计算其平均数；当掌握了算术平均数基本公式分子的直接资料即标志总量(特定权数)时,用调和平均数方式计算其平均数。

众数是总体中出现次数最多的标志值。

中位数是总体各单位标志值按大小顺序排列后,居于中间位置的那个标志值。

标志变异指标是反映总体各单位某种标志值之间差异程度的统计指标。标志变异指标是衡量平均数代表性的尺度,平均数的代表性高低与标志变异指标的数值大小有密切联系,标志变异指标越大平均数代表性越差,标志变异指标越小平均数代表性越好。标准差是总体各单位标志值与其算术平均数离差平方和的算术平均数的平方根。离散系数是标准差与其算术平均数之比。

Excel 在描述统计分析中的应用

EXCEL 中用于计算描述统计量的方法有两种,函数方法和描述统计工具的方法。

一、用函数计算描述统计量

常用的描述统计量有众数、中位数、算术平均数、调和平均数、几何平均数、极差、四分位差、标准差、方差、标准差系数等。一般来说,在 Excel 中求这些统计量,未分组资料可用函数计算,已分组资料可用公式计算。这里我们仅介绍如何用函数计算。

(一)众数

例如,为了解某经管学院新毕业大学生的工资情况,随机抽取 30 人,月工资为

1560	1340	1600	1410	1590	1410	1610	1570	1710	1550
1490	1690	1380	1680	1470	1530	1560	1250	1560	1350
1560	1510	1550	1460	1550	1570	1980	1610	1510	1440

用函数方法求众数,应先将 30 个人的工资数据输入“A1:A30”单元格,然后单击任一空单元格,输入“=MODE(A1:A30)”,回车后即可得众数为“1560”。

(二)中位数

仍采用上面的例子,单击任一空单元格,输入“=MEDIAN(A1:A30)”,回车后得中位数为“1550”。

(三)算术平均数

单击任一单元格,输入“=AVERAGE(A1:A30)”,回车后得算术平均数为“1535”。

(四)标准差

单击任一单元格,输入“=STDEV(A1:A30)”,回车后得标准差为“135.0287”。

二、描述统计工具量的使用

仍使用上面的例子,我们已经把数据输入到“A1:A30”单元格,然后按以下步骤操作:

第一步,在工具菜单中选择"数据分析"选项,从其对话框中选择"描述统计",单击"确定"后,打开"描述统计对话框",如图 4-2 所示。

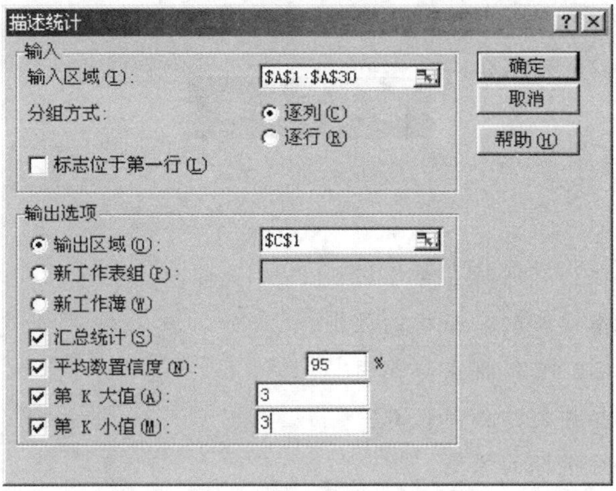

图 4-2

第二步,在输入区域中输入"$A$1:$A$30",在输出区域中选择"$C$1",其他复选框可根据需要选定,选择汇总统计,可给出一系列描述统计量;选择"平均数置信度",会给出用样本平均数估计总体平均数的置信区间;第 K 大值和第 K 小值会给出样本中第 K 个大值和第 K 个小值。

第三步,单击"确定",可得输出结果,如图 4-3 所示。

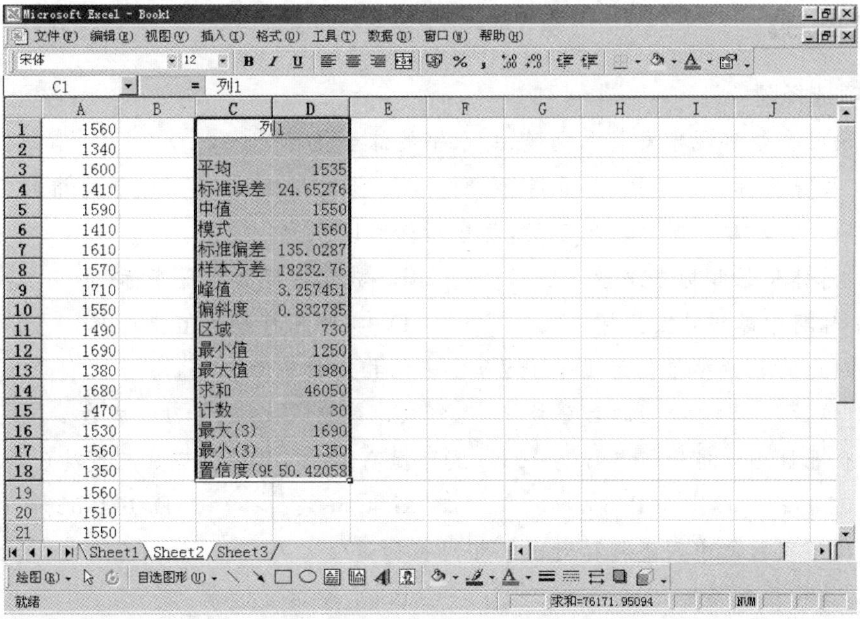

	A	B	C	D
1	1560		列1	
2	1340			
3	1600		平均	1535
4	1410		标准误差	24.65276
5	1590		中值	1550
6	1410		模式	1560
7	1610		标准偏差	135.0287
8	1570		样本方差	18232.76
9	1710		峰值	3.257451
10	1550		偏斜度	0.832785
11	1490		区域	730
12	1690		最小值	1250
13	1380		最大值	1980
14	1680		求和	46050
15	1470		计数	30
16	1530		最大(3)	1690
17	1560		最小(3)	1350
18	1350		置信度(95	50.42058
19	1560			
20	1510			
21	1550			

图 4-3

上面的结果中，平均指样本均值；标准误差指样本平均数的标准差；中值即中位数；模式指众数；标准偏差指样本标准差，自由度为 $n-1$；峰值即峰度系数；偏斜度即偏度系数；区域实际上是极差或是全距。

思考与练习

【课后思考】

1. 什么是总量指标？有何特点与作用？
2. 举例说明时期指标与时点指标的区别。
3. 什么是相对指标？有何特点与作用？
4. 相对指标有哪些种类？如何计算？
5. 计算和运用相对指标的原则。
6. 什么是平均指标？有何特点与作用？
7. 什么是权数？有几种表现形式？如何选择权数？
8. 加权算术平均数与加权调和平均数有何关系？如何应用？
9. 为什么说众数和中位数是位置平均数？两者有何异同？
10. 平均指标的应用原则有哪些？
11. 什么是标志变异指标？有何作用？
12. 什么是标准差和离散系数？应用二者说明平均数代表性的条件是什么？

【知识自测】

1. 单项选择题

(1)反映社会经济现象发展总规模、总水平的综合指标是(　　)。

A. 质量指标　　B. 总量指标　　C. 相对指标　　D. 平均指标

(2)按照反映现象的时间状况不同，总量指标可以分为(　　)。

A. 总体总量和标志总量　　B. 数量指标和质量指标

C. 时期指标和时点指标　　D. 实物指标和价值指标

(3)将对比的基数抽象化为 10，则计算出来的相对数称为(　　)。

A. 倍数　　B. 百分数　　C. 系数　　D. 成数

(4)某企业计划产值比上年提高 10%，实际提高 15%，其计划完成程度为(　　)。

A. 150%　　B. 5%　　C. 4.56%　　D. 104.55%

(5)反映不同总体中同类指标对比的相对指标是(　　)。

A. 结构相对指标　　B. 比较相对指标

C. 强度相对指标　　D. 计划完成程度相对指标

(6)计算结构相对指标时，总体各部分数值与总体数值对比求得的比重之和(　　)。

A. 小于100%　　B. 大于100%　　C. 等于100%　　D. 小于或大于100%

(7)权数对算术平均数的影响作用,取决于(　　)。

A. 作为权数的各组单位数占总体单位数比重的大小

B. 各组标志值占总体标志总量比重的大小

C. 标志值本身的大小

D. 标志值数量的多少

(8)强度相对指标与平均指标相比(　　)。

A. 都具有平均意义　　B. 都可用名数表示

C. 都是两个有联系的总体对比　　D. 都具有正逆指标

(9)计算计划完成程度相对指标时,分子和分母的数值(　　)。

A. 只能是绝对数和平均数

B. 只能是绝对数和相对数

C. 只能是平均数和相对数

D. 既可以是绝对数,也可以是平均数或相对数

(10)众数是(　　)。

A. 总体中出现次数最多的变量值

B. 总体中出现的最大变量值

C. 总体中出现的最小变量值

D. 变量值对应的最大次数

(11)用标准差比较分析两个同类总体平均指标的代表性的前提条件是(　　)。

A. 两个总体的标准差应相等　　B. 两个总体的平均数应相等

C. 两个总体的单位数应相等　　D. 两个总体的离差之和应相等

(12)下列相对数可以相加的是(　　)。

A. 比较相对指标　　B. 比例相对指标

C. 结构相对指标　　D. 强度相对指标

(13)由反映总体各单位数量特征的标志值汇总得到的指标是(　　)。

A. 数量指标　　B. 质量指标

C. 总体单位总量指标　　D. 总体标志总量指标

2. 多项选择题

(1)下列统计指标属于总量指标的是(　　)。

A. 工资总额　　B. 商业网点密度　　C. 商品库存量

D. 人均国民生产总值　　E. 进出口总额

(2)下列属于时期指标有(　　)。

A. 耕地面积　　B. 播种面积　　C. 工业总产值

D. 商品销售额　　E. 职工人数

(3)相对指标中分子、分母可以互换的有(　　)。

A. 结构相对指标　B. 比较相对指标　C. 强度相对指标
D. 比例相对指标　E. 计划完成相对指标

(4)在各种平均指标中,不受极端值影响的平均指标是(　　)。

A. 算术平均数　B. 调和平均数　C. 中位数
D. 几何平均数　E. 众数

(5)标志变异指标中的标准差和离散系数的区别是(　　)。

A. 两者的作用不同　B. 两者的计算方法不同　C. 两者的使用条件不同
D. 指标表现形式不同　E. 两者的用途不同

(6)加权算术平均数的大小(　　)影响。

A. 受各组频数或频率的　B. 受各组标志值大小的
C. 受各组标志值和权数的共同　D. 只受各组标志值大小的
E. 只受权数大小的

(7)众数是(　　)。

A. 位置平均数　B. 总体中出现次数最多的变量值
C. 不受极端值的影响　D. 处于数列中点位置的那个标志值
E. 适用于总体次数多,有明显集中趋势的情况

(8)下列属于强度相对指标的是(　　)。

A. 职工出勤率　B. 人口密度　C. 人均粮食产量
D. 平均工资水平　E. 商业网点密度

(9)某生产班组有7个人,其日产值分别为:160、170、170、170、170、180、190元,则(　　)。

A. $\overline{X}=172.86$ 元　B. $Mo=170$ 元　C. $Me=170$ 元
D. $Mo=180$ 元　E. $Me=180$ 元

3. 判断题

(1)同一个总体,时期指标值的大小与时期长短成正比,时点指标值的大小与时点间隔成反比。(　　)

(2)全国粮食总产量与全国人口对比计算的人均粮食产量是平均指标。(　　)

(3)根据分组资料计算算术平均数,当各组单位数出现的次数均相等时,按加权算数平均数计算的结果与按简单算数平均数计算的结果相同。(　　)

(4)某年甲、乙两地社会商品零售额之比为1∶3,这是一个比例相对指标。(　　)

(5)权数对算数平均数的影响作用只表现为各组出现次数的多少,与各组次数占总次数的比重无关。(　　)

(6)标志变异指标数值越大,说明总体中各单位标志值的变异程度越大,则平均指标的代表性越小。(　　)

(7)相对指标的可比性原则是指对比的两个指标在总体范围、时间范围、指标名称、计算方法等方面都要相同。(　　)

(8)众数是一种数值平均数，它是指总体中出现次数最多的标志值。(　　)

(9)中位数不受极端值的影响，所以当数列中出现极端值时，中位数比数值平均数更具有代表性。(　　)

(10)离散系数的计算公式为平均指标除以变异指标。(　　)

(11)计划完成相对指标大于100%，表明一定是超额完成计划。(　　)

【计算题】

1. 某公司下属三个企业有关资料见表4－27所列，试根据指标之间的关系计算并填写表中所缺数字。

表4－27

企业	一月实际产值（万元）	二月份				二月实际产值为一月的(%)
		计划产值（万元）	计划产值比重(%)	实际产值（万元）	计划完成(%)	
甲	125					
乙	200	150			110	
丙	100	250			100	
合计		500			95	

2. 根据表4－28中的资料，计算强度相对数的正指标和逆指标，并根据正指标数值分析某地区医疗卫生设施的变动情况。

表4－28

指　标	2010年	2020年
地区医院数量(个)	40	56
地区人口总数(万人)	84.4	126.5

3. 某企业2019年某产品总产值560万元，计划规定2020年总产值提高5%，实际提高8%。试计算：(1)2020年总产值计划完成程度；(2)总产值的计划数和实际数。

4. 某企业去年甲种产品单位成本水平计划降低5%，实际降低6%，求计划完成相对指标。

5. 某企业计划规定五年累计产量为245吨，五年计划最后一年的年产量达到60吨，实际执行结果见表4－29所列。

表4－29　　单位：吨

第一年	第二年	第三年		第四年				第五年			
		上半年	下半年	一季度	二季度	三季度	四季度	一季度	二季度	三季度	四季度
47	49	24	26	12	11	14	15	15	16	16	17

根据上述资料，分别采用累计法和水平法计算计划完成情况和提前完成计划时间。

6. 某地区有5个企业生产同一种产品，每个企业产量及单位成本资料见表4－30所列。

表4－30

企业编号	1	2	3	4	5
产量(千件)	40	120	38	60	42
单位成本(件/元)	2	1.6	2.5	2.6	3

计算该产品的平均单位成本。

7. 某地区商业局下属20个零售商店，某月按零售计划完成百分比资料分组见表4－31所列。

表4－31

按计划完成百分比分组(%)	商店个数(个)	本月实际零售额(万元)
90～100	4	200
100～110	10	1000
110～120	6	800
合计	20	2000

要求：计算该局平均计划完成程度。

8. 某班统计学的成绩资料见表4－32所列。

表4－32

按成绩分组(分)	学生人数(人)
60以下	2
60～70	6
70～80	25
80～90	12
90～100	5

计算该班学生的平均成绩、众数和中位数，并简要说明其分布特征。

9. 某车间有甲、乙两个生产小组，甲组平均每个工人的日产量为22件，标准差为3.5件；乙组工人日产量资料见表4－33所列。

表4－33

日产量(件)	工人数(人)
10～12	10
13～15	20
16～18	30
19～21	40

计算乙组平均每个工人的日产量，并比较甲、乙两生产小组哪个组的日产量更具有代表性？

第五章 时间数列的指标分析

第一节 时间数列概述

一、时间数列的概念

社会经济现象既是相互联系的，又是不断发展变化的。因此，统计不仅要从静态上研究社会经济现象的数量方面的特征和相互关系，而且要从动态上研究其发展变化过程、发展趋势及其发展的规律性，即要对社会经济现象做动态分析。它是通过编制时间数列，进行时间数列分析来实现的。

时间数列是指把反映社会经济现象的某一统计指标数值，按时间的先后顺序排列起来所形成的数列。由于时间数列反映现象的动态变化，故又称为动态数列。例如，某地每年的粮食产量按时间先后顺序排列形成的时间数列，见表 5－1 所列。

表 5－1 某地 2016—2020 年粮食产量

年 份	2016	2017	2018	2019	2020
粮食产量（万吨）	6060	6300	6450	6560	6880

由表 5－1 可知，时间数列由两个基本要素所构成：一是现象所属的时间。时间可长可短，既可以是某一段时期，如一年、一季、一月、一日等，也可以是某一时点，如年末、季末、月末等。二是统计指标在各时间上的具体数值。

时间数列在统计分析中具有的作用包括：第一，时间数列可以反映社会经济现象在不同时间发展变化过程和结果；第二，根据时间数列，可以计算动态水平指标和动态速度指标，以反映社会经济现象发展变化的方向和速度，探索其发展变化趋势及规律性；第三，可进行动态预测。

二、时间数列的种类

按时间数列中统计指标的表现形式不同，时间数列可分为绝对数时间数列、相对数时间数列和平均数时间数列三种。其中，绝对数时间数列是基本的数列，而相对数时间数列和平均数时间数列是派生数列。

(一)绝对数时间数列

绝对数时间数列是将一系列同类的总量指标,按时间先后顺序排列而成的时间数列。根据数列中总量指标所反映的社会经济现象的时间状况不同,绝对数时间数列又可分为时期数列和时点数列两种。

1. 时期数列

时期数列是指数列中各个指标都是反映社会经济现象在一段时期内发展过程的总量。表 5-1 即为一个时期数列。在时期数列中,各个指标所包括的时间长度称为时期,表5-1中时期为一年。相邻两个时期之间的距离称为时期间隔,表 5-1 中时期间隔也是一年。时期与时期间隔可以相等,也可以不等,在连续不断的时期数到中,时期和时期间隔相等,表 5-1中时期与时期间隔相等,均为一年;在不连续而间断的时期数列中,时期和时期间隔不等,如某厂 4 月、7 月、9 月、8 月、12、月等五个月资料中,时期和时期间隔就不相等。时期的长短要根据被研究目的来确定。

时期数列有以下几个特点:

(1)可加性。数列中各项指标数值可以相加,相加以后的指标值可以用来反映现象在更长一段时间发展的总量。

(2)数列中各项指标数值的大小与时期长短有直接关系。时期愈长,指标数值愈大;反之,则愈小。

(3)连续统计性。数列中各项指标数值通常是通过连续不断地登记取得的。

2. 时点数列

时点数列是指数列中各个指标都是反映社会经济现象在某一时点上所处的状态或所达到的水平,表 5-2 就为时点数列。

表 5-2 某企业 2016—2020 年各年年末职工人数

年 份	2016	2017	2018	2019	2020
职工人数(人)	1100	1150	1168	1172	1186

在时点数列中,相邻两个时点之间的距离称为时点间隔。时点间隔的长短要根据研究现象的变动快慢来决定。对变动频繁的现象,时点间隔应短一些,如零售商业企业的库存商品量,可以月、季为时点间隔;对变动迟缓的现象,时点间隔可长一些,如企业的生产设备台数,可以年为时点间隔。

时点数列有以下几个特点:

(1)不可加性。数列中各项指标数值不能相加,相加以后没有任何实际意义,而且产生重复计算。

(2)数列中各项指标数值的大小与时间间隔长短无直接关系。

(3)不连续统计性。数列中各项指标数值是间隔一段时间登记一次而取得的。

时期数列与时点数列各自的三个特点,也就是这两个数列的区别之所在。

(二)相对数时间数列

相对数时间数列是将一系列同类的相对指标，按时间先后顺序排列起来而形成的数列。用来反映社会经济现象数量对比关系的发展变化状况。例如，某企业工人占全部职工比重见表 5－3 所列。

表 5－3　某企业工人占全部职工比重

年　份	2016	2017	2018	2019	2020
工人占全员比重(%)	72	74	77	79	80

表 5－3 所列的为企业工人占全员比重的发展过程。由于相对数有五种(动态相对数除外)，因此就有五种相对数时间数列。由于各种相对数的对比基数不同，故相对数时间数列中的指标数值在时间上是不能相加的。

(三)平均数时间数列

平均数时间数列是将一系列同类的平均指标，按时间先后顺序排列而形成的时间数列。用来反映社会经济现象一般水平的发展趋势。例如，某市年人均消费额见表 5－4 所列。

表 5－4　某市年人均消费额

年　份	2016	2017	2018	2019	2020
人均消费额(元/人)	2500	2520	2546	2586	3000

从表 5－4 资料可看出，该市居民消费水平变动为上升趋势。

三、编制时间数列的原则

编制时间数列的目的，是要通过数列中各项指标数值的对比，来反映社会经济现象发展变化的过程、趋势和规律性。因此，保证数列中各项指标之间的可比性，是编制时间数列应遵循的基本原则。具体地说，还应遵循以下几个原则。

(一)时间数列中各指标的时间长短应当一致

对时期数列，由于数列中各指标数值的大小与时期长短有直接关系，因此，同一时期数列各指标所包含的时期长短应当一致，这样才具有可比性。但这个原则也不能绝对化，有时为了特定的研究目的，也可以编制时期长短不等的时间数列。

对时点数列，虽然数列中各指标数值的大小与时点间隔长短无直接关系，但为了更准确地研究社会经济现象发展变化的动态或趋势，时点间隔也应尽可能一致。

(二)时间数列中各项指标的总体范围应当一致

总体范围是指地区范围、隶属范围、产品范围等。例如，研究某市工业企业的生产情况时，如果该市的行政区划有了变动或企业的隶属关系有了变动，则必须将各期资料以现有行政区划或隶属关系为准进行调整，以保证总体范围一致，才能进行比较。

(三)时间数列中各项指标的经济内容应当相同

指标的经济内容是指统计指标概念的内涵与外延，应当保持前后一致。只有在经济内容一致的条件下，时间数列的统计指标才具有可比性。

(四)时间数列中各项指标的计算口径应该一致

计算口径包括计算方法、计算价格和计量单位应当统一。一个统计指标的计算方法可以有多种，例如，工业增加值指标的计算方法，就有生产法和收入法。它们计算方法不同，计算出来的指标数值也不相同。对于价值指标，可按不同价格计算，如工业总产值既可按不变价格计算，也可按现行价格计算；对于实物指标，往往有不同的计量单位。如果一个统计指标的计算价格和计量单位先后不同，其指标数值不能进行比较，要比较，就要注意调整一致。

第二节　时间数列的水平指标

时间数列的水平也就是现象发展水平。反映现象发展水平的指标有四项：发展水平、平均发展水平、增长量和平均增长量。

一、发展水平

发展水平是时间数列中各时间上对应的指标数值。它反映社会经济现象在各个不同时期或时点上所达到的实际水平，又称为发展量。发展水平是计算其他所有动态指标的基础，用符号 $a_i(i=0,1,2,\cdots,n)$ 表示。

由于时间数列有绝对数时间数列、相对数时间数列和平均数时间数列三种，因此，发展水平也有相对应的三种：绝对数水平、相对数水平和平均数水平。发展水平以绝对数水平为主。

根据发展水平在时间数列中所处的位置不同，可分为最初水平、最末水平和中间水平。最初水平，是指时间数列中第一项指标数值，表明现象发展的起点；最末水平，是时间数列中最后一项指标数值，表明现象发展的最后结果；中间水平，是时间数列中中间各项指标数值。

设 $a_0,a_1,a_2,\cdots,a_{n-1},a_n$ 为时间数列中各期发展水平，则：

$$\underset{\text{最初水平}}{\overset{\uparrow}{a_0}},\ \underbrace{a_1,\ a_2,\ \cdots,\ a_{n-1}}_{\text{中间水平}},\ \underset{\text{最末水平}}{\overset{\uparrow}{a_n}}$$

根据发展水平在时间数列中的作用不同，可分为基期水平和报告期水平。在进行动态对比时，把作为比较基期的那个时期的水平称为基期水平；把所要分析研究的那个时期的水平称为报告期水平或计算期水平。

$$\underset{\text{基期水平}}{\overset{\uparrow}{a_0}},\ \underbrace{a_1,\ a_2,\ \cdots,\ a_{n-1},\ a_n}_{\text{报告期水平}}$$

若将 a_2 与 a_1 对比，则 a_1 为基期水平，a_2 为报告期水平；若将 a_3 与 a_2 对比，则 a_2 为基

期水平，a_3 为报告期水平，其余类推。各种发展水平都不是固定的，是随着研究目的的变化而改变的。

二、平均发展水平

平均发展水平是时间数列中不同时期发展水平加以平均而得到的平均数，统计上称为序时平均数，又称动态平均数。它说明社会经济现象在某一段时期内发展的一般水平。序时平均数（动态平均数）与一般平均数（静态平均数）的共同之处在于：两者都是将现象的个别数量差异抽象化，概括地反映现象的一般水平。但两者又有所区别，见表 5－5 所列。

表 5－5　静态平均数与动态平均数的区别

区别	静态平均数	动态平均数
依据的数列不同	变量数列	时间数列
平均的差异不同	总体各单位标志值的平均	不同时间指标的平均
说明的内容不同	总体在一定历史条件下的一般水平	现象在一定发展阶段的一般水平

平均发展水平既可就绝对数时间数列计算，也可就相对数时间数列和平均数时间数列计算。从方法角度来说，绝对数时间数列序时平均数的计算是最基本的。不同类型的时间数列，平均发展水平的计算方法也不同。下面分别予以介绍。

（一）由绝对数时间数列计算序时平均数

绝对数时间数列有时期数列和时点数列之分，计算序时平均数的方法也不一样。

1. 由时期数列计算序时平均数

由于时期数列中各项指标数值均具有可加性，因此可直接用简单算术平均法计算，即将各时期指标数值相加除以时期项数。其计算公式为

$$\bar{a}=\frac{a_1+a_2+a_3+\cdots+a_n}{n}=\frac{\sum a}{n}$$

式中：$\bar{a}$ 代表序时平均数，$a_1,a_2,a_3,\cdots,a_n$ 代表各期发展水平，n 代表时期项数。

【例 5－1】　我国 2016—2020 年国内生产总值见表 5－6 所列，计算我国 2016—2020 年平均国内生产总值。

表 5－6　我国 2016—2020 年国内生产总值　　单位：万亿元

年　份	2016	2017	2018	2019	2020
国内生产总值	74.64	83.2	91.93	99.09	101.60

$$年平均国内生产总值=\frac{\sum a}{n}=\frac{74.64+83.2+91.93+99.09+101.60}{5}=\frac{450.46}{5}$$

$$=90.09（万亿元）$$

2. 由时点数列计算序时平均数

时点数列又分为连续时点数列和间断时点数列。通常把逐日登记的时点指标按顺序排列的时点数列,看成是连续时点数列;把按间隔比日大的时间单位逐次登记的时点指标按顺序排列的时点数列,看作是间断时点数列。

(1) 由连续时点数列求序时平均数。在连续时点数列中有连续变动时点数列和非连续变动时点数列两种情况。

① 由连续变动时点数列求序时平均数。所谓连续变动时点就是指标值为“每天有变动,天天有登记(记录)”的资料。可用简单算术平均数法计算序时平均数,即将每日数据相加除以日数。其计算公式为

$$\bar{a}=\frac{\sum a}{n}$$

【例5-2】 某商场连续5天晚上9点统计当天购物人数分别为160、158、170、136、148。计算每天平均购物人数。

$$\bar{a}=\frac{\sum a}{n}=\frac{160+158+170+136+148}{5}=154(\text{人})$$

② 由非连续变动时点数列求序时平均数。所谓非连续变动时点就是指标值为“隔日有变动,变时才登记”的资料。因此,可用加权算术平均法计算序时平均数,其计算公式为

$$\bar{a}=\frac{\sum af}{\sum f}$$

式中:f 为时间间隔长度。

【例5-3】 某企业10月份职工人数变动资料见表5-7所列。

表5-7 某企业10月份职工人数

日　期	1日	9日	19日	26日	31日
职工人数(人)	260	262	258	264	270

该企业10月份平均职工人数为

$$\bar{a}=\frac{\sum af}{\sum f}=\frac{260\times 8+262\times 10+258\times 7+264\times 5+270\times 1}{8+10+7+5+1}=261(\text{人})$$

(2)由间断时点数列求序时平均数。在间断时点数列中也有间隔相等和间隔不相等两种情况。

① 在间隔相等的情况下,可采用两次平均法计算,也可用“首尾折半法”计算序时平均数。

【例5-4】 某商业企业去年第二季度商品库存额资料见表5-8所列。

表 5-8　某商业企业去年第二季度商品库存额

日　期	3 月 31 日	4 月 30 日	5 月 31 日	6 月 30 日
商品库存额(万元)	230	260	324	424

求该商业企业去年第二季度平均商品库存额。

在计算时,假定指标值在两个时点之间是均匀变动的,先求两时点指标的平均数,如月平均商品库存额=(月初库存额+月末库存额)/2;然后再将这些平均数进行简单算术平均,就可求得整个时点数列的序时平均数。根据表 5-8 资料,计算各月及第二季平均商品库存额为

$$4\text{ 月份平均商品库存额}=\frac{230+260}{2}=245(\text{万元})$$

$$5\text{ 月份平均商品库存额}=\frac{260+324}{2}=292(\text{万元})$$

$$6\text{ 月份平均商品库存额}=\frac{324+424}{2}=374(\text{万元})$$

$$\text{第二季度平均商品库存额}=\frac{\text{各月平均商品库存额之和}}{3}$$

$$=\frac{\frac{230+260}{2}+\frac{260+324}{2}+\frac{324+424}{2}}{3}$$

$$=\frac{\frac{230}{2}+260+324+\frac{424}{2}}{4-1}$$

$$=303.67(\text{万元})$$

由上述计算过程可知,在间隔相等时,可采用"首尾折半法"计算。即用$\frac{1}{2}$首项加$\frac{1}{2}$尾项加中间各项之和,除以时间数列项数减 1,其计算公式为

$$\bar{a}=\frac{\frac{a_1}{2}+a_2+a_3+\cdots+\frac{a_n}{2}}{n-1}$$

这个计算公式是有一定的假定前提,即假定现象在各时点之间的变动是均匀的,而实际并非如此,因此,其计算结果只是一个近似值。两个时点间隔愈长,数值变化不均匀性可能愈大,对序时平均数准确性的影响愈大,所以,时点数列的间隔一般不宜过长。

② 在间隔不相等的情况下,采用"两两平均加权法"计算,可先求两时点指标的平均数,然后以时点间隔长度为权数进行加权平均,计算序时平均数。其计算公式为

$$\bar{a}=\frac{\left(\frac{a_1+a_2}{2}\right)\times f_1+\left(\frac{a_2+a_3}{2}\right)\times f_2+\cdots+\left(\frac{a_{n-1}+a_n}{2}\right)\times f_{n-1}}{f_1+f_2+\cdots+f_{n-1}}$$

式中：f_i 为各时点间隔长度。

【例 5－5】 某企业 2020 年职工人数资料见表 5－9 所列。

表 5－9 某企业 2020 年职工人数

时 间	1月1日	4月1日	8月1日	10月1日	12月31日
职工人数(人)	2900	3000	2950	3010	3200

计算该企业 2020 年职工的平均人数。

年平均职工人数为

$$\bar{a}=\frac{\left(\frac{a_1+a_2}{2}\right)\times f_1+\left(\frac{a_2+a_3}{2}\right)\times f_2+\cdots+\left(\frac{a_{n-1}+a_n}{2}\right)\times f_{n-1}}{f_1+f_2+\cdots+f_{n-1}}$$

$$=\frac{\frac{2900+3000}{2}\times 3+\frac{3000+2950}{2}\times 4+\frac{2950+3010}{2}\times 2+\frac{3010+3200}{2}\times 3}{3+4+2+3}$$

$$=3002(人)$$

(二) 由相对数或平均数时间数列计算序时平均数

相对数和平均数时间数列是由两个绝对数时间数列对比形成的。由于各相对数和平均数的分母不同，不能直接将不同时间的相对数或平均数相加来计算序时平均数，而应根据时期数列和时点数列序时平均数的求法，分别求出构成相对数和平均数时间数列的分子项与分母项的序时平均数，然后将它们对比求出相对数和平均数时间数列的序时平均数。其计算公式为

$$\bar{c}=\frac{\bar{a}}{\bar{b}}$$

式中：$\bar{a}$ 为分子数列的序时平均数，$\bar{b}$ 为分母数列的序时平均数，$\bar{c}$ 为相对数或平均数时间数列的序时平均数。

由于相对数或平均数时间数列有三种组成形式，其序时平均数的计算方法也有以下三种方法。

1. 由两个时期数列对比所形成的相对数或平均数时间数列序时平均数的计算

其计算公式为

$$\bar{c}=\frac{\bar{a}}{\bar{b}}=\frac{\frac{\sum a}{n}}{\frac{\sum b}{n}}=\frac{\sum a}{\sum b}$$

【例 5－6】 某企业去年第二季度各月计划完成情况见表 5－10 所列。

表 5-10　某企业去年第二季度各月计划完成情况

月　份	4 月	5 月	6 月
实际产量 a(件)	400	550	800
计划产量 b(件)	390	532	728
计划完成 c(%)	102.56	103.38	109.89

二季度实际平均产量为

$$\bar{a}=\frac{\sum a}{n}=\frac{400+550+800}{3}=583.3(\text{件})$$

二季度计划平均产量为

$$\bar{b}=\frac{\sum b}{n}=\frac{390+532+728}{3}=550(\text{件})$$

企业第二季度月平均计划完成程度为

$$\bar{c}=\frac{\bar{a}}{\bar{b}}=\frac{583.3}{550}=106.05\%$$

但是,在计算时往往不会直接给出 a 与 b,而是提供 b 与 c,则 $a=bc$ 代入上式得

$$\bar{c}=\frac{\sum bc}{\sum b}$$

或者是提供 a 与 c,则 $b=\frac{a}{c}$ 代入上式得

$$\bar{c}=\frac{\sum a}{\sum \frac{a}{c}}$$

【例 5-7】　某企业去年计划产值和产值计划完成程度资料见表 5-11 所列。

表 5-11　某企业去年计划产值及计划完成情况

季　度	一季度	二季度	三季度	四季度
计划产值 b(万元)	760	780	776	798
计划完成 c(%)	126	130	138	140

该企业年产值平均计划完成程度为

$$\bar{c}=\frac{\sum bc}{\sum b}=\frac{760\times125\%+780\times130\%+776\times138\%+798\times140\%}{760+780+776+798}=133.34\%$$

2. 由两个时点数列对比所形成的相对数或平均数时间数列序时平均数的计算

其计算公式为

（1）当时间间隔相等时，

$$\bar{c}=\frac{\bar{a}}{\bar{b}}=\frac{\left(\frac{a_1}{2}+a_2+a_3+\cdots+\frac{a_n}{2}\right)/(n-1)}{\left(\frac{b_1}{2}+b_2+b_3+\cdots+\frac{b_n}{2}\right)/(n-1)}$$

$$=\frac{\frac{a_1}{2}+a_2+a_3+\cdots+\frac{a_n}{2}}{\frac{b_1}{2}+b_2+b_3+\cdots+\frac{b_n}{2}}$$

（2）间隔不相等时，

$$\bar{c}=\frac{\left(\frac{a_1+a_2}{2}\times f_1+\frac{a_2+a_3}{2}\times f_2+\cdots+\frac{a_{n-1}+a_n}{2}\times f_{n-1}\right)/\sum f}{\left(\frac{b_1+b_2}{2}\times f_1+\frac{b_2+b_3}{2}\times f_2+\cdots+\frac{b_{n-1}+b_n}{2}\times f_{n-1}\right)/\sum f}$$

【例 5-8】 某企业某年第四季度各月末职工人数变动情况见表 5-12 所列。

表 5-12 某企业第四季度各月末职工人数统计表

日　期	9月30日	10月31日	11月30日	12月31日
生产工人人数（人）	422	449	568	607
全体职工人数（人）	570	590	710	740
生产工人占全体职工比重（%）	74	76	80	82

第四季度生产工人占全体职工的平均比重为

$$\bar{c}=\frac{\bar{a}}{\bar{b}}=\frac{\left(\frac{422}{2}+449+568+\frac{607}{2}\right)/(4-1)}{\left(\frac{570}{2}+590+710+\frac{740}{2}\right)/(4-1)}=78.33\%$$

3. 由一个时期数列和一个时点数列对比所形成的相对数或平均数时间数列序时平均数的计算

其计算公式为

$$\bar{c}=\frac{\bar{a}}{\bar{b}}=\frac{\frac{\sum a}{n}}{\frac{\frac{b_1}{2}+b_2+b_3+\cdots+\frac{b_n}{2}}{n-1}}$$

【例 5-9】 某商店第二季度商品销售情况资料见表 5-13 所列。

表 5－13　某商店第二季度商品销售情况

月　份	3 月末	4 月末	5 月末	6 月末
商品销售额 a(万元)	—	400	450	550
商品库存额 b(万元)	160	140	170	180
商品流转次数 c	—	2.9	2.6	3.1

该商店第二季度的月平均商品流转次数为

$$\bar{c}=\frac{\bar{a}}{\bar{b}}=\frac{\dfrac{\sum a}{n}}{\dfrac{\dfrac{b_1}{2}+b_2+b_3+\cdots\cdots+\dfrac{b_n}{2}}{n-1}}=\frac{\dfrac{400+450+550}{3}}{\dfrac{\dfrac{160}{2}+140+170+\dfrac{180}{2}}{4-1}}$$

$$=\frac{1400}{480}=2.9(\text{次})$$

三、增长量

(一)增长量的概念

增长量是时间数列中报告期发展水平与基期发展水平之差,说明社会经济现象在一定时期内增加或减少的绝对量。其计算公式为

增长量＝报告期水平－基期水平

增长量指标属于绝对数,它的计量单位与原时间数列发展水平的计量单位相同。计算结果可能是正数,也可能是负数。正数表示报告期水平比基期水平增加的绝对量,文字上用“增加了”表示;负数表示报告期水平比基期水平减少的绝对量,文字上用“减少了”表示。

(二)增长量的类型

由于采用的基期水平不同,增长量可分为累计增长量和逐期增长量。

1. 累计增长量

累计增长量是将各期发展水平都减去最初水平,其计算公式为

累计增长量:$a_1-a_0,a_2-a_0,a_3-a_0,\cdots,a_n-a_0$

说明报告期水平较最初水平增加或减少的总数量。

2. 逐期增长量

逐期增长量是将各期发展水平都减去前一期水平,其计算公式为

逐期增长量:$a_1-a_0,a_2-a_1,a_3-a_2,\cdots,a_n-a_{n-1}$

说明报告期水平较前期水平增加或减少的绝对数量。

在同一时间数列中，各期逐期增长量之和等于相应的累计增长量，即

$$a_n - a_0 = (a_1 - a_0) + (a_2 - a_1) + (a_3 - a_2) + \cdots + (a_n - a_{n-1})$$

相邻的累计增长量之差等于相应时期的逐期增长量，即

$$(a_i - a_0) - (a_{i-1} - a_0) = a_i - a_{i-1}$$

【例 5－10】 计算表 5－6 我国 2016—2020 年国内生产总值的累计增长量和逐期增长量，见表 5－14 所列。

表 5－14　我国 2016—2020 年国内生产总值　　单位：万亿元

年份		2016	2017	2018	2019	2020
国内生产总值		74.64	83.20	91.93	99.09	101.60
增长量	累计	—	8.56	17.29	24.45	26.96
	逐期	—	8.56	8.73	7.16	2.51

3. 年距增长量

在实际统计分析工作中，为了消除季节变动的影响，还须计算年距增长量。其计算公式为

$$\text{年距增长量} = \text{报告期发展水平} - \text{上年同期发展水平}$$

【例 5－11】 某地区 2020 年第二季度煤炭产量为 3600 万吨，2019 年第二季度煤炭产量为 2800 万吨，则

$$\text{年距增长量} = 3600 - 2800 = 800(\text{万吨})$$

这说明 2020 年第二季度煤炭产量比上年同期增产 800 万吨。

四、平均增长量

平均增长量是指时间数列中各逐期增长量的序时平均数，说明某社会经济现象在一段时期内平均每期增加或减少的数量。其计算公式为

$$\text{平均增长量} = \frac{\text{逐期增长量之和}}{\text{逐期增长量个数}} = \frac{\text{累计增长量}}{\text{时间数列项数} - 1}$$

根据表 5－14 所列的资料计算平均增长量为

$$\text{平均增长量} = \frac{8.56 + 8.73 + 7.16 + 2.51}{4} = 6.74(\text{万亿元})$$

或

$$\text{平均增长量} = \frac{26.96}{5-1} = 6.74(\text{万亿元})$$

第三节　时间数列的速度指标

一、发展速度和增长速度

(一)发展速度

1. 发展速度的概念

发展速度是报告期水平与基期水平之比,用以反映某种社会经济现象的发展方向和程度,说明报告期水平已发展到基期水平的若干倍或百分之几。常用百分数或倍数表示,其计算公式为

$$发展速度=\frac{报告期水平}{基期水平}$$

发展速度大于1(或100%)表示上升速度,小于1(或100%)表示下降速度。

2. 发展速度的种类

由于计算时采用的基期水平不同,发展速度可分为定基发展速度和环比发展速度。

(1)定基发展速度。定基发展速度是将时间数列中各期发展水平都与最初水平相比,说明报告期水平已经发展到了固定期水平的百分之几(或多少倍),表明社会经济现象在一个较长时间内总的发展程度,因此,又称为总速度。其计算公式为

$$\frac{a_1}{a_0},\frac{a_2}{a_0},\cdots,\frac{a_n}{a_0}$$

(2)环比发展速度。环比发展速度是将时间数列中各期发展水平都与前一期水平对比,说明报告期水平已经发展到了前一时期水平的百分之几(或多少倍),表明社会经济现象的逐期发展程度,如果计算时期为一年,就称为年速度。其计算公式为

$$\frac{a_1}{a_0},\frac{a_2}{a_1},\cdots,\frac{a_n}{a_{n-1}}$$

从定基发展速度和环比发展速度的公式可以看出,两个发展速度之间存在如下两个关系:

① 定基发展速度等于相应时期各环比发展速度的连乘积。即

$$\frac{a_n}{a_0}=\frac{a_1}{a_0}\times\frac{a_2}{a_1}\times\frac{a_3}{a_2}\times\cdots\times\frac{a_n}{a_{n-1}}$$

② 两个相邻时期的定基发展速度之比等于相应时期的环比发展速度。即

$$\frac{a_n}{a_0}\div\frac{a_{n-1}}{a_0}=\frac{a_n}{a_{n-1}}$$

根据上述关系,可以进行指标之间的相互推算。

(3)年距发展速度。在实际工作中,为了消除季节变动的影响,还要计算年距发展速度。它是报告期发展水平与上年同期发展水平之比,其计算公式为

$$年距发展速度=\frac{报告期发展水平}{上年同期发展水平}$$

例如,某地区 2020 年第二季度煤炭产量为 3600 万吨,2019 年第二季度煤炭产量为 2800 万吨,则

$$年距发展速度=\frac{3600}{2800}=128.57\%$$

计算结果说明,2020 年第二季度煤炭产量已达到上年同期产量水平的 128.57%。

在实际统计分析中,年距发展速度除了可以用报告期水平与上年同期水平对比外,也可以用报告期水平与历史最高水平对比,以反映在报告期超过或不及历史最高水平的程度。

对于现象在较长时期内发展很快的速度往往用“翻番”一词来表示。翻一番指数量上为原来的两倍,即增加一倍,称为一个倍增,这与增长 100%在数量上是一致的。但是,翻两番并非比原来增加 2 倍,而是在原来增加一倍的基础上再增加一倍,即为原来的 4 倍,对于更多的翻番可用下列公式计算:

$$a_n=a_0\cdot 2^k$$

式中:k 为翻番数。

【例 5-12】 某地区 2018 年工业增加值为 1100 万元,到 2020 年工业增加值翻三番,则

$$2020\text{ 年工业增加值 }a_{2020}=1100\times 2^3=8800(\text{万元})$$

(二)增长速度

1. 增长速度的概念

增长速度是报告期增长量与基期水平之比,说明报告期水平比基期水平增长了(或降低了)若干倍或百分之几。其计算公式为

$$增长速度=\frac{增长量}{基期水平}=\frac{报告期水平-基期水平}{基期水平}=发展速度-1(或\ 100\%)$$

根据这个关系,若已知发展速度,可推算出增长速度;反之,若已知增长速度,也可推算发展速度。

当发展速度大于 1 或 100%时,增长速度为正值,说明现象增长程度,可称为,“增长率”;当发展速度小于 1 或 100%时,增长速度为负值,说明现象降低程度,可称为“降低率”。

2. 增长速度的类型

由于计算时采用的基期水平不同,增长速度也可分为定基增长速度和环比增长速度。

(1)定基增长速度。定基增长速度是将各期累计增长量都与最初水平对比,说明现象在一段较长时间内总的增减程度,又称总增长速度。其计算公式为

$$\frac{a_1-a_0}{a_0},\frac{a_2-a_0}{a_0},\cdots,\frac{a_n-a_0}{a_0}$$

$$\frac{a_1}{a_0}-1,\frac{a_2}{a_0}-1,\cdots,\frac{a_n}{a_0}-1$$

即定基增长速度公式为

定基增长速度＝定基发展速度－1(或 100％)

(2)环比增长速度。环比增长速度是将各期逐期增长量都与前一期水平对比，说明现象逐期增长或下降的程度。其计算公式为

$$\frac{a_1-a_0}{a_0},\frac{a_2-a_1}{a_1},\cdots,\frac{a_n-a_{n-1}}{a_{n-1}}$$

$$\frac{a_1}{a_0}-1,\frac{a_2}{a_1}-1,\cdots,\frac{a_n}{a_{n-1}}-1$$

即环比增长速度公式为

环比增长速度＝环比发展速度—1(或 100％)

两种增长速度之间没有直接的换算关系，若要根据环比增长速度求定基增长速度，必须先把各个环比增长速度加 1 得环比发展速度，然后将各环比发展速度连乘得定基发展速度，最后由定基发展速度减 l 得定基增长速度。

现以表 5 - 6 我国 2016—2020 年国内生产总值资料，计算发展速度和增长速度见表 5 - 15所列。

表 5 - 15　我国 2016—2020 年国内生产总值

年　份		2016	2017	2018	2019	2020
国内生产总值(万亿元)		74.64	83.20	91.93	99.09	101.60
发展速度(％)	定基	—	111.47	123.16	132.76	136.12
	环比	—	111.47	110.49	107.79	102.53
增长速度(％)	定基	—	11.47	23.16	32.76	36.12
	环比	—	11.47	10.49	7.79	2.53
增长 1％的绝对值		—	0.75	0.83	0.92	0.99

(3)年距增长速度。在实际统计工作中，为了消除季节变动的影响，也常计算年距增长速度，用以说明年距增长量与上年同期发展水平对比达到的相对增长程度。其计算公式为

$$年距增长速度=\frac{年距增长量}{上年同期发展水平}=\frac{报告期水平-上年同期发展水平}{上年同期发展水平}$$

$$=\frac{报告期水平}{上年同期发展水平}-1=年距发展速度-1(或 100\%)$$

例如，某地区 2020 年第二季度煤炭产量为 3600 万吨，2019 年第二季度煤炭产量为

2800 万吨,则

$$年距增长速度=128.57\%-100\%=28.57\%$$

计算结果说明 2020 年第二季度煤炭产量比上年同期增长了 28.57%。

(三)增长 1%的绝对值

发展速度和增长速度说明现象发展和增长的相对程度,它把所对比的两个时期的绝对数水平掩盖了。由于基期绝对水平不同,往往会出现高速度掩盖低水平,或者低速度背后隐藏着高水平的现象。在运用速度指标时要把速度指标和水平指标结合起来,两者结合的常用指标是增长 1%的绝对值。

增长 1%的绝对值是指报告期水平与基期水平相比,每增长 1%的速度所代表的绝对数量,其计算公式为

$$增长1\%绝对值=\frac{逐期增长量}{环比增长速度\times 100}=\frac{a_i-a_{i-1}}{\frac{a_i-a_{i-1}}{a_{i-1}}\times 100}$$

$$=\frac{a_{i-1}}{100}=\frac{前一期水平}{100}$$

增长 1%的绝对值的计算见表 5-15 所列。

增长 1%绝对值这一指标不仅可用于比较同一事物不同时期增长速度的经济意义,还可以用于比较不同国家、不同地区、不同单位之间同一事物增长速度所隐含的不同经济意义。对我们正确评价和处理速度与效益的关系是颇有好处的。

二、平均发展速度和平均增长速度

为了研究社会经济现象在一个较长时期中逐年平均发展或增长变化的程度,就需要计算平均发展速度和平均增长速度。

(一)平均发展速度

平均发展速度是各期环比发展速度的序时平均数,说明社会经济现象在一个较长时期中逐年平均发展变化的程度。计算平均发展速度,根据所掌握的资料、现象的特点和统计分析目的的不同,有水平法和累计法两种。

1. 水平法

水平法又称为几何平均法。若已知最初水平及最末水平,或我们仅仅关心现象在最后一期所应达到的水平时,可采用该方法。它的基本要求是:从时间数列的最初水平 a_0 出发,每期都按相同的平均速度 $\bar{x}$ 发展,经过 n 期,要达到最末水平 a_n,则

$$a_0\cdot\underbrace{\bar{x}\cdot\bar{x}\cdot\bar{x}\cdot\cdots\cdot\bar{x}}_{n个}=a_n$$

$$a_0 \cdot (\bar{x})^n = a_n \qquad \bar{x} = \sqrt[n]{\frac{a_n}{a_0}} \qquad ①$$

最末水平与最初水平之比是定基发展速度，由于定基发展速度等于各期环比发展速度的连乘积，因此，平均发展速度也可以通过环比发展速度来计算，这时，上述公式可写成

$$\bar{x} = \sqrt[n]{\frac{a_1}{a_0} \times \frac{a_2}{a_1} \times \frac{a_3}{a_2} \times \cdots \times \frac{a_n}{a_{n-1}}}$$

$$= \sqrt[n]{x_1 \cdot x_2 \cdot x_3 \cdot \cdots \cdot x_n} = \sqrt[n]{\prod_{i=1}^{n} x_i} \qquad ②$$

$$又由于\frac{a_n}{a_0} = R，所以\bar{x} = \sqrt[n]{R} \qquad ③$$

式中：x_i 代表各期的环比发展速度，R 代表总速度，$\prod$ 代表连乘符号。

上述计算平均发展速度的三个公式，虽然形式不同，但实质与计算结果完全相同。可根据掌握的资料不同来选用。若已知最初水平和最末水平，可用 ① 式计算；若已知各期环比发展速度，可用 ② 式计算；若已知现象发展的总速度，可用 ③ 式计算。

以表 5－15 所列的资料为例，计算我国国内生产总值的平均发展速度如下。

（1）根据最初水平和最末水平计算平均发展速度

$$\bar{x} = \sqrt[n]{\frac{a_n}{a_0}} = \sqrt[4]{\frac{101.60}{74.64}} = 108.01\%$$

（2）根据各期环比发展速度求平均发展速度

$$\bar{x} = \sqrt[n]{x_1 \cdot x_2 \cdot x_3 \cdot \cdots \cdot x_n}$$

$$= \sqrt[4]{111.47\% \times 110.49\% \times 107.79\% \times 102.53\%} = 108.01\%$$

（3）根据总速度求平均发展速度

$$\bar{x} = \sqrt[n]{R} = \sqrt[4]{1.3612} = 108.01\%$$

2. 累计法

累计法又称方程式法。它的基本要求是：从时间数列的最初水平 a_0 出发，以数列的平均发展速度去代替各期的环比发展速度，由此推算出来的各期理论水平之和应等于各期实际发展水平之和。即

$$a_1 + a_2 + a_3 + \cdots + a_n = \sum_{i=1}^{n} a_i$$

$$a_0 \cdot \frac{a_1}{a_0} + a_0 \cdot \frac{a_2}{a_0} + a_0 \cdot \frac{a_3}{a_0} + \cdots + a_0 \cdot \frac{a_n}{a_0} = \sum_{i=1}^{n} a_i$$

根据定基发展速度与环比发展速度的关系，上式可变为

$$a_0x_1+a_0x_1x_2+a_0x_1x_2x_3+\cdots+a_0x_1x_2x_3\cdots x_n=\sum_{i=1}^{n}a_i$$

将各期环比发展速度 x_i 都用平均发展速度$\bar{x}$ 代替，则有：

$$a_0\bar{x}+a_0\bar{x}\bar{x}+a_0\bar{x}\bar{x}\bar{x}+\cdots+a_0\bar{x}\bar{x}\bar{x}\cdots\bar{x}=\sum_{i=1}^{n}a_i$$

$$a_0\bar{x}+a_0\bar{x}^2+a_0\bar{x}^3+\cdots+a_0\bar{x}^n=\sum_{i=1}^{n}a_i$$

$$a_0(\bar{x}+\bar{x}^2+\bar{x}^3+\cdots+\bar{x}^n)=\sum_{i=1}^{n}a_i$$

则

$$\bar{x}+\bar{x}^2+\bar{x}^3+\cdots+\bar{x}^n=\frac{\sum_{i=1}^{n}a_i}{a_0}$$

解这个高次方程，其正根就是所求的平均发展速度。但要解这个高次方程是比较复杂的，实际统计工作中，通常是借助于事先编好的《平均增长速度查对表》来完成。《平均增长速度查对表》分为递增速度和递减速度两部分。

在查表时，首先计算出各期发展水平之和为基期的百分比，即$\frac{\sum_{i=1}^{n}a_i}{a_0}$；然后将其除以时期数 n，即$\frac{\sum_{i=1}^{n}a_i}{a_0}\div n$ 来判断社会经济现象是递增型还是递减型。

若$\frac{\sum_{i=1}^{n}a_i}{a_0}\div n>100\%$，表示递增速度，查表时，要在递增速度部分查找；若$\frac{\sum_{i=1}^{n}a_i}{a_0}\div n<100\%$，表示递减速度，查表时，要在递减速度部分查找。

（二）平均增长速度

平均增长速度是各期环比增长速度的序时平均数，说明社会经济现象在一个较长时期中逐年平均增长变化的程度。平均增长速度不能根据各个环比增长速度指标直接求得，而是根据它与平均发展速度之间的关系来计算，即：

平均增长速度＝平均发展速度－1(或 100%)

平均发展速度大于 1(或 100%) 时，平均增长速度为正值，表明社会经济现象在一段较长时期中逐年平均递增的程度，因此，平均增长速度又称为平均递增率；平均发展速度小于 1(或 100%) 时，平均增长速度为负值，表明社会经济现象在一段较长时期中逐年平均递减的程度，因此，平均增长速度又称为平均递减率。

【例 5－13】 某地区 2015—2020 年基本建设投资额见表 5－16 所列。

表 5－16　某地区 2015—2020 年基本建设投资额

年　份	基本建设投资额(万元)
2015	292
2016	258
2017	246
2018	348
2019	398
2020	420

$$a_0 = 292(\text{万元})，则 \sum_{i=1}^{n} a_i = 258 + 246 + 348 + 398 + 420 = 1670(\text{万元})$$

$$n = 5，则 \frac{\sum_{i=1}^{n} a_i}{a_0} = \frac{1670}{292} = 5.719 \text{ 或 } 571.9\%$$

$$\frac{571.9\%}{5} = 114.38\% > 100\%$$

计算结果表明是递增速度，应从《平均增长速度查对表》的递增速度部分查找。下面列出查对表的部分数据(见表 5－17 所列)。

表 5－17　累计法查对表(部分)间隔期 1～5 年

平均增长速度(%)	各年发展水平总和为基期的 %				
	第 1 年	第 2 年	第 3 年	第 4 年	第 5 年
…	…	…	…	…	…
4.3	104.30	213.08	326.55	444.89	568.32
4.4	104.40	213.39	327.18	445.98	570.01
4.5	104.50	213.70	327.82	447.07	571.69
4.6	104.60	214.01	328.46	448.17	573.38
4.7	104.70	214.32	329.09	449.26	575.08
…	…	…	…	…	…

在表 5-17 内间隔期 5 年栏内，找到最接近 571.9% 数字为 571.69%，该数值同行左边第一栏平均每年增长 4.5%，即为累计法所求的平均增长速度。该地区 2015—2020 年基本建设投资额的平均发展速度＝100%＋4.5%＝104.5%。

水平法与累计法计算平均发展速度的基本要求、计算方法和应用场合各不相同。其区别主要表现在以下几方面。

(1) 侧重点不同。水平法侧重考察现象最末一期的发展水平,而不考虑中间各期发展水平的变动;累计法侧重考察现象全时期的发展水平总和。

(2) 所需资料不同。水平法需要的资料少,有 a_0、a_n 或总速度等就可求得平均发展速度;累计法需要的资料多,要求有完整的各期发展水平或总和以及 a_0 才能求得平均发展速度。

(3) 适应范围不同。水平法对时期数列和时点数列都适用,而累计法只适用于时期数列。

以上两种求平均发展速度的方法,在使用上都有局限性。水平法取决于最末水平与最初水平之比,没有考虑中间各期发展水平的变化。累计法取决于各期发展水平之和对基期水平之比,不能确切反映末期实际达到的发展水平。在实际工作中应根据研究对象的特点,来确定计算方法。对一些侧重于考察其最末一年所达到的水平指标,如产品产量、商品零售额、国民收入额等,宜用水平法计算其平均发展速度,对一些侧重于考察其整个发展阶段总量的指标,如基本建设投资额、造林面积等,则宜采用累计法计算其平均发展速度。

三、计算和应用平均速度指标应注意的问题

1. 根据研究现象的性质、目的来选择计算方法

水平法和累计法是计算平均发展速度的基本方法,但两种方法的侧重点不同,应用条件不同,同一资料,两种方法计算的结果也不相同。所以,在计算平均发展速度时要根据研究现象的性质、研究目的来选择合适的方法。当目的在于考察最末一年发展水平而不关心各期水平总和时,可采用水平法;当目的在于考察各期发展水平总和而不关心最末一年水平时,可采用累计法。这样可以扬长避短,发挥两种计算方法的作用。

2. 应用分段平均发展速度来补充说明总平均发展速度

因为总平均速度只能笼统的反映现象在较长时期内逐期平均发展的程度,而掩盖了现象在不同时期的波动状况。尤其是当研究的时期较长时,更要注意这方面的问题。

3. 要注意社会经济现象的特点

当现象随着时间的推移比较稳定地逐年上升或逐年下降时,一般采用水平法计算平均发展速度。但要注意,如果编制的时间数列中,最初水平和最末水平受特殊因素的影响出现过高或过低的情况,则不可计算平均发展速度。

当现象的发展不是有规律地逐年上升或下降,而是经常表示为升降交替,一般采用累计法计算平均发展速度。但要注意,如果资料中间有几年环比速度涨得特别快,而又有几年降得比较快,出现显著地悬殊和不同的发展方向,就不可计算平均发展速度。因为用这样的资料计算的平均发展速度就会降低或失去平均速度的意义,从而不能确切说明实际情况。

4. 平均速度指标要与其他指标结合应用

注意平均速度指标与原时间数列的发展水平、增长量、平均发展水平等指标的结合应用,还要与其他有关经济现象的平均速度指标结合运用,以便对研究现象做出比较确切和全面的认识。

本章小结

将某一反映现象数量方面的统计指标在各个不同时间上的数值按时间先后顺序排列就形成了时间数列。任何时间数列，均由两个基本要素构成：一是现象所属的时间；二是反映该现象在一定时间条件下的指标值。时间数列按其统计指标的性质不同，可分为总量指标时间数列、相对指标时间数列和平均指标时间数列。

时间数列的指标分析包括水平指标分析和速度指标分析。时间数列水平分析指标有发展水平、平均发展水平、增长量、平均增长量和年距增长量等；速度分析指标有发展速度、增长速度、平均发展速度、平均增长速度等。将水平指标与速度指标结合可计算增长1%的绝对值水平。

Excel 在时间数列水平分析指标中的应用

一、计算增长量和平均增长量

例如，根据2011—2017年某地国内生产总值(单位：亿元)，计算逐期增长量、累计增长量和平均增长量，如图5-1所示。

	A	B	C	D	E
1	年份	国内生产总值	逐期增长量	累计增长量	
2	2011	2749.51			
3	2012	3352.96	603.45	603.45	
4	2013	3853.78	500.82	1104.27	
5	2014	4156.10	302.32	1406.59	
6	2015	4496.18	340.08	1746.67	
7	2016	4988.95	492.77	2239.44	
8	2017	5477.78	488.83	2728.27	
9					
10	平均增长量			454.711667	
11					
12					

图5-1

计算步骤如下：

第一步，在“A”列输入“年份”，在“B”列输入“国内生产总值”。

第二步，计算逐期增长量，在“C3”中输入公式“=B3-B2”，并用鼠标拖曳将公式复制到“C3:C8”区域。

第三步，计算累计增长量，在“D3”中输入公式“＝B3－＄B＄2”，并用鼠标拖曳公式复制到“D3：D8”区域。

第四步，计算平均增长量（水平法），在“C10”中输入公式“＝(B8－B2)/5”，按下“回车键”，即可得到平均增长量。

二、计算发展速度和平均发展速度

以2011—2017年某地国内生产总值（单位：亿元）为例，说明如何计算定基发展速度、环比发展速度和平均发展速度，如图5－2所示。

	A	B	C	D	E
1	年份	国内生产总值	逐期增长量	累计增长量	
2	2011	2749.51			
3	2012	3352.96	603.45	603.45	
4	2013	3853.78	500.82	1104.27	
5	2014	4156.10	302.32	1406.59	
6	2015	4496.18	340.08	1746.67	
7	2016	4988.95	492.77	2239.44	
8	2017	5477.78	488.83	2728.27	
9					
10	平均增长量			454.711667	
11					
12					

图5－2

第一步，在“A”列输入“年份”，在“B”列输入“国内生产总值”。

第二步，计算定基发展速度，在“C3”中输入公式“＝B3/＄B＄2”，并用鼠标拖曳将公式复制到“C3：C8”区域。

第三步，计算环比发展速度，在“D3”中输入公式“＝B3/B2”，并用鼠标拖曳将公式复制到“D3：D8”区域。

第四步，计算平均发展速度（水平法），选中“C10”单元格，单击“插入”菜单，选择“函数选项”，出现“插入函数对话框”后，选择“GEOMEAN”（返回几何平均值）函数，在数值区域中输入“D3：D8”即可。

思考与练习

【课后思考】

1. 什么是时间数列？在社会经济统计中有何重要作用？
2. 时间数列有哪几种？编制时间数列应遵循哪些基本原则？
3. 时期数列与时点数列有什么区别？
4. 计算平均发展速度有哪两种方法？它们各有哪些特点？

5. 常用的动态分析水平指标有哪些？它们之间的关系是什么？

【知识自测】

1. 单项选择题

(1)把各个时期工人劳动生产率按时间先后顺序排列起来，这样形成的数列是(　　)。

A. 时期数列　B. 时点数列　C. 相对数时间数列　D. 平均数时间数列

(2)八年内每年年末我国人口数是(　　)。

A. 时期数列　B. 时点数列　C. 相对数时间数列　D. 平均数时间数列

(3)根据时期数列计算序时平均数应采用(　　)。

A. 几何平均法　B. 加权算术平均法

C. 简单算术平均法　D. 调和平均法

(4)间隔相等的时点数列计算序时平均数应采用(　　)。

A. 几何平均法　B. 加权算术平均法

C. 简单算术平均法　D. 首尾折半法

(5)数列中各项数值可以直接相加的时间数列是(　　)。

A. 时点数列　B. 时期数列

C. 职工人数动态数列　D. 商品库存量动态数列

(6)时间数列中绝对数时间数列是基本数列，其派生数列是(　　)。

A. 时期数列和时点数列　B. 绝对数时间数列和相对数时间数列

C. 绝对数时间数列和平均数时间数列　D. 相对数时间数列和平均数时间数列

(7)下列数列中属于时间数列的是(　　)。

A. 学生按学习成绩分组形成的数列

B. 工业企业按地区分组形成的数列

C. 职工按工资水平高低排列形成的数列

D. 出口额按时间先后顺序排列形成的数列

(8)说明现象在较长时期内发展总速度的指标是(　　)。

A. 环比发展速度　B. 平均发展速度　C. 定基发展速度　D. 环比增长速度

(9)平均发展速度是(　　)。

A. 定基发展速度的算术平均数　B. 环比发展速度的算术平均数

C. 环比发展速度的几何平均数　D. 增长速度加上100%

(10)定基增长速度与环比增长速度的关系是(　　)。

A. 定基增长速度是环比增长速度的连乘积

B. 定基增长速度是环比增长速度之和

C. 各环比增长速度加1后的连乘积减1

D. 各环比增长速度减1后的连乘积减1

(11)平均增长速度是(　　)。

A. 环比增长速度的算术平均数　　B. 总增长速度的算术平均数
C. 平均发展速度减去百分之百　　D. 环比发展速度的序时平均数

(12)以 2010 年为基期,2020 年为报告期,计算平均发展速度应开(　　)。

A. 9 次方　　B. 10 次方　　C. 11 次方　　D. 12 次方

2. 多项选择题

(1)对于时间数列,下列说法正确的有(　　)。

A. 时间数列是按数值大小顺序排列的
B. 时间数列是按时间顺序排列的
C. 时间数列中的数值都有可加性
D. 时间数列是进行动态分析的基础
E. 编制时应注意数值间的可比性

(2)下面哪些是时点数列(　　)。

A. 某企业各月的利润额
B. 某企业各月末职工人数
C. 某商场各月月末商品库存量
D. 某企业 2015—2020 年的工业增加值
E. 某地区历年社会商品零售额

(3)某企业某种产品原材料月末库存资料见表 5-18 所列。

表 5-18

月份	1 月	2 月	3 月	4 月	5 月
原材料库存量(吨)	8	10	13	11	9

则该时间数列(　　)。

A. 各项指标数值是连续统计的结果
B. 各项指标数值是不连续统计的结果
C. 各项指标数值反映的是现象在一段时期内发展的总量
D. 各项指标数值反映的是现象在某一时点上的总量
E. 各项指标数值可以相加得到 5 个月原材料库存总量

(4)将不同时期的发展水平加以平均而得到的平均数称为(　　)。

A. 一般平均数　　B. 平均发展水平　　C. 动态平均数
D. 算术平均数　　E. 序时平均数

(5)定基发展速度和环比发展速度的关系是(　　)。

A. 两者都属于速度指标
B. 环比发展速度的连乘积等于定基发展速度
C. 定基发展速度的连乘积等于环比发展速度
D. 相邻两个定基发展速度之比等于相应时期的环比发展速度
E. 相邻两个环比发展速度之比等于相应时期的定基发展速度

(6)累计增长量与逐期增长量(　　)。

A. 前者基期水平不变,后者基期水平总在变动
B. 二者存在关系式:逐期增长量之和=累计增长量

C. 相邻的两个逐期增长量之差等于相应的累计增长量

D. 根据这两个增长量都可以计算较长时期内的平均每期增长量

E. 这两个增长量都属于速度分析指标

(7)历年国内生产总值数列是(　　)。

A. 时间数列　　B. 时期数列　　C. 时点数列

D. 绝对数时间数列 E. 平均数时间数列

(8)时间数列中的水平分析指标有(　　)。

A. 发展水平　　B. 平均发展水平　C. 增长量

D. 平均增长量　　E. 平均发展速度

3. 判断题

(1)在各种时间数列中,指标数值的大小都受到指标所反映的时期长短的制约。(　　)

(2)时间数列中的发展水平都是统计绝对数。(　　)

(3)若各期的增长量相等,则各期的增长速度也相等。(　　)

(4)年距增长量是反映本期发展水平较上期同期发展水平的增减绝对量。(　　)

(5)把某大学历年招生的增加人数按时间先后顺序排列,形成的时间数列属时点数列。(　　)

(6)由于时点数列和时期数列都是绝对数时间数列,所以它们的特点是相同的。(　　)

(7)平均增长速度不是根据各个增长速度直接求得,而是根据平均发展速度计算的。(　　)

(8)年距发展速度=年距增长速度+1。(　　)

(9)定基增长速度等于相应的各个环比增长速度的连乘积。(　　)

(10)某企业 2020 年的销售量是 2010 年的 4 倍,这说明这几年该企业销售量翻了两番。(　　)

【计算题】

1. 某公司某年 9 月末有职工 250 人,10 月上旬的人数变动情况是:10 月 4 日新招聘 12 名大学生上岗,6 日有 4 名老职工退休离岗,8 日有 3 名青年工人应征入伍,同日又有 3 名职工辞职离岗,9 日招聘 7 名营销人员上岗。试计算该公司 10 月上旬的平均在岗人数。

2. 某银行 2020 年部分月份的现金库存额资料见表 5-19 所列。

表 5-19　　单位:万元

日　期	1月1日	2月1日	3月1日	4月1日	5月1日	6月1日	7月1日
库存额	500	480	450	520	550	600	580

要求:(1)具体说明这个时间数列属于哪一种时间数列。

(2)分别计算该银行 2020 年第一季度、第二季度和上半年的平均现金库存额。

3. 某单位上半年职工人数统计资料见表 5-20 所列。

表 5-20

时　间	1月1日	2月1日	4月1日	6月30日
人数(人)	1002	1050	1020	1008

要求计算：(1)第一季度平均职工人数；(2)上半年平均职工人数。

4. 某企业2016—2020年各年底职工人数资料见表5-21所列。

表 5-21

年　份	全部职工人数(人)	女性职工人数(人)
2016	2300	980
2017	2386	1135
2018	2473	1232
2019	2506	1150
2020	3018	1658

试计算该企业2016—2020年女性职工所占的平均比重。(要求写出公式和计算过程，结果保留四位小数)

5. 企业2020年各季度实际完成产值和产值计划完成程度的资料见表5-22所列。

表 5-22

季度	实际产值(万元)	产值计划完成(%)
第一季度	860	130
第二季度	887	135
第三季度	875	138
第四季度	898	125

试计算该企业年度计划平均完成百分比。(要求写出公式和计算过程。结果保留四位小数)

6. 某公司2015—2020年各年利润额(万元)资料见表5-23所列。

表 5-23

年　份	2015	2016	2017	2018	2019	2020
利润额(万元)	640	738	785	800	850	900

试计算：(1)逐期增长量和累计增长量；

(2)平均发展水平和平均增长量；

(3)环比发展速度和定基发展速度；

(4)环比增长速度和定基增长速度；

(5)每增长1%绝对值指标；

(6)平均发展速度和平均增长速度。

7. 某企业产品的单位成本 2017 年比 2016 年降低 2%，2018 年比 2017 年降低 5%，2019 年比 2018 年降低 3%，2020 年比 2019 年降低 1.5%，试以 2016 年为基期，计算 2017 年至 2020 年该企业单位成本总的降低速度和平均降低速度。(要求写出公式和计算过程，结果保留四位小数)

8. 已知某商店 2019 年销售额比 2014 年增长 64%，2020 年销售额比 2014 年增长 86%，问：(1)2020 年销售额比 2019 年增长多少？(2)2014—2020 年，平均增长速度是多少？(要求写出公式和计算过程，结果保留四位小数)

9. 某地区 2014 年国民收入总额为 18 亿元，2014—2017 年国民收入平均增长速度是 2%，2017—2019 年国民收入平均发展速度是 1.07，2020 年国民收入比 2019 年增长 6%。

要求：(1)计算 2014—2020 年国民收入的平均增长速度；

(2)2020 年的国民收入总额。(要求写出公式和计算过程，结果保留两位小数)

10. 根据表 5-24 中已有的数据资料，运用动态指标的相互关系，确定时间数列的发展水平和表中所缺的环比动态指标。

表 5-24

年份	总产值(万元)	环比动态指标			
		增长量(万元)	发展速度(%)	增长速度(%)	增长 1%的绝对值
2015	742	—	—	—	—
2016		60			
2017			115.8		
2018					
2019			112.6		9.96
2020		118			

11. 某地区历年粮食产量见表 5-25 所列。

表 5-25

年份	2015	2016	2017	2018	2019	2020
粮食产量(吨)	8742	10626	11652	14792	15806	18360

试计算：

(1)逐期增长量、累计增长量、平均增长量。

(2)平均发展速度。(要求写出公式和计算过程)

12. 某商业公司 2009 年销售额为 1800 万元，若 2010—2013 年销售额每年平均增长 8%，2014—2017 年销售额每年平均增长 12%，2018—2020 年销售额平均每年增长 15%。问：2013 年销售额将达到多少？如果计划 2020 年销售额比 2009 年翻两番，问：每年需要增长多少万元才能达到预定的目标？(要求写出公式和计算过程，结果保留两位小数)

第六章　时间数列的趋势分析

第一节　时间数列趋势分析概述

时间数列分析是一种广泛应用的数量分析方法，主要用于描述和探索现象随时间发展变化的数量规律性，并根据过去已有的数据来预测未来的结果。利用时间数列的预测方法既有传统方法，也有较为精确的现代方法。前者研究各种时间数列指标的对比分析以及长期趋势、季节变动、循环变动的分析；后者则主要研究 AR 模型、MA 模型和 ARMA 模型。本章主要讨论传统的时间数列分析。

一、时间数列影响因素的分解

现象的发展变化受许多复杂因素的影响，是各个复杂因素共同作用的结果。不同的因素所引起的作用不同，产生的结果也就不同，并且形成了现象的不同时间数列。在诸多影响因素中，有些因素对现象的发展变化的影响是长期的，甚至是决定性的；有些因素的影响则是短期的，或是偶然性的。编制时间数列的目的在于研究社会经济现象发展变化的趋势或规律性。但是，现实的时间数列各期水平受多因素影响，时间数列分析就是要分析这些因素对现象发展变化过程的影响，由于影响社会经济现象变化的因素很多，通常是将影响时间数列变动的因素加以分解，并按性质不同加以归类，然后按类测定它们各自对社会经济现象发展变化的影响状况。一般将时间数列的总变动(Y)分解为长期趋势(T)、季节变动(S)、循环变动(C)和不规则变动(I)四类。

(一)长期趋势(T)

长期趋势是指经济现象在发展变化过程中，由于受到长期因素的影响使其在一段较长时期内呈现出持续增长(或下降)的基本趋势。它是影响时间数列变动的主要的因素，也是最基本的因素，所反映的结果是呈现出持续性发展变化。例如，受改革开放政策的影响，我国的经济发展呈持续增长的态势，国内生产总值呈逐年递增的趋势。

(二)季节变动(S)

季节变动是指社会经济现象受季节变动和社会因素的影响，使其在一年或更短的时间内发生有规律的周期性变动。季节变动是现实生活中最为普遍的现象，例如，啤酒的销量随着季节的变化而变化,农产品的价格随着销售季节的更替而变动。

(三)循环变动(C)

循环变动是指现象持续若干年的周期变动,它是经济现象内在规律所具有的变化因素作用的结果,循环变动的周期长短不一,没有规律,而且通常周期较长,不像季节变动有明显的变动周期(小于一年)。循环变动不是单一方向的持续变动,而是涨落相间的交替波动。例如,经济周期性的变化和金融危机等经济现象的变化。

(四)不规则变动(I)

不规则变动是指现象由于受偶然性因素影响而引起的无规律、不规则的变动。如天灾、人祸、战乱等突发事件或偶然因素引起的无周期性波动。

二、时间数列的分析模型

时间数列的变动,就是这四类因素共同作用的结果,影响因素不同所起的作用就不同,引起变化的形式也就不同,将时间数列各影响因素之间的关系用一定的数学关系式表示出来,就构成时间数列的分析模型。常用的时间数列分析模型有两类,即加法模型和乘法模型。

1. 加法模型

当现象变动的四种影响因素是相互独立的,时间数列总变动是各种影响因素相加的总和。即

$$Y=T+S+C+1$$

2. 乘法模型

当现象变动的四种影响因素是相互影响、互不独立,时间数列总变动是各种影响因素相乘的乘积。即

$$Y=T\times S\times C\times I$$

在现实经济生活中,各种变动对现象的影响一般都是相互的,因此实践中应用较多的是乘法模型。有些现象的影响因素并非四种因素同时存在,而根据乘法模型,可以较容易地将各种因素对时间数列变动的影响分离开来。

第二节　长期趋势分析

研究长期趋势的目的是通过把握现象发展变化趋势,使现象变化趋势向计划目标实现方向发展;从数量上研究现象发展的规律,为统计预测提供必要条件;通过长期趋势分析,消除原有的趋势影响,以便更好地分析其他因素的变动。研究现象发展的长期趋势,就是将原来的时间数列进行修匀,以显示所分析因素的趋势和变化规律。这里仅介绍几种常用的方法。

一、长期趋势的概念

长期趋势是时间数列中主要的构成因素，它是指现象在一个较长时期内持续上升或下降的发展趋势。为了消除基本因素以外的各类因素的影响，必须对原时间数列进行修匀，以显示出现象变动的基本趋势。研究长期趋势的意义主要体现在三个方面：①有利于认识和掌握现象发展变化的趋势及活动的规律性；②有利于对现象未来的发展做出预测；③有利于从时间数列中剔除它的影响，进而更好地分析其他因素的影响。

时间数列的长期趋势可表现为线性趋势和非线性趋势。长期趋势分析，主要是通过对时间数列的修匀来进行的。

二、长期趋势的测定方法

常用的时间数列修匀方法有三种：时距扩大法、移动平均法和最小平方法。

(一)时距扩大法

时距扩大法是将现象变化规律不明显的原始时间相数列，通过扩大时距长度，消除由于时距较短受偶然因素影响所引起的波动，从而使扩大时距长度的时间数列呈现出明显的变动趋势。这是长期趋势分析最基本的方法。

【例 6-1】 某企业 2020 年各月产值资料见表 6-1 所列。

表 6-1 某企业各月产值资料统计表 单位：万元

月份	1	2	3	4	5	6	7	8	9	10	11	12
产值	118	132	146	144	127	148	151	136	144	147	152	150

通过表 6-1 可以看出，产值的变化起伏不定，用该时间数列就不能清楚地反映该企业产值的变化趋势。如果我们把月资料按季度进行整理就得到表 6-2 的结果。

表 6-2 时距扩大的各季产值资料统计表 单位：万元

时间	第一季度	第二季度	第三季度	第四季度
产值	396	419	431	449

由此可见，时距扩大之后，可以明显地显示出产值呈现出逐季增长的变化趋势。

在实际工作中，时距扩大法也可以用时距扩大的平均数来编制新的时间数列，见表 6-3 所列。

表 6-3 时距扩大的各季平均产值资料统计表 单位：万元

时间	第一季度	第二季度	第三季度	第四季度
平均产值	132.0	139.7	143.7	149.6

在使用时距扩大法时，应注意三点：第一，扩大的时距单位的大小，应以时距扩大后的数列能正确反映长期趋势为准。若现象有明显变动周期的，扩大后的时距一般与现象的变动周期相同；若现象无明显变动周期的，可以逐步扩大时距，直至显现出现象变动的长期趋势。第二，为了保持时间数列资料的可比性，同一数列前后的时距单位应当一致。第三，时距扩大法只适用于时期数列。

（二）移动平均法

移动平均法是测定时间数列趋势变动的基本方法。所谓移动平均就是按照事先规定的移动时间长度 n，采取“逐项递推移动、边移动边平均”的方法，计算出递推移动后的序时平均数，并以此新的序时平均数数列来代替原始时间数列。采用移动平均法修匀时间数列可以削弱或消除短期的偶然因素的影响，从而呈现出明显的长期趋势。在实际应用中，移动平均项数的确定有奇数和偶数两种情况。

1. 移动平均项数为奇数时

【例 6－2】 某地粮食产量资料见表 6－4 所列。

表 6－4　移动平均法计算表

年　份	产量（百万吨）	三项移动平均数	五项移动平均数	四项移动平均数	
				第一次移动平均数	第二次移动平均数
2009	47	—	—	—	—
2010	46	47.0	—	47.8	—
2011	48	48.0	48.4	48.8	48.3
2012	50	49.7	48.8	49.5	49.2
2013	51	50.8	50.2	50.8	50.2
2014	49	51.0	51.8	52.3	51.6
2015	53	52.7	52.6	53.0	52.7
2016	56	54.3	53.8	55.0	54.
2017	54	55.7	56.2	57.0	56.0
2018	57	57.3	57.4	57.8	57.4
2019	61	59.0	—		—
2020	59	—	—	—	—

从表 6－4 可看出，原时间数列中粮食产量起伏不平，上升趋势不明确，而移动后的移动平均数时间数列则呈现出明显的上升趋势。

当移动平均的项数为奇数时，移动平均数对正原数列被平均各项的中间一项，根据表 6－4资料计算三项移动平均数如下：

(1)如果把移动平均项数定为三项移动平均时

第一个三项移动平均数为 2009 年至 2011 年三年产量的平均数是

$$\overline{Y}=\frac{Y_1+Y_2+Y_3}{3}=\frac{47+46+48}{3}=47(\text{置于 2010 年})$$

第二个三项移动平均数为 2010 年至 2012 年三年产量的平均数是

$$\overline{Y}_3=\frac{Y_2+Y_3+Y_4}{3}=\frac{46+48+50}{3}=48(\text{置于 2011 年})$$

依此类推可以编制出一个三项移动平均数数列，即三项移动序时平均数数列(见表 6－4 所列)。

如果把移动平均项数定为五项移动平均时：

第一个五项移动平均数为 2009 年至 2013 年五年产量的平均数是

$$\overline{Y}_3=\frac{Y_1+Y_2+Y_3+Y_4+Y_5}{5}=\frac{47+46+48+50+51}{5}=48.4(\text{置于 2011 年})$$

第二个五项移动平均数为 2010 年至 2014 年五年产量的平均数是

$$\overline{Y}_4=\frac{Y_2+Y_3+Y_4+Y_5+Y_6}{5}=\frac{46+48+50+51+49}{5}=48.8(\text{置于 2012 年})$$

依此类推，同样可以编制出一个五项移动平均数数列，即五项移动序时平均数数列(见表 6－4 第 4 列所列)。从五项移动序时平均数数列看，五项移动序时平均数数列的递增趋势更加明显。

2. 移动平均项数为偶数时

当移动平均的项数为偶数时，第一次移动平均数置于被平均各项中间(即居中两项之间)，然后将相邻两个移动平均数再进行一次移正平均，即将二次移动平均数置于被平均的两个平均数的中间。根据表 6－4 资料计算四项移动平均数如下。

第一个四项移动平均数 2009 年至 2012 年四年产量的平均数是

$$\overline{Y}_{2,3}=\frac{Y_1+Y_2+Y_3+Y_4}{4}=\frac{47+46+48+50}{4}=47.8(\text{置于 2010 年与 2011 年之间})$$

第二个四项移动平均数为 2010 年至 2013 年四年产量平均数是

$$\overline{Y}_{3,4}=\frac{Y_2+Y_3+Y_4+Y_5}{4}=\frac{46+48+50+51}{4}=48.8(\text{置于 2011 年与 2012 年之间})$$

由此可以得到一个四项移动平均数数列，即四项移动序时平均数数列(见表 6－4 第 5 列所列)。从该平均数数列排列位置看，四项移动序时平均数没有对应所属的时间，就不能说是一个时间数列。按照时间数列编制原理的要求，就必须将四项移动序时平均数给予“移正”。常用的方法是对四项移动序时平均数进行二项移动平均，求得移正平均数，并以此作为时间数列的趋势值。根据表 6－4 资料计算如下。

第一个移正平均数是

$$\overline{Y}_3=\frac{\overline{Y}_{2,3}+\overline{Y}_{3,4}}{2}=\frac{47.8+48.8}{2}=48.3(\text{置于 2011 年})$$

第二个移正平均数是

$$\bar{Y}_4=\frac{\bar{Y}_{3,4}+\bar{Y}_{4,5}}{2}=\frac{48.8+49.5}{2}=49.2(\text{置于 2012 年})$$

依此类推，从表 6-4 可以看出，无论是三项移动平均、四项移动平均，还是五项移动平均，构成的新时间数列，都能更明显地反映该地区粮食生产的递增趋势。

3. 确定移动平均项数应注意的问题

(1) 移动平均项数的多少与移动平均修匀的作用有关。移动项数越多，修匀作用越明显，趋势线越平滑。

(2) 移动平均项数的确定，应视资料的特点而定。一般资料的移动平均项数以奇数为宜。若 n 为奇数，只需要进行一次移动平均；若 n 为偶数，则需要再进行一次二项移动平均。

(3) 当时间数列含有周期变动时，移动平均项数应与同期长短一致。若以三年为一个周期，可用三项移动平均；若以各年季度资料为依据时，可用四项或八项移动平均。

(4) 移动平均后的平均数数列的项数比原数列的项数有减少(数据有损失)。移动平均项数取得越多，由移动平均数构成的新时间数列所缺项数也越多，不利于长期趋势分析，所以移动平均的项数一般不宜过多。新时间数列项数与原时间数列项数之间的关系为

移动平均数构成的新时间数列项数＝原时间数列项数－移动平均项数＋1

所以，根据表 6-4 所列，五项移动平均数构成的新时间数列项数＝12－5＋1＝8(项)。

(三) 最小平方法

最小平方法又称为最小二乘法，是长期趋势分析中较常用的统计方法。这种方法的基本原理是用一定的数学模型，对原有的时间数列配合一条适当的趋势线，以此对时间数列进行修匀。根据最小平方法的原理，若要找到一条最佳趋势线，必须使原时间数列的实际观测值 y 与趋势线方程式中的趋势值 y_t 离差平方和为最小值，即

$$\sum(y-y_t)^2=\text{最小值}$$

式中：y 为 t 时刻的实际值；y_t 为 t 时刻的估计值。

上述等式表明用最小平方法拟合的趋势线比其他任何方法拟合的趋势线都理想。用最小平方法既可以拟合直线趋势方程，也可以拟合曲线趋势方程。

1. 直线趋势方程

当现象发展的逐级增长量大体相同时，可以配合直线方程：

$$y_t=a+bt$$

式中：a 为截距，b 为直线斜率。

根据最小平方法原理要求，使

$$\sum(y-y_t)^2=\sum(y-a-bt)^2=\text{最小值}$$

上式左端可看作是待定参数 a，b 的函数，记作：

$$Q(a,b)=\sum(y-a-bt)^2$$

要使 Q 有最小值,分别对 a,b 求偏导数,并使其等于 0,则

$$\frac{\partial Q}{\partial a}=2\sum(y-a-bt)(-1)=0$$

$$\frac{\partial Q}{\partial b}=2\sum(y-a-bt)(-t)=0$$

上面两式经整理,可得以下两个标准方程式:

$$\sum y=na+b\sum t$$

$$\sum ty=a\sum t+b\sum t^2$$

解此方程组,可推导出直线趋势方程中两个待定参数 a,b 的直接计算公式如下

$$a=\frac{\sum y}{n}-b\frac{\sum t}{n}=\bar{y}-b\bar{t}$$

$$b=\frac{\sum ty-\frac{1}{n}\sum t\sum y}{\sum t^2-\frac{1}{n}\left(\sum t\right)^2}$$

(1) 方程直接求解法

【例 6-3】 某企业 2011—2020 年汽车销售量资料见表 6-5 所列。

表 6-5 某企业 2011—2020 年汽车销售量 单位:万辆

年　份	汽车销售量 y	时间变量 t	ty	t^2	y_t
(甲)	(1)	(2)	(3)	(4)	(5)
2011	15.0	1	15.0	1	14.84
2012	15.4	2	30.8	4	15.45
2013	16.0	3	48.0	9	16.06
2014	16.2	4	64.8	16	16.67
2015	17.2	5	86.0	25	17.28
2016	18.2	6	109.2	36	17.89
2017	18.6	7	130.2	49	18.5
2018	19.4	8	155.2	64	19.11
2019	19.7	9	177.3	81	19.72
2020	20.1	10	201.0	100	20.33
合计	175.8	55	1017.5	385	175.85

① 求 a 和 b 的值

将表 6－5 相关数据代入，求 a,b 的计算公式。

$$b=\frac{\sum ty-\frac{1}{n}\sum t\sum y}{\sum t^2-\frac{1}{n}\left(\sum t\right)^2}=\frac{1017.5-\frac{1}{10}\times 55\times 175.8}{385-\frac{1}{10}\times 55^2}=\frac{50.6}{82.5}=0.61$$

$$a=\frac{\sum y}{n}-b\frac{\sum x}{n}=\frac{175.8}{10}-0.61\times\frac{55}{10}=14.23$$

将 a,b 值代入直线趋势方程，得

$$y_t=14.23+0.61t$$

② 计算估计值(y_t)

当 $t=1$ 时，

$$y_{t=1}=a+bt_1=14.23+0.61\times 1=14.84(万辆)$$

当 $t=2$ 时，

$$y_{t=2}=a+bt=14.23+0.61\times 2=15.45(万辆)$$

类推可以把各年 t 值代入直线估计方程，可得各年的趋势值 y_t[见表 6－5 第(5) 列所列]。

③ 预测：若要预测 2021 年的汽车销售量，时间应取 $t=11$，则

$$y_{2021}=14.23+0.61\times 11=20.94(万辆)$$

④ 分析结论：以上分析结果说明，该企业 2011—2020 年汽车销售量每年在以 0.61 万辆的数量上升，预计 2021 年销量可望达到 20.94 万辆。

(2) 简化方程求解法

为了简化计算，将时间数列的时间原点由起始位置移到时间数列的中点位置，分两种情况。

① 当时间数列的项数为奇数时，t 的中点值为 0，中点以前的 t 值分别取：－1，－2，－3，…，中点以后的 t 值分别取：1,2,3,…。

② 当时间数列的项数为偶数时，中间两项的中点为原点，中点以前的 t 值分别取：－1，－3，－5，…，中点以后的 t 值分别取：1,3,5,…。

即可得到 $\sum t=0$，这样就可以进行简化运算。上述求 a,b 的计算公式可简化为

$$b=\frac{\sum ty}{\sum t^2}\quad a=\frac{\sum y}{n}$$

【例 6－4】　现仍用表 6－5 中 2011－2020 年的汽车销售量资料为例，说明其简化计算方法，见表 6－6 所列。

表 6-6　简化最小平方法计算表　　单位:万辆

年　份	汽车销售量 y	时间变量 t	ty	t^2	y_t
(甲)	(1)	(2)	(3)	(4)	(5)
2011	15.0	−9	−135.0	81	13.89
2012	15.4	−7	−107.8	49	14.71
2013	16.0	−5	−80.0	25	15.53
2014	16.2	−3	−48.6	9	16.35
2015	17.2	−1	−17.2	1	17.17
2016	18.2	1	18.2	1	17.99
2017	18.6	3	55.8	9	18.81
2018	19.4	5	97.0	25	19.63
2019	19.7	7	137.9	49	20.45
2020	20.1	9	180.9	81	21.27
合计	175.8	0	101.2	330	165.8

① 求 a 和 b 的值

$$b=\frac{\sum ty}{\sum t^2}=\frac{101.2}{330}=0.31$$

$$a=\frac{\sum y}{n}=\frac{175.8}{10}=17.58$$

将 a,b 值代入直线趋势方程式,得

$$y_t=17.58+0.31t$$

② 计算估计值(y_t)

当 $t=1$ 时,

$$y_{t=1}=a+bt=17.58+0.31\times 1=17.89(\text{万辆})$$

当 $t=3$ 时,

$$y_{t=3}=a+bt=17.58+0.31\times 3=18.51(\text{万辆})$$

同理,可以把各年 t 值代入直线估计方程,可得各年的趋势值 y_t[见表 6-6 中第(5) 列所列]。

③ 若要预测 2021 年的汽车销售量,时间取 $t=11$,则

$$y_{2021}=17.58+0.31\times 11=20.99(\text{万辆})$$

④ 结论:以上分析结果说明,该企业 2011—2020 年汽车销售量每年在以 0.31 万辆的数量上升,预计 2021 年销售量可望达到 22.09 万辆。

从以上两种方法看，计算出的直线趋势方程是不一样的，一个是 $y_t = 14.23 + 0.61t$，另一个是 $y_t = 17.58 + 0.31t$，这是因为所取的原点不同所致。

2. 抛物线方程

如果经济现象发展的逐期增长量的增长量（各期的二级增长量）大体相同时，则可考虑配合抛物线方程进行趋势分析。按最小平方法建立的抛物线趋势方程如下：

$$y_t = a + bt + ct^2$$

抛物线方程的二级增长量是相等的，见表 6－7 所列。

表 6－7　逐期增长量和二级增长量计算表

t	$y_t = a + bt + ct^2$	逐期增长量	二级增长量
1	$a+b+c$	—	—
2	$a+2b+4c$	$b+3c$	—
3	$a+3b+9c$	$b+5c$	$2c$
4	$a+4b+16c$	$b+7c$	$2c$
5	$a+5b+25c$	$b+9c$	$2c$
6	$a+6b+36c$	$b+llc$	$2c$

在抛物线方程中，三个未知参数是 a,b,c，根据最小平方法的要求，同样要用求偏导数的方法，导出以下三个方程组成的联立方程组：

$$\begin{cases} \sum y = na + b\sum t + c\sum t^2 \\ \sum ty = a\sum t + b\sum t^2 + c\sum t^3 \\ \sum t^2 y = a\sum t^2 + b\sum t^3 + c\sum t^4 \end{cases}$$

为了计算的方便，同样可以通过时间 t 的原点设置法，即将原点移到时间数列的中间项，使得 $\sum t = 0$，$\sum t^3 = 0$，则上述三个联立方程可简化为

$$\begin{cases} \sum y = na + c\sum t^2 \\ \sum ty = b\sum t^2 \\ \sum t^2 y = a\sum t^2 + c\sum t^4 \end{cases}$$

【例 6－5】　某地区农业产值及其逐期增长量计算结果见表 6－8 的资料。

由表 6－8 可知，各年二级增长量大体相同，所以该地区农业总产值增长的基本趋势比较接近于抛物线趋势形，可以配合一个抛物线趋势方程。现根据表 6－8 所列的产值资料说明其计算过程（见表 6－9 所列）。

表 6-8　某地区农业产值逐期增长量计算表　　单位:万元

年　份	产值	逐期增长量	二级增长量
2012	988	—	—
2013	1012	24	—
2014	1043	31	7
2015	1080	37	6
2016	1126	46	9
2017	1179	53	7
2018	1239	60	7
2019	1307	68	8
2020	1382	75	7

表 6-9　某地区农业产值抛物线趋势计算表

年　份	产值(万元)	t	ty	t^2	t^2y	t^4	y_t
(甲)	(1)	(2)	(3)	(4)	(5)	(6)	(7)
2012	988	−4	−3952	16	15808	256	988.27
2013	1012	−3	−3036	9	9108	81	1011.64
2014	1043	−2	−2086	4	4172	16	1042.39
2015	1080	−1	−1080	1	1080	1	1080.52
2016	1126	0	0	0	0	0	1126.03
2017	1179	1	1179	1	1179	1	1178.92
2018	1239	2	2478	4	4956	16	1239.19
2019	1307	3	3921	9	11763	81	1306.84
2020	1382	4	5528	16	22112	256	1381.87
合计	10356	0	2952	60	70178	708	10355.67

把表 6-9 中相关数据代入简化后的联立方程组有

$$\begin{cases} 10356 = 9a + 60c \\ 2952 = 60b \\ 70178 = 60a + 708c \end{cases}$$

用消元法,解此联立方程得

$$a = 1126.07 \quad b = 49.20 \quad c = 3.69$$

将计算结果代入抛物线趋势方程,得

$$y_t = 1126.07 + 49.2t + 3.69t^2$$

如果我们要预测2021年的产量，可取 $t=5$ 代入抛物线趋势方程有

$$y_t=1126.07+49.2\times5+3.69\times5^2=1464.32(\text{万元})$$

3. 指数趋势方程

当时间数列中各期环比发展速度大体相同时，表明现象的变动趋势属于指数曲线型。其趋势方程为

$$y_t=ab^t$$

为确定指数趋势曲线中的 a 和 b，可先将指数趋势曲线方程转换成直线形式。在上述等式两边取对数得

$$\lg y=\lg a+t\lg b$$

设 $Y=\lg y$，$A=\lg a$，$B=\lg b$，可得直线形式：

$$Y=A+Bt$$

然后根据最小二乘法原理，按直线形式的参数确定方法，先求出 A 和 B，即

$$A=\frac{\sum Y}{n}-B\frac{\sum t}{n}=\frac{\sum\lg y}{n}-B\frac{\sum t}{n}$$

$$B=\frac{\sum tY-\frac{1}{n}\sum t\sum Y}{\sum t^2-\frac{1}{n}\left(\sum t\right)^2}=\frac{\sum t\lg y-\frac{1}{n}\sum t\sum\lg y}{\sum t^2-\frac{1}{n}\sum(t)^2}$$

将原点移到时间数列的中间项，并使 $\sum t=0$，则可将上述公式简化为

$$A=\frac{\sum\lg y}{n}$$

$$B=\frac{\sum t\lg y}{\sum t^2}$$

求出 A 和 B 后，再取其反对数，得到 a 和 b。

【例6-6】 某地区2013—2020年水产品产量资料见表6-10所列。

表6-10 某地区2013—2020年水产品产量

年份	2013	2014	2015	2016	2017	2018	2019	2020
产量(万吨)	172	159	141	138	130	130	129	131
环比发展速度(%)	—	92	89	98	94	100	99	102

通过计算可知，各年的环比发展速度大致相等，则可判断为指数趋势方程，其计算数据见表6-11所列。

表 6-11　某地区产量指数趋势线计算表　　单位:万吨

年　份	产量 y	t	t^2	$Y=\lg y$	$t\lg y$	y_t
(甲)	(1)	(2)	(3)	(4)	(5)	(6)
2013	172	-7	49	2.2355	-15.6485	161.85
2014	159	-5	25	2.2014	-11.0070	155.45
2015	141	-3	9	2.1492	-6.4476	149.29
2016	138	-1	1	2.1399	-2.1399	143.38
2017	130	1	1	2.1139	2.1139	137.70
2018	130	3	9	2.1139	6.3417	132.25
2019	129	5	25	2.1106	10.5530	127.01
2020	131	7	49	2.1173	14.8211	121.98
合计	1130	0	168	17.1817	-1.4133	1128.91

由于$\sum t=0$,将表 6-14 中计算数据代入简化计算公式有

$$B=\frac{\sum t\lg y}{\sum t^2}=\frac{-1.4133}{168}=-0.0084$$

$$A=\frac{\sum \lg y}{n}=\frac{17.1817}{8}=2.1477$$

查反对数表得

$$a=140.51$$

$$b=0.98$$

则指数趋势曲线方程为

$$y_t=140.51\times(0.98)^t$$

将各年时间 t 的取值代入指数趋势曲线方程,就可求各年的趋势值 y_t[见表 6-11 第(6)列所列]。

第三节　季节变动分析

一、季节变动分析概述

(一)季节变动概念及其产生的原因

季节变动是指某些社会经济现象由于受自然界的季节变化或社会政治因素的影响,在一段时期内所形成的有规律的周期性的重复运动。一般以一年为周期,例如,羽绒服、电热

毯总是冬天买的多，夏天买的少，年复一年。又如，春节、大、中专学生的开学与放假，旅客运输；春节、寒假以及某些重要节日商品销售、交通运输、文娱活动场所等也都会出现季节性高峰。可见，仅是自然条件，民间风俗习惯都会使得一些部门的生产、经营活动带有明显的季节性。这种季节变动会给社会生产和人民生活带来某些不良影响，测定季节变动的目的就在于克服季节变动引起的不良影响，以便更好地组织生产、安排生活。

产生季节变动趋势的原因有如下：

(1)自然因素，自然现象的季节性变化作用。

(2)社会因素，包括政策因素(法律、社会制度的作用)和人为因素(民间习俗的作用)。

在实践分析过程中，我们应对以下问题有清楚而正确的认识：

(1)季节变动不局限于"一年四季"自然变化所包含的有规律的周期性变化，还包括社会因素作用所引起的有规律的周期性变化。

(2)季节变动不局限于"一年四季"的划分，还可以"年、季、月、旬、周、日"来划分，如观察江西省南昌市八一桥24小时车流量高峰期所在的时段时，就要以小时来划分。

(二)季节变动分析的意义和目的

首先，季节变动的测定，可以掌握现象受季节性因素影响的程度，便于指导各项经济活动。如交通部门掌握客流量的季节变动，可以更有效地组织客流运输。

其次，季节变动的测定，可以掌握季节变动的规律，再结合前面所介绍的长期趋势分析，可以应用于经济现象的预测和发展规划。

最后，从时间数列中剔除季节变动影响，有利于研究现象发展变化的长期趋势和其他方面的变化规律。

二、季节变动的测定方法

季节变动的测定主要是计算一系列季节指数，又称季节比率，以季节指数的数列来判别季节的变化。季节变动的分析方法常用的有两种：按月(季)平均法和移动平均趋势剔除法。

1. 按月(季)平均法

按月(季)平均法是在现象不存在长期趋势或长期趋势不明显的情况下，测定季节变动的一种最基本的方法。该方法的特点是把不同年份中的同月(季)的数值相加求算术平均数，以消除循环变动和不规则变动，求季节指数来测定季节变动。为使季节变动的测定比较准确，在计算时，至少要有三年或三年以上资料作为基本数据进行计算分析，才能较好地消除偶然因素的影响，使季节变动的规律性更符合实际。

按月(季)平均法就是计算月资料(或季资料)的平均数和季节指数，通过季节指数的变化看季节变化的一种方法。

【例6-7】 某商场某种商品销售资料见表6-12所列，对该商场某种商品销售进行季节变动分析。其计算的一般步骤如下：

(1)根据每年各季的数值，计算各年的平均数。

2017年的平数值

$$\bar{x}_i=\frac{\sum x}{n}=\frac{14+18+8+5}{4}=\frac{45}{4}=11.25$$

其余各年类推，结果见表 6－12 所列。

表 6－12　季节指数计算表　　单位：百台

年　份	第一季度	第二季度	第三季度	第四季度	合计	平均数
2017	14.00	18.00	8.00	5.00	45.00	11.25
2018	16.00	22.00	10.00	6.00	54.00	13.5
2019	19.00	25.00	12.00	8.00	64.00	16.00
2020	20.00	28.00	17.00	15.00	80.00	20.00
合计	69.00	93.00	47.00	34.00	243.00	60.75
同季平均数	17.25	23.25	11.75	8.50	—	15.19
季节比率(%)	113.56	153.06	77.35	55.96	399.93	—
调整后的季节比率(%)	113.58	153.09	77.36	55.97	400	—

(2) 计算同季(或月) 平均数：将各年同季(或月) 的数字加总，计算同季(或月) 平均数，这是季度资料则按季平均，需要计算各年同季平均数(若是月资料就计算各年同月平均数)。

例如，

四年第一季度平均数：

$$\bar{x}_j=\frac{\sum x_j}{n}=\frac{14.00+16.00+19.00+20.00}{4}=\frac{69}{4}=17.25$$

其余各季类推，结果见表 6－12 所列。

(3) 计算总平均数。将四年内每个季度的数字加总，计算总平均数：

$$\bar{x}=\frac{\sum x_i}{n}=\frac{243.00}{16}=15.19$$

(4) 计算季节比率。将各年同季的平均数分别与总平均数对比，计算各季的季节比率。一般用百分数表示，其计算公式为

$$\text{季节比率}=\frac{\text{同季平均数}}{\text{总平均数}}\times 100\%$$

$$\text{第一季度的季节比率}=\frac{17.25}{15.19}\times 100\%=113.56\%$$

其余季节比率类推，结果见表 6－12 所列。

由此可知，季节比率大于 100%表明该季是旺季，季节比率小于 100%则为淡季。在本例中，第一季度、第二季度为该商品销售的旺季，第三季度、第四季度为销售的淡季。商场可根据该种商品季节变动的规律性，合理安排商品的购销活动。

(5)季节比率调整。在季节变动分析时,各季(或月)季节比率之和应等于400%(或1200%)。但有时,由于计算过程中的四舍五入,使各季(或月)季节比率之和不等于400%(或1200%),这时需要计算校正系数进行调整。

校正系数的计算公式为:

$$校正系数=\frac{400}{各季节比率之和}$$

或

$$校正系数=\frac{1200}{各月季节比率之和}$$

然后计算调整后的季节比率,即

$$校正后的季节比率=原季节比率\times校正系数$$

本例,各季的季节比率之和为399.93%,不等于400%,需要校正:

$$校正系数=\frac{400}{各季节比率之和}=\frac{400}{399.93}=1.0002$$

第一季度校正后的季节比率为

$$113.56\%\times1.0002=113.58\%$$

其他各季校正后的季节比率见表6-12所列。

所以,按月(季)平均法的优点是计算简便,易于理解。其缺点是它没有考虑到长期趋势的存在,对存在长期趋势的情况下,得出的季节比率就不够精确。为了克服这个缺陷,就必须采用移动平均趋势剔除法。

2. 移动平均趋势剔除法

移动平均趋势剔除法是在现象具有明显长期趋势的情况下,测定季节变动的一种基本方法。它是利用移动平均法来剔除长期趋势影响后,再来测定其季节变动。即用移动平均法求长期趋势和用按月(季)平均法求季节比率。长期趋势的剔除就是利用原始数据除以长期趋势值来实现的。一般来说,对于各因素属于乘积形式的现象,应采用原数列除以长期趋势的方法剔除长期趋势;对于各因素属于和的形式的现象,应采用原数列减去长期趋势的方法剔除长期趋势。

【例6-8】 现以某啤酒厂2017—2020年啤酒销量资料(见表6-13所列)为例,说明此方法的计算步骤和过程。

(1)根据时间数列中各年按季的销售量资料,进行四项移动平均,修匀时间数列,剔除偶然因素对时间数列的影响,以确定时间数列的趋势值。该资料因为是季节资料,所以移动项数取其季节长度(4季),其计算分为两步。

首先,计算4个季的移动平均数,即

$$\overline{Y}_{2,3}=\frac{Y_1+Y_2+Y_3+Y_4}{4}=\frac{17.16+19.92+22.63+16.63}{4}=19.09$$

式中：$\bar{Y}_{2,3}$表示 4 个季的移动平均数置于 2017 年第二季与第三季之间。

$$\bar{Y}_{3,4}=\frac{Y_2+Y_3+Y_4+Y_5}{4}=\frac{19.92+22.63+16.63+18.61}{4}=19.45$$

式中：$\bar{Y}_{3,4}$表示 4 个季的移动平均数置于 2017 年第三季与第四季之间。

其余类推，结果见表 6-13 第(3)栏所列。

表 6-13　某啤酒厂销售量移动平均趋势剔除法计算表　　　单位：万箱

年　份	季度	销售量 Y	4 个季度移动平均数	移正平均数 T	$\frac{Y}{T}$(%)
(甲)	(1)	(2)	(3)	(4)	(5)
2017	1	17.16	—	—	—
	2	19.92		—	—
			19.09		
	3	22.63		19.27	117.44
			19.45		
	4	16.63		19.69	84.46
			19.94		
2018	1	18.61		20.00	93.05
			20.06		
	2	21.89		20.03	109.29
			20.00		
	3	23.13		20.02	115.53
			20.05		
	4	16.36		20.10	81.39
			20.14		
2019	1	18.84		20.26	92.99
			20.37		
	2	22.25		20.49	108.59
			20.60		
	3	24.04		20.65	116.42
			20.70		
	4	17.28		20.79	83.12
			20.87		
2020	1	19.24		21.00	91.62
			21.13		
	2	22.91		21.29	107.61
			21.45		
	3	25.08		—	—
	4	18.56	—	—	—

其次，由于是偶数项移动平均，还需要移正，即

$$移正平均数(趋势值)T=\frac{\bar{Y}_{2,3}+\bar{Y}_{3,4}}{2}=\frac{19.09+19.45}{2}=19.27$$

式中：T 置于 2017 年第三季度

其余类推，结果见表 6-13 第(4)栏所列。

(2)将时间数列中各季的数值(Y)与其对应的趋势值(T)对比，即 Y/T。得出剔除长期趋势影响的新时间数列，其结果见表 6-13 第(5)栏所列。

(3)把 Y/T 的比值按季排列，计算出各年同季的平均数，并将其与总平均数对比，求得季节比率，见表 6-14 所列。

表 6-14 某啤酒厂销售量季节指数计算表 单位:%

年 份	第一季度	第二季度	第三季度	第四季度	合计	平均数
2017	—	—	117.44	84.46	201.90	—
2018	93.05	109.29	115.53	81.39	399.26	—
2019	92.99	108.59	116.42	83.12	401.12	—
2020	91.62	107.61	—	—	199.23	—
合计	277.66	325.49	349.39	248.97	1201.51	—
同季平均数	92.55	108.50	116.46	82.99	400.50	100.13
季节比率	92.43	108.36	116.31	82.88	399.98	—
校正后的季节比率	92.43	108.37	116.32	82.88	400.00	—

$$同季平均数(第一季度)=\frac{93.05+92.99+91.62}{3}=\frac{277.66}{3}=92.55\%$$

其余类推,结果见表 6-14 所列。

$$总平均数=\frac{同季平均数之和}{4}=\frac{92.55+108.5+116.46+82.99}{4}$$

$$=\frac{400.5}{4}=100.13\%$$

$$第一季度季节比率=\frac{同季平均数}{总平均数}=\frac{92.55}{100.13}=92.43\%$$

其余类推,结果见表 6-14 所列。

从表 6-14 中季节指数可看出,该啤酒厂第二、第三季度是销售旺季,第一、第四季度为销售淡季。

(4)将各季的季节比率相加,其总和应为 400%(若按月资料其总和应为 1200%)。若大于或小于此数,则须计算校正系数。本例季节比率之和为 399.98%,需要校正:

$$校正系数=\frac{400}{各季节比率之和}=\frac{400}{399.98}=1.00005$$

校正后的季节比率=原季节比率×校正系数=92.43×1.00005=92.43%(第一季度)

其余计算结果见表 6-14 所列。校正后的季节比率之和等于 400%。这种方法由于剔除了长期趋势影响,计算出来的季节比率较按月(季)平均法更加精确。

第四节 循环变动与不规则变动分析

一、循环变动分析

循环变动是指社会经济现象以若干年为周期的涨落起伏的变动。循环变动与长期趋势和季节变动相比较有以下两个特点:

第一，循环变动不是向着某一方向(上升或下降)持续运动，而是涨落起伏相间的波动。

第二，循环变动没有固定的循环周期，一般在若干年以上，事先很难预知。

进行循环变动分析，可以认识和掌握社会经济现象循环变动的周期、变动程度，预见未来经济周期变动可能产生的各种影响，以便事先采取措施淡化或尽可能减少循环变动的影响。

测定循环变动常用的方法是剩余法。这种方法的测定过程是：首先，消除原时间数列中长期趋势和季节变动；其次，再用移动平均法消除不规则变动，从而揭示出循环变动的规律。

现设 Y 表示时间数列总变动，T，S，C 和 I 分别表示长期趋势变动、季节变动、循环变动和不规则变动，则时间数列四种因素相互影响的乘法模型为

$$Y=T\times S\times C\times I$$

该方法可分以下几步进行：

(1)从原时间数列中，消除季节变动 S 的影响，求得无季节性资料。

$$\text{无季节性数据：}\frac{Y}{S}=T\cdot C\cdot I$$

(2)从第一步剩余部分中，消除长期趋势的影响，求得循环变动和不规则变动相对数。

$$\text{循环变动和不规则变动}=\frac{T\cdot C\cdot I}{T}=C\cdot I$$

(3)对 $C\cdot I$ 用移动平均法消除不规则变动，可得出循环变动的相对数。

【例 6-9】 根据表 6-15 的数据进行循环波动分析。

表 6-15 循环变动计算表

年、季	时间序号 t	零售额 Y	季节指数 $S(\%)$	$Y/S(\%)$	趋势值 T	$C\times I(\%)$	$C(\%)$
2012.1	1	82.40	90.37	91.18	91.05	100.14	—
2012.2	2	108.00	117.56	91.87	92.58	99.23	—
2012.3	3	99.90	108.31	92.24	94.11	98.01	100.61
2012.4	4	83.00	83.76	99.09	95.64	103.61	99.87
2013.1	5	90.50	90.37	100.14	97.17	103.06	99.11
2013.2	6	104.80	117.56	89.15	98.70	90.32	99.51
2013.3	7	109.50	108.31	101.10	100.22	100.87	99.50
2013.4	8	88.60	83.76	105.78	101.75	103.96	101.35
2014.1	9	95.80	90.37	106.01	103.28	102.64	103.38
2014.2	10	130.00	117.56	110.58	104.81	105.51	102.72
2014.3	11	117.40	108.31	108.39	106.34	101.93	101.22
2014.4	12	88.20	83.76	105.30	107.87	97.62	99.40
2015.1	13	95.90	90.37	106.12	109.40	97.00	97.50
2015.2	14	126.00	117.56	107.18	110.93	96.62	96.37
2015.3	15	116.40	108.31	107.47	112.46	95.57	96.52
2015.4	16	90.70	83.76	108.29	113.99	95.00	97.64

（续表）

年、季	时间序号 t	零售额 Y	季节指数 $S(\%)$	$Y/S(\%)$	趋势值 T	$C\times I(\%)$	$C(\%)$
2016.1	17	105.20	90.37	116.41	115.51	100.78	98.93
2016.2	18	140.10	117.56	119.17	117.04	101.82	99.93
2016.3	19	129.30	108.31	119.38	118.57	100.68	99.79
2016.4	20	98.50	83.76	117.60	120.10	97.92	99.87
2017.1	21	106.30	90.37	117.63	121.63	96.71	100.47
2017.2	22	154.20	117.56	131.17	123.16	106.50	101.30
2017.3	23	136.20	108.31	125.75	124.69	100.85	
2017.4	24	110.30	83.76	131.69	126.22	104.33	

将循环波动值如图 6-1 所示。

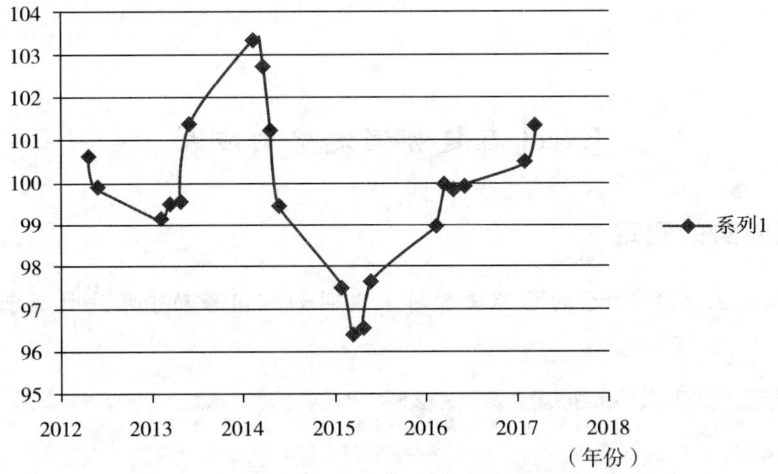

图 6-1 销售额循环波动图

二、不规则变动分析

不规则变动也称随机变动，是指客观现象由于受某种随机干扰或偶然因素的影响而产生的波动，如战争、地震、洪灾等引起的现象的变动。

不规则变动一般发生的时间很短，而且按随机方式出现，具有不可预见性。因此不能用数学关系式予以描述，不能将其从时间数列中分离出来加以计算。由此可知在实际分析时，不规则变动通常不予以专门考虑。

本章小结

时间数列的变动可以看成是四类因素所导致的变动叠加在一起的结果，即趋势变动、季节变动、循环变动和不规则变动。这四类因素共同作用于经济现象变动的构成形式有加法模型和乘法模型。以乘法模型应用更广泛。

时间数列的长期趋势有线性趋势和非线性趋势。常用的测定方法有时距扩大法、移动平均法和最小平方法。

季节变动是指某些社会经济现象由于受自然界的季节变化或社会政治因素的影响，在一段时期内所形成的有规律的周期性的重复运动。其测定方法有按月（或季）平均法和移动平均趋势剔除法。季节变动测定的步骤为：先求长期趋势值，然后从时间数列中剔除趋势和循环变动的影响，最后消除随机变动的影响，得到季节比率。

循环变动是指社会经济现象以若干年为周期的涨落起伏相间的变动。测定循环变动常用的方法是剩余法。这种方法的测定过程是：首先，消除原时间数列中长期趋势和季节变动；其次，用移动平均法消除不规则变动，从而揭示出循环变动的规律。

Excel 在趋势测定中的应用

一、长期趋势的测定

例如，以某企业某年 12 个的总产值资料来说明如何用移动平均法计算长期趋势，如图 6－2所示。

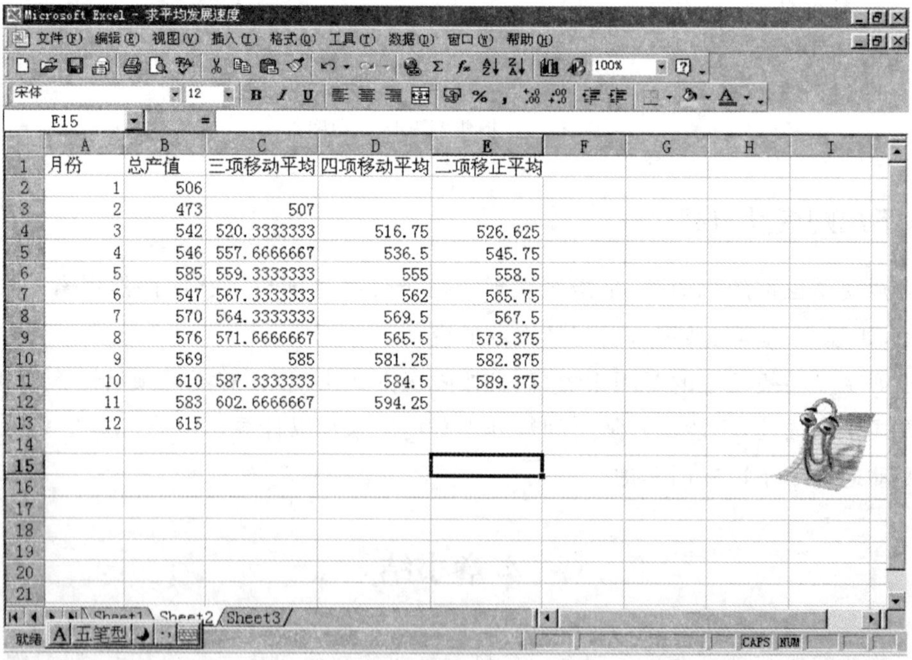

	A	B	C	D	E
1	月份	总产值	三项移动平均	四项移动平均	二项移正平均
2	1	506			
3	2	473	507		
4	3	542	520.3333333	516.75	526.625
5	4	546	557.6666667	536.5	545.75
6	5	585	559.3333333	555	558.5
7	6	547	567.3333333	562	565.75
8	7	570	564.3333333	569.5	567.5
9	8	576	571.6666667	565.5	573.375
10	9	569	585	581.25	582.875
11	10	610	587.3333333	584.5	589.375
12	11	583	602.6666667	594.25	
13	12	615			

图 6－2

第一步：在“A”列输入“月份”，在“B”列输入“总产值”。

第二步：计算三项移动平均，在“C3”中输入“=(B2+B3+B4)/3”，并用鼠标拖曳将公式复制到“C3:C12”区域。

第三步：计算四项移动平均，在“D4”中输入“=SUM(B2:B5)/4”，并用鼠标拖曳将公式复制到“D4:D12”区域。

第四步：计算二项移正平均数，在“E4”中输入“=(D4+D5)/2”，并用公式拖曳将公式复制到“E4:E11”区域。

二、计算季节变动

例如，利用某种商品五年分季度的销售额资料，说明如何用移动平均趋势剔除法测定季节变动，如图 6-3 所示。

	A	B	C	D	E	F
1	年份	季别	销售收入Y	四项移动平均	趋势值T	Y/T
2	第一年	1	1861			
3		2	2203	2096.75		
4		3	2415	2111.75	2104.25	1.147677
5		4	1908	2146.75	2129.25	0.89609
6	第二年	1	1921	2171.5	2159.125	0.889712
7		2	2343	2191	2181.25	1.074155
8		3	2514	2169.25	2180.125	1.153145
9		4	1986	2122	2145.625	0.925604
10	第三年	1	1834	2018	2070	0.88599
11		2	2154	1971.25	1994.625	1.079902
12		3	2098	1972	1971.625	1.064097
13		4	1799	1939.75	1955.875	0.919793
14	第四年	1	1837	1991.25	1965.5	0.934622
15		2	2025	2032.75	2012	1.006461
16		3	2304	2091.75	2062.25	1.117226
17		4	1965	2189	2140.375	0.918063
18	第五年	1	2073	2197.75	2193.375	0.945119
19		2	2414	2198.25	2198	1.098271
20		3	2339			
21		4	1967			

图 6-3

第一步：按图 6-3 的格式在“A”列输入年份，在“B”列输入季别，在“C”列输入销售收入。

第二步：计算四项移动平均，在“D3”中输入“=SUM(C2:C4)/4”，并用鼠标拖曳将公式复制到“D3:D19”区域。

第三步：计算趋势值(即二项移动平均)T，在“E4”中输入“=(D3+D4)/2”，并用鼠标拖曳将公式复制到“E4:E19”区域。

第四步：剔除长期趋势，即计算“Y/T”，在“F4”中输入“=C4/E4”，并用鼠标拖曳将公式复制到“F4:F19”区域。

第五步:重新排列“F4:F19”区域中的数字,使同季的数字位于一列,共排成四列。

第六步:计算各年同季平均数,在“B29”单元格中输入公式“=average”(B25:B28),在“C29”中输入公式“=average”(C25:C28),在“D29”中输入公式“=average”(D24:27),在“E29”中输入公式“=average”(E24:E27)。

第七步:计算调整系数,在“B31”中输入公式“=4/sum”(B29:E29)

第八步:计算季节比率,在“B30”中输入公式“=B29 * \$B\$31”,并用鼠标拖曳将公式复制到单元格区域“B30:E30”,就可以得到季节比率的值,具体结果如图 6-4 所示。

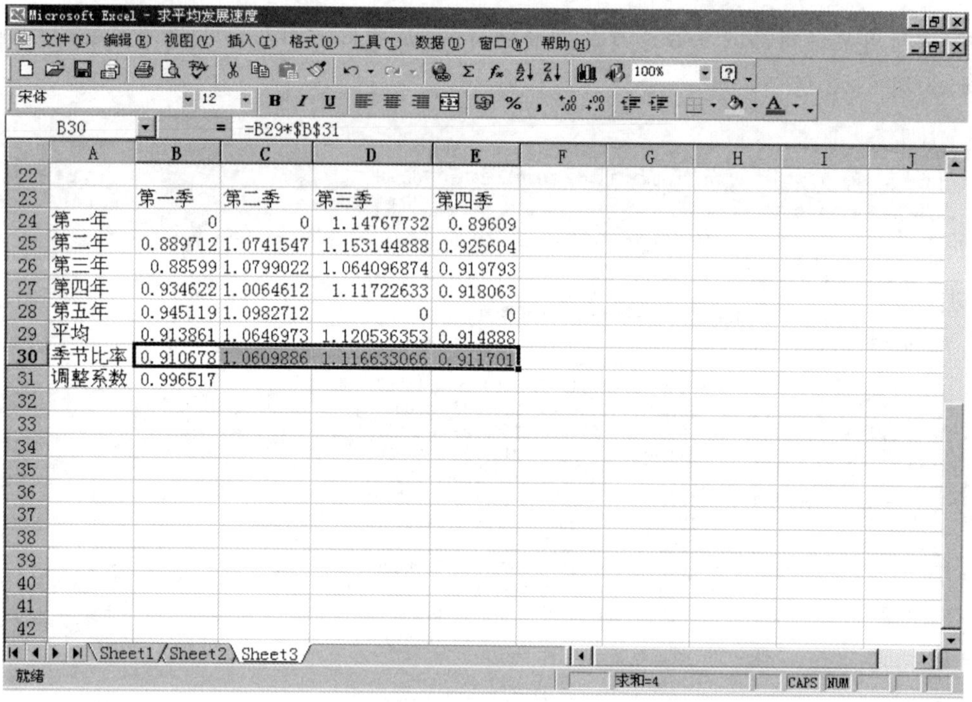

	A	B	C	D	E
22					
23		第一季	第二季	第三季	第四季
24	第一年	0	0	1.14767732	0.89609
25	第二年	0.889712	1.0741547	1.153144888	0.925604
26	第三年	0.88599	1.0799022	1.064096874	0.919793
27	第四年	0.934622	1.0064612	1.11722633	0.918063
28	第五年	0.945119	1.0982712	0	0
29	平均	0.913861	1.0646973	1.120536353	0.914888
30	季节比率	0.910678	1.0609886	1.116633066	0.911701
31	调整系数	0.996517			

图 6-4

思考与练习

【课后思考】

1. 影响经济现象变化的因素有哪些?
2. 经济现象的时间数列分解常用的模型有哪些?
3. 确定移动平均法项数应注意哪些问题?
4. 测定长期趋势的方法有哪些?
5. 什么是季节变动?分析季节变动有何意义?

【知识自测】

1. 单项选择题

(1)构成时间数列的因素有长期趋势、季节变动、不规则变动和(　　)。

A. 时间因素　B. 动态趋势　C. 循环变动　D. 偶然因素

(2)要观察现象在某一段时期内变动的基本趋势,须测定现象的(　　)。

A. 长期趋势因素　B. 季节变动因素　C. 循环变动因素　D. 不规则变动因素

(3)影响现象变动所形成的一种长度和幅度固定的周期波动的因素是(　　)。

A. 长期趋势因素　B. 季节变动因素　C. 循环变动因素　D. 不规则变动因素

(4)经济现象受各种因素影响所形成的上下起伏不定的波动的因素是(　　)。

A. 长期趋势因素　B. 季节变动因素　C. 循环变动因素　D. 不规则变动因素

(5)当移动平均项数为 7 项时,原时间序列首尾各减少多少项(　　)。

A. 3　B. 6　C. 7　D. 14

(6)利用最小平方法拟合直线趋势方程时,对时间 t 的编码如果采用简捷法,则要求满足的条件是(　　)。

A. $\sum t=$ 最大值　B. $\sum t=$ 最小值　C. $\sum t=0$　D. $\sum t=1$

(7)若时间数列的二级增长量大体相等,可拟合(　　)。

A. 直线方程　B. 抛物线方程　C. 指数曲线方程　D. 双曲线方程

2. 多项选择题

(1)时间数列分解较常用的模型有(　　)。

A. 加法模型　B. 乘法模型　C. 多项式模型

D. 指数模型　E. 直线模型

(2)趋势模型的种类有(　　)。

A. 多项式模型　B. 指数曲线模型　C. 对数曲线模型

D. 生长曲线模型　E. 生存模型

(3)关于季节变动的测定,下列说法正确的是(　　)。

A. 目的在于掌握事物变动的季节周期性

B. 常用的方法是按月(季)平均法

C. 需要计算季节比率

D. 按月计算的季节比率之和应等于 400%

E. 季节比率越大,说明事物的变动越处于淡季

(4)长期趋势分析的基本方法有(　　)。

A. 时距扩大法　B. 移动平均法　C. 最小平方法

D. 直线方程法　E. 曲线方程法

3. 判断题

(1)移动平均法可以对现象变动的长期趋势进行动态预测。(　　)

(2)季节比率=同月平均水平/总的平均水平。(　　)

(3)采用时距扩大法测定长期趋势时只适用于时期数列。(　　)

(4)直线趋势方程中的斜率必须大于1。(　　)

(5)按月平均法计算的季节比率之和应等于400%。(　　)

【计算题】

1. 某公司2010—2020年的产品销售数据见表6-16所列(单位:万元)。

表6-16

年　份	2010	2011	2012	2013	2014	2015
销售额	80	83	87	89	95	101
年　份	2016	2017	2018	2019	2020	
销售额	107	115	125	134	146	

要求:(1)应用三项和五项移动平均法计算趋势值。

(2)应用最小平方法(简化方程法)配合趋势直线,并计算各年的趋势值。

2. 某市某产品连续四年各季度的出口额资料见表6-17所列(单位:万元)。

表6-17

季　度	第一季度	第二季度	第三季度	第四季度
第一年	16.0	2.0	4.0	51.0
第二年	28.0	4.3	6.7	77.5
第三年	45.0	7.1	14.2	105.0
第四年	50.0	5.1	16.8	114.0

要求计算该市该产品出口额的季节比率,并对其季节变动情况做简要分析。

第七章　统计指数

第一节　统计指数概述

一、统计指数的概念

统计学上所说的“指数(Index numbers)”是一种对比性的分析指标,这与数学上的“指数函数”是完全不同的概念。运用统计指数可以考察很多社会经济问题,例如,通过生产指数可以反映经济增长的实际水平,通过股价指数可以显示股市行情,通过物价指数可以说明市场价格的动态及其对居民生活的影响,通过购买力平价指数又可以进行经济水平的国际对比,等等。凡经济分析的各个领域,指数这种统计工具都获得了广泛的应用。因此,统计指数也常被称为“经济指数”。目前,统计学中的“指数”有广义和狭义的两种理解。

广义指数是指任何两个数值对比形成的相对数,反映了现象数量差异或变动的相对程度。如动态相对数、比例相对数、计划完成程度相对数、发展速度等都是广义指数。

狭义指数是指多个现象在不同场合下综合变动的一种相对数,反映了多个不能直接相加和对比的复杂现象综合变动的相对程度。如零售物价指数、消费价格指数、股价指数等都是狭义指数。统计学中所研究的主要是狭义指数。

二、统计指数的作用

指数作为对比性统计指标,具有相对数的特点,其意义在于:把作为对比的基数视为100,来分析我们所要研究的现象水平相当于基数的百分之多少?例如,某地区零售物价2020年与2019年相比,零售物价指数为112.33%,则表明该地区2020年价格水平相当于2019年的112.33%,或者说当年物价较2019年上涨了12.33%。所以,统计指数主要有三个方面的作用。

(一)综合反映复杂现象总体的变动方向和变动程度

编制统计指数的根本目的就在于把这些多种不同使用价值的产(商)品过渡到可以综合比较,从而计算出如产(商)品产(销)量总指数、商品零售价格总指数,来反映多种产(商)品的总变动状态。指数法的首要任务，就是把不能直接加总的现象过渡到可以加总对比，从而反映复杂经济现象的总变动方向及变动幅度。

(二)分析和测定现象总变动中各因素变动的影响方向及影响程度

利用指数体系理论可以测定复杂社会现象总变动中，各构成因素的变动对现象总变动的影响程度、方向和实际效果。任何一个复杂现象都是由多个因素构成的。例如，商品销售额的变动受销售量和销售价格变动的影响，或者说是销售量和销售价格变动共同作用的结果，运用指数法可以深入分析和测定这两个因素的变动及其对销售额变动所带来的影响。

(三)分析复杂经济现象总体的长期变化趋势

借助连续编制的动态指数形成的指数数列，可以反映现象在长时间的变动趋势。例如，根据 2003—2020 年的零售商品价格资料，编制 18 个环比价格指数，从而构成价格指数数列，这样就可以揭示价格变动的趋势，研究物价变动对经济建设和人民生活水平的影响程度。

(四)对社会经济现象进行综合评价

对于社会经济现象的数量变动关系，很多方面都可以运用指数来进行综合评价。例如，用综合经济动态指数评价一个地区、企业经济效益高低。

三、统计指数的种类

统计指数主要有三种划分形式。

1. 按指数说明现象的范围不同，分为个体指数和总指数

个体指数是说明个别现象的数量变动的相对数，如同一企业的两个不同时期某种产品产量的对比。个别现象的量是可以直接相加、直接对比的，实际上它就是个广义指数的概念。

总指数是说明多个现象总体的综合数量变动的相对数，如反映三个不同商品的价格的综合变动情况的指数，不同商品因其计量单位不同、使用价值的不同而不能直接相加、直接对比，因此要进行综合变动分析。

2. 按统计指标的内容不同，分为数量指标指数和质量指标指数

数量指标指数是说明现象总体规模变动情况的指数，如产品产量指数、商品销量指数、职工人数指数等。

质量指标指数是说明现象总体内涵数量变动情况的指数，如价格指数、工资水平指数、产品成本指数等。

3. 按指数的表现形式不同，可分为综合指数、平均数指数和平均指标对比指数

综合指数是通过两个有联系的综合总量指标的对比计算出来的总指数；平均数指数是用加权平均的方法计算出来的指数(分算术平均数指数和调和平均数指数)；平均指标对比指数是通过两个有联系的加权算术平均指标对比计算出来的总指数。这三类指数既有区别又有联系，其内容后文具体说明。

第二节　综合指数的编制

一、综合指数概述

(一)综合指数的概念

综合指数是总指数的基本形式。综合指数是对两个时期范围相同的复杂现象总体总量指标对比形成的相对数。在总量指标中包含两个或两个以上的因素,将被研究因素以外的一个或一个以上的因素固定下来,仅观察被研究因素的变动,这样编制的指数,称为综合指数。综合指数既能反映所研究经济内容的相对量变化程度(相对数分析),又能反映所研究经济内容的绝对量变化情况(绝对量分析)。

(二)综合指数的编制原理

1. 问题提出

现以表7-1中资料为例说明问题。

【例7-1】 某超市三种学习用品销售量和相应的商品价格资料见表7-1所列。

表7-1　三种学习用品的销售量和价格资料

商品名称	计量单位	销售量		价格(元)	
		基期 q_0	报告期 q_1	基期 p_0	报告期 p_1
铅笔	支	310	230	6	8
橡皮	块	500	400	4	5
尺子	把	320	560	3	4

由表7-1可见,三种商品的销售量和价格都发生了变化,各个商品的销售量和价格的变化可以用报告期销售量或价格与其相应的基期销售量或价格的比值(个体指数)来反映,如铅笔的销售量和价格变化的个体指数分别为

$$k_q=\frac{q_1}{q_0}=\frac{230}{310}=74\%$$

$$k_p=\frac{p_1}{p_0}=\frac{8}{6}=133\%$$

计算结果说明,报告期与基期相比,铅笔销量减少了26%,价格增加了33%。

同理可以分别计算出橡皮和尺子的销量和价格的个体指数。

如果我们要分析这三种商品综合变动情况的话就要编制综合指数。如何编制综合指数?由于这三种商品单位不同,使用价值也不一样,因此不能将它们的物品数量直接相加对比,而应把三个不能直接相加对比的现象过渡到可以相加对比的状态,然后综合分析其变动

情况。这就必须找到一个能起过渡作用的媒介因素，即统计中的同度量因素。

2. 同度量因素的确定

将不能直接相加对比的现象指标过渡到可以相加对比的价值形态并起到权衡轻重作用的媒介因素称为同度量因素(也称权数)。同度量因素的引入是根据经济现象之间的内在联系来确定的，如

$$商品价格(p) \times 商品销售量(q) = 商品销售额(pq)$$

这就是说，当不同商品的销售量不能直接相加对比时，我们可以引进“价格”作为媒介，把不能直接相加对比的“销售量”过渡为“销售额”这种价值形态。由于销售额的单位在不同的商品上是一样的，因此可以直接相加对比。

在确定同度量因素时有一个时期固定的问题，也就是如何固定同度量因素所属的时期的问题。根据经济现象之间的内在关系可以看出，在 $p \times q = pq$ 关系中，销售额是销售量和价格共同作用的结果。如果要分析销售量变动对销售额的影响，就必须把价格固定在一个“不变”的条件下，才能反映销售量变动对销售额的影响，这样做的目的是消除同度量因素变动时所产生的影响(如价格变动对销售额的影响)；同理，如果要分析价格变动对销售额的影响，就必须把销售量固定在一个“不变”的条件下，才能反映价格变动对销售额的影响。

根据指数的含义，指数为两个总量指标对比的结果，因此，在固定同度量因素时，对比的两个总量指标的同度量因素必须为同一时期同度量因素(分子分母用同一同度量因素，即同为报告期或同为基期)，这样才具有可比性。

二、数量指标综合指数

(一) 数量指标综合指数的概念

数量指标综合指数是反映数量指标总变动程度的指数，说明总体规模变动情况的相对指标指数，如商品销售量指数、产品产量指数、职工人数指数等。

数量指标综合指数以 $\bar{k}_q$ 表示，其计算公式为

$$\bar{k}_q = \frac{\sum q_1 p}{\sum q_0 p}$$

式中：$\bar{k}_q$ 为数量指标综合指数；p 为同一时期的质量指标；q_1 为报告期的数量指标；q_0 为基期的数量指标。

(二) 数量指标综合指数的编制

现以表 7－2 中的资料为例来说明数量指标综合指数编制方法。

【例 7－2】 现有某市场 2019 年 7 月和 2020 年 7 月三种食品的销售量和价格资料，见表 7－2 所列。

表 7-2　三种食品的销售量和价格资料

商品名称	计量单位	销售量		单价(元)	
		2019(7)	2020(7)	2019(7)	2020(7)
		基期 q_0	报告期 q_1	基期 p_0	报告期 p_1
精瘦肉	吨	30	35	22450	23380
鸡蛋	公斤	600	660	4.2	4.6
绿豆	斤	1000	800	4.5	7.0

1. 用基期价格为同度量因素

把同度量因素 p 固定在基期：

$$\bar{k}_q=\frac{\sum q_1p_0}{\sum q_0p_0}=\frac{35\times22450+660\times4.2+800\times4.5}{30\times22450+600\times4.2+1000\times4.5}=\frac{792122}{680520}=116.4\%$$

$$\sum q_1p_0-\sum q_0p_0=792122-680520=111602(\text{元})$$

计算结果表明：以基期价格为权数的销售量指数为 116.4%，说明销售量平均增长了 16.4%，由于销售量的增加而使销售总额增加了 111602 元。

这个公式是 1864 年由德国经济统计学家拉斯贝尔(E. Laspeyres) 提出的，故称拉氏数量指标指数。

2. 用报告期价格为同度量因素

把同度量因素 p 固定在报告期：

$$\bar{k}_q=\frac{\sum q_1p_1}{\sum q_0p_1}=\frac{35\times23380+660\times4.6+800\times7}{30\times23380+600\times4.6+1000\times7}=\frac{826936}{711160}=116.28\%$$

$$\sum q_1p_1-\sum q_0p_1=826936-711160=115776(\text{元})$$

计算结果表明：以报告期价格为权数的销售量指数为 116.28%，说明销售量平均增长了 16.28%，由于销售量增加而使销售总额增加了 115776(元)。

这个公式是 1874 年由德国经济统计学家派许(H. Paasche) 提出的，故称派氏数量指标指数。

3. 两个公式的比较

由以上可见，两个公式计算结果有差异，这是为什么？那么哪个公式更适用？这就要对公式做进一步分析。

(1) 拉氏指数为

$$\bar{k}_q=\frac{\sum q_1p_0}{\sum q_0p_0}$$

这个公式以基期价格作权数(也就是假定价格未变动)，使指数计算结果不受价格变动的影响，从而可以较为确切地反映出销售量变动的影响程度。但是，这个公式容易脱离实际。因为在科学技术迅速发展和市场经济日益完善的环境下，老产品不断被淘汰，而新产品不断上市，新上市的产品原来根本就没有基期价格，在计算指数时只能用比价的办法计算，在一定程度上影响了指数的准确性。

（2）派氏指数为

$$\bar{k}_q=\frac{\sum q_1 p_1}{\sum q_0 p_1}$$

这个公式以报告期价格作权数，避免了“拉氏指数”用基期价格作权数而脱离实际的缺点；但是，这个公式在以报告期价格作权数时，不仅反映了销售量变动的影响，而且也反映了销售量和价格同时变动的影响，使计算结果未能突出分析销售量变动的影响程度。

由以上分析可见，从经济研究意义的角度看，在编制数量指标综合指数时应以基期质量指标作为同度量因素为好。因为价格的变动在一定程度上随商品生产成本和销售成本的增加而提高，仅靠提高产品价格来提高经济效益是不现实的，所以人们关心的是如何扩大规模，增加产量来提高经济效益才是根本。

三、质量指标综合指数

（一）质量指标综合指数的概念

质量指标综合指数是反映质量指标总变动程度的指数。说明总体内涵数量变动情况的相对数，如商品价格指数、工资水平指数、成本指数、股票价格指数等。

质量指标综合指数以 $\bar{k}_p$ 表示，其计算公式为

$$\bar{k}_p=\frac{\sum p_1 q}{\sum p_0 q}$$

式中：$\bar{k}_p$ 为质量指标综合指数；q 为同一时期的数量指标；p_1 为报告期的质量指标；p_0 为基期的质量指标。

（二）质量指标综合指数的编制

仍以表 7－2 中的资料为例，说明质量指标综合指数编制方法。

1. 用基期销售量为同度量因素

$$\bar{k}_p=\frac{\sum p_1 q_0}{\sum p_0 q_0}=\frac{23380\times 30+4.6\times 600+7\times 1000}{22450\times 30+4.2\times 600+4.5\times 1000}=\frac{711160}{680520}=104.5\%$$

$$\sum p_1 q_0-\sum p_0 q_0=711160-680520=30640(元)$$

计算结果表明：以基期销量为权数的价格指数为 104.5%，说明价格平均增长了 4.5%，由于价格的增加而使得销售总额增加了 30640 元。

这个公式是由德国经济学家拉斯贝尔在 1864 年提出的，故称拉氏质量指标指数。

2. 用报告期销售量为同度量因素

$$\bar{k}_p=\frac{\sum p_1q_1}{\sum p_0q_1}=\frac{23380\times35+4.6\times660+7\times800}{22450\times35+4.2\times660+4.5\times800}=\frac{826936}{792122}=104.4\%$$

$$\sum p_1q_1-\sum p_0q_1=826936-792122=34814(\text{元})$$

计算结果表明：以报告期销售量为权数的价格指数为 104.4%，说明价格平均增长了 4.4%；由于价格的增长而使销售总额增加了 34814 元。

这个公式是由德国经济学家派许在 1874 年提出的，故称派氏质量指标指数。

3. 两个公式的比较

以上计算结果说明两个公式的计算结果有较大的差异，同样有必要对两个公式做进一步分析。

（1）拉氏指数为

$$\bar{k}_p=\frac{\sum p_1q_0}{\sum p_0q_0}$$

这个公式以基期销售量作权数，使指数计算结果不受销售量变动的影响，从而可以较为确切地反映价格变动的影响程度。但是，这个公式也存在有脱离实际的现象，新上市的产品原来根本就没有基期销售量，同样影响了指数的准确性。

（2）派氏指数为

$$\bar{k}_p=\frac{\sum p_1q_1}{\sum p_0q_1}$$

这个公式以报告期销售量作权数，不仅反映了价格变动的影响，而且反映了销售量和价格同时变动的影响，使计算结果未能确切地反映价格变动的影响程度。

由以上分析可以看出，在编制质量指标综合指数时，一般以报告期数量指标作为同度量因素为多见（必要时拉氏质量指标指数也有使用），因为从经济研究的意义看，一般来说研究“在现时生产规模”下因价格变动对经济效益的作用才比较有意义。

四、综合指数的主要应用

综合指数的应用很广泛，下面介绍几种常用的综合指数。

（一）生产指数

生产指数概括反映一个国家或一个地区各种产品产量的综合变动，它是衡量经济增长水平的指标。生产指数是以固定价格（不变价格）为同度量因素的固定权数综合指数。其公式具体形式如下。

$$I_q=\frac{\sum q_1p_n}{\sum q_0p_n}$$

$$I_q=\frac{\sum q_t p_n}{\sum q_{t-1} p_n}$$

公式中 $t=1,2,\cdots$ 代表时期，p_n 代表固定价格。第一个公式与某个固定时期比较的生产指数，也称定基指数；后一公式是与前一时期比较的生产指数，也称环比指数。采用固定权数综合指数编制各期生产指数则形成指数数列，可以观察长期经济增长趋势。

（二）产品成本指数

产品成本指数概括反映一个部门或企业各种产品成本的综合变动，它是衡量综合成本水平的指数。产品成本指数有以下几种形式。

1. 派氏形式的以基期成本为比较基准的成本综合指数

$$P_p=\frac{\sum p_1 q_1}{\sum p_0 q_1}$$

该指数表示由于单位成本比基期节约或提高，报告期总成本降低或提高的幅度，分子分母之差表示报告期总成本降低或增加额。

2. 派氏形式的以计划成本为比较基准的成本综合指数

$$P_p=\frac{\sum p_1 q_1}{\sum p_n q_1}$$

该指数表示由于单位成本比计划节约或提高，报告期总成本降低或提高的幅度，分子分母之差表示报告期总成本降低或增加额。

3. 拉氏形式的以计划成本为比较基准的成本综合指数

$$L_p=\frac{\sum p_1 q_n}{\sum p_n q_n}$$

该指数与前两个不同，同度量因素不是报告期产量而是计划产量，所以该指数所表示的是按照计划规定的产量结构报告期总成本降低或提高的幅度。当同时制订成本和产量计划时，用这个指数来检查计划执行情况，可以考察部门或企业是否存在通过改变产量构成来达到完成成本计划的目的。

（三）股票价格指数

股票价格指数的编制方法有多种，综合指数公式是其中的一种重要方法。我国的上证指数、美国的标准普尔指数等，都是采用综合指数公式编制的，其计算公式为

$$I_p=\frac{\sum p_t q_0}{\sum p_0 q_0}$$

式中：q_0 代表基期股票发行量。但在股票市场中，常有新的股票发行，原来发行的股票经过一段时间也常有股权拆分现象。在实际编制股票价格指数时对这些问题需要具体处理，有

兴趣的读者可参阅有关资料。此外，股票指数不是以百分比来表示股价的变动幅度，而是以“点”数波动来表示的。也就是说，基期的股票指数确定为100点，以后每上升或下降一个单位称为“1点”。例如，股票指数为2100点，表明报告期比基期上升2000点。

第三节　平均数指数

一、平均数指数的概念

前面已经讲到，个体指数反映单个事物的变动程度，总指数反映多个现象的总变动程度；但由于总变动程度不是各个个体变动程度的简单总和，而是它们的一般水平（平均变动情况），因此，在实际工作中，由于受到统计资料的限制（如有价格个体指数，而缺少基期价格或缺少报告期价格）时，就不能直接应用前面讲的综合指数法编制总指数，而要利用现有的资料，通过公式变换原理，由综合指数公式推导出平均数指数形式来编制总指数。具体来说，就是“以现象个体指数为基础采取平均指标形式编制的总指数”。所以说，综合指数是总指数的基本形式，而平均数指数也是总指数的基本形式之一。平均数指数用来反映多个现象的总变动程度，适用于资料不全的情况下（如有销售量个体指数而缺少基期销售量或缺少报告期销售量时）的总指数编制。

二、平均数指数的基本形式

以个体指数为基础所编制的指数之所以被称为平均数指数，是因为它利用了加权算术平均数和加权调和平均数的计算形式，因此，平均数指数的基本形式有两种形式。

（一）加权算术平均数指数

加权算术平均数指数是对个体指数按照加权算术平均形式$\bar{x}=\dfrac{\sum xf}{\sum f}$进行加权而计算的总指数。这种指数形式实际上是拉氏指数公式的变形。

1. 数量指标加权算术平均数指数

数量指标平均数指数是以基期总量指标（q_0p_0）为权数（为了表述的方便，以下把同度量因素称为权数）对个体指数进行加权平均的总指数。在计算数量指标平均数指数时，如果各种商品报告期的资料难以得到，那么只有各种商品的个体指数和基期资料时，我们就可以用各种商品的基期总量指标作为权数，采取加权算术平均的方法来计算平均数指数。

以k_q表示销售量个体指数，则

$$k_q=\frac{q_1}{q_0},\quad q_1=k_qq_0$$

所以，当以基期总量指标（q_0p_0）为权数，对个体指数进行加权时，其数量指标平均数指数的形式为

$$\bar{k}_q=\frac{\sum k_q q_0 p_0}{\sum q_0 p_0}=\frac{\sum \frac{q_1}{q_0} q_0 p_0}{\sum q_0 p_0}=\frac{\sum q_1 p_0}{\sum q_0 p_0}$$

由此可见，当以基期商品实际销售额（$q_0 p_0$）为权数时，数量指标总指数的加权算术平均数指数是其综合指数的变形，即以基期总量指标（$q_0 p_0$）为权数的个体数量指标指数的加权算术平均数等于数量指标综合指数，我们称为综合指数变形的加权算术平均数指数。

2. 质量指标加权算术平均数指数

质量指标平均数指数是以报告期数量指标计算的总量指标（$p_0 q_1$）为权数对个体指数进行加权平均的总指数。如当已知质量指标的个体指数 k_p 和以报告期数量指标计算的总量指标（$p_0 q_1$）时，质量指标指数形式以 k_p 表示质量个体指数，则

$$k_p=\frac{p_1}{p_0},\quad p_1=k_p p_0$$

所以，当以报告期总量指标（$p_0 q_1$）为权数，对个体指数进行加权时，其质量指标平均数指数的形式为

$$\bar{k}_p=\frac{\sum k_p p_0 q_1}{\sum p_0 q_1}=\frac{\sum \frac{p_1}{p_0} p_0 q_1}{\sum p_0 q_1}=\frac{\sum p_1 q_1}{\sum p_0 q_1}$$

由此可见，当以报告期数量指标计算的总量指标（$p_0 q_1$）为权数时，质量指标总指数的加权算术平均数指数是其综合指数的变形，以报告期数量指标计算的总量指标（$p_0 q_1$）为权数的个体质量指标指数的加权算术平均数等于质量指标综合指数。但是在实践工作中，由于这种方法的部分资料（$p_0 q_1$）难以得到，所以比较少用。

3. 数量指标加权算术平均数指数的应用

【例 7－3】 某电器厂生产一批学生用三种电器产品的有关资料见表 7－3 所列，试计算三种产品产量的总指数。

表 7－3　三种电器产品产量及产值资料的计算表

商品名称	计量单位	产量			基期生产总值 $q_0 p_0$（万元）	$k_q q_0 p_0$
		基期 q_0	报告期 q_1	个体指数(%) $k_q=(q_1/q_0)$		
台灯	万台	3.0	3.5	116.7	75	87.525
电风扇	万台	2.2	3.0	136.4	66	90.024
电水壶	万个	1.8	1.5	83.3	117	97.461
合计	—	—	—	—	258	275

产量总指数为

$$\bar{k}_q=\frac{\sum k_q q_0 p_0}{\sum q_0 p_0}=\frac{275}{258}=106.59\%$$

由于产量增加，使生产总值增加：

$$\sum k_q q_0 p_0 - \sum q_0 p_0 = 275 - 258 = 17(\text{万元})$$

计算结果说明：台灯产量上升了16.7%，电风扇上升了36.4%，电水壶下降了16.7%，平均上升了6.59%，生产总值增加17万元。

(二) 加权调和平均数指数

加权调和平均数指数是对个体指数按照加权调和平均形式 $H=\dfrac{\sum m}{\sum \dfrac{m}{x}}$ 加权而计算的总指数。这种指数形式实际上是派氏指数公式的变形。

1. 数量指标加权调和平均数指数

数量指标加权调和平均数指数是以报告期质量指标计算的总量指标（p_0q_1）为权数对个体指数为倒数进行调和平均而计算的总指数。如以报告期质量指标计算的总量指标为权数的数量指标平均数指数形式为

$$\bar{k}_q = \frac{\sum p_0 q_1}{\sum \frac{1}{k_q} p_0 q_1} = \frac{\sum q_1 p_0}{\sum \frac{q_0}{q_1} q_1 p_0} = \frac{\sum q_1 p_0}{\sum q_0 p_0}$$

以上公式变形说明，以报告期质量指标计算的总量指标（p_0q_1）为权数对个体指数为倒数进行加权调和平均而计算的总指数是其综合指数的变形。即以报告期质量指标计算的总量指标（p_0q_1）为权数的个体质量指标指数的加权调和平均数指数等于数量指标综合指数。同样，在实践工作中，由于这种方法的部分资料（p_0q_1）难以得到，所以比较少用。

2. 质量指标加权调和平均数指数

质量指标平均数指数是以报告期总量指标为权数对个体指数为倒数加权调和平均的总指数。同理，在计算质量指标平均数指数时，如果各种商品的基期资料难以得到，而只有各种商品的个体指数和报告期总量指标的资料时，我们就可以用各种商品的报告期总量指标（p_1q_1）作为权数，采取加权调和平均的方法来计算其平均数指数，计算形式为

$$\bar{k}_p = \frac{\sum p_1 q_1}{\sum \frac{1}{k_p} p_1 q_1} = \frac{\sum p_1 q_1}{\sum \frac{p_0}{p_1} p_1 q_1} = \frac{\sum p_1 q_1}{\sum p_0 q_1}$$

显然，以报告期总量指标（p_1q_1）为权数的个体质量指标指数为倒数的加权调和平均数等于其质量指标综合指数（实践工作中常用的方法）。

3. 质量指标加权调和平均数指数的应用

【例7-4】　某电器厂生产一批学生用三种电器产品的有关资料见表7-4所列，试计算三种产品成本的总指数。

表 7-4　三种电器产品成本资料及计算表

商品名称	计量单位	单位产品成本(万元)			计算期总成本 p_1q_1 (万元)	$\frac{p_1q_1}{k_p}$
		基期 p_0	计算期 p_1	个体指数(%) $k_p=(p_1/p_0)$		
台灯	个	15	18	120	63	52.5
电风扇	台	20	23	115	69	60
电水壶	个	35	34	97.1	51	52.5
合计	—	—	—	—	183	165

$$单位成本总指数=\frac{\sum p_1q_1}{\sum \frac{1}{k}p_1q_1}=\frac{183}{165}=110.91\%$$

由于单位成本增加,总成本增加为

$$\sum p_1q_1-\sum \frac{1}{k}p_1q_1=183-165=18(万元)$$

计算结果说明:台灯成本上升了 20%,电风扇上升了 15%,电水壶下降了 2.9%,平均上升了 10.91%,总成本增加 18 万元。

三、固定权数的加权平均数指数

固定权数的加权平均数指数是以指数化的个体指数为基础,使用固定权数对个体指数进行加权平均计算的一种总指数。所谓固定权数是指加权平均法计算的权数用比重形式固定下来,在一段时间内不做变动并固定使用的权数。在我国统计工作业务中,各种物价指数常用固定权数的加权平均数指数编制。例如,我国的农副产品收购价格指数、零售商品物价指数和居民消费价格指数等。

固定权数的加权平均数指数的计算公式如下:

$$固定权数加权算术平均数指数=\frac{\sum kW}{\sum W}$$

$$固定权数加权调和平均数指数=\frac{\sum W}{\sum \frac{W}{k}}$$

式中:k 为个体(类)指数;W 为固定权数,常用比重表示;$\sum W=100$(或 1)。

【例 7-5】　现有 2016 年八类主要商品个体指数及权数资料见表 7-5 所列,试计算这八类主要商品的平均价格指数。

表 7－5　八类主要商品的平均指数计算表

商品名称	类指数(k_p)	权数(W)	k_pW	W/k_p
食品烟酒	103.8	0.30	31.14	0.0029
衣着	101.4	0.09	9.13	0.0009
居住	101.6	0.20	20.32	0.0020
生活用品及服务	100.5	0.05	5.03	0.0005
交通和通信	98.7	0.10	9.87	0.0010
教育文化和娱乐	101.6	0.14	14.22	0.0014
医疗保健	103.8	0.10	10.38	0.0010
其他用品和服务	102.8	0.02	2.06	0.0002
合　计	—	1(100%)	102.14	0.0098

注:本资料的个体指数摘自 2017 年统计年鉴。

根据以上资料计算便可得到总指数如下:

$$固定权数加权算术平均数指数=\frac{\sum kW}{\sum W}=\frac{102.14}{1}=102.14\%$$

$$固定权数调和平均数指数=\frac{\sum W}{\sum \frac{W}{k}}=\frac{1}{0.0098}=102.12\%$$

计算结果说明:八类主要商品的平均数指数为 102.12%。说明八类主要商品的平均价格上升了 2.12%。

第四节　指数体系与因素分析

一、指数体系的概念与作用

(一) 指数体系的概念

在经济分析中,一个指数通常只能说明某一方面的问题,而实践中往往需要将多个指数结合起来加以运用,这就要求建立相应的“指数体系”。

指数体系可以有两种不同的含义。“广义的指数体系”类似于指标体系的概念,泛指由若干个内容上相互关联的统计指数所结成的体系。根据考察问题的需要,构成这种体系的指数可多可少。例如,工业品批发价格(或出厂价格)指数、农产品收购价格指数、消费品零售价格指数等构成了“市场物价指数体系”。而国民经济运行的生产、流通和使用环节以及国民经济各部门的多种经济指数则构成了“国民经济核算指数体系”。其中,除了上面列举的有关价格指数之外,还包括诸如国内总产出价格指数和物量指数、国内生产总值(GDP)价格指数和物量指数、投资价格指数和物量指数,以及资产负债存量价格指数等,其内容构成十分复杂。

"狭义的指数体系"仅指几个指数之间在一定的经济联系基础上所结成的较为严密的数量关系式。

这里讨论的指数体系即"狭义的指数体系",是指指数之间存在的相互联系所构成的体系。一般地说,三个或三个以上在性质上相互联系、在数量上存在一定关系的指数便构成指数体系。利用指数体系可以分析社会经济现象各种因素变动,以及它们对总体发生作用的影响程度。

社会经济现象所存在的客观联系,在统计中可通过相应的指数体系表现出来。例如:

$$商品销售额指数=商品销售量指数\times商品销售价格指数$$

在这个指数体系中,商品销售额指数是总额(或总量)指数,商品销售量指数和商品销售价格指数是构成总额(或总量)指数的两个因素指数。它们之间的关系可以用如下关系式来表达:

$$\bar{k}_{pq}=\bar{k}_p\times\bar{k}_q$$

相应的有

$$\frac{\sum q_1p_1}{\sum q_0p_0}=\frac{\sum q_1p_0}{\sum q_0p_0}\times\frac{\sum q_1p_1}{\sum q_1p_0}$$

(二)指数体系的作用

指数体系具有两个方面的作用:

第一,指数体系可以作为因素分解方法之一。利用指数体系可以分析总量指标变动中各因素指标的各自影响方向和影响程度。例如,在分析影响净产值变动程度的因素时,可以做如下分解:

$$净产值=工人劳动生产率\times工人人数$$

也可以进一步分解:

$$净产值=工人劳动生产率\times职人人数\times\frac{工人人数}{职工人数}$$

第二,利用指数体系可以进行指数之间的相互推算。根据构成指数体系的各指数间的等式关系,由已知的指数来推算未知指数。例如,同样多的货币报告期所能购买的商品数量相当于基期的98%,则可推算:

$$价格指数=\frac{销售额指数}{销售量指数}=\frac{100\%}{98\%}=102.4\%$$

又如,某公司将各种商品的价格在上月的基础水平上平均调低5%,预计销售量可增长10%,则可推算:

销售额指数＝销售量指数×价格指数＝110％×95％＝104.5％

二、因素分析的概念

在讨论指数体系时已经知道，总变动是由多个因素变动共同作用的结果（影响总变动的因素具有可分性）。因素分析就是利用指数体系来分析现象总变动中各因素对总变动的影响方向和影响程度的一种方法。

因素分析的基本思路是在影响总变动的因素中，固定其他因素，逐个分析其中一个因素对总变动的影响。根据总变动构成因素的多少，一般将因素分析分为两因素分析和多因素分析（三个或三个以上因素的分析），其中两因素分析是基本的分析方法。

因素分析一般是从相对数分析和绝对量分析两个方面进行分析。相对数分析是对各变动因素变动程度的分析，其分析依据是根据"总指数＝因素指数乘积"的关系式进行的，即

$$\frac{\sum q_1 p_1}{\sum q_0 p_0}=\frac{\sum q_1 p_0}{\sum q_0 p_0}\times\frac{\sum q_1 p_1}{\sum q_1 p_0}$$

绝对量分析是对各变动因素变动所引起的绝对量变化的分析，其分析依据是根据"总量变动的绝对差额等于各因素指数变动差额之和"的关系式进行的，即

$$\sum q_1 p_1-\sum q_0 p_0=(\sum q_1 p_0-\sum q_0 p_0)+(\sum q_1 p_1-\sum q_1 p_0)$$

由此可以看出，指数体系与因素分析的关系：指数体系是因素分析的依据和手段，因素分析是指数体系的应用。

三、总量指标的因素分析

（一）简单现象总量指标的两因素分析

简单现象总量指标的两因素分析是指在因素分析时，能够直接用单个现象总量指标进行对比的分析方法。我们知道：

工资总额＝职工人数×平均工资

其指数体系为

工资总额指数＝职工人数指数×平均工资指数

【例 7－6】 已知某企业职工工资资料见表 7－6 所列，试分析工资总额变动情况。

表 7－6　某企业职工工资资料

指标	工资总额 pq（万元）	职工人数 q（人）	年平均工资 p（万元／人）
2019 年	2508	2200	1.14
2020 年	3000	2400	1.25

1. 建立指数体系

设 q 为职工人数，p 为平均工资，则工资总额指数的指数体系为

$$\frac{p_1q_1}{p_0q_0}=\frac{p_0q_1}{p_0q_0}\times\frac{p_1q_1}{p_0q_1}=\frac{q_1}{q_0}\times\frac{p_1}{p_0}$$

$$p_1q_1-p_0q_0=(p_0q_1-p_0q_0)+(p_1q_1-p_0q_1)=(q_1-q_0)\times p_0+(p_1-p_0)\times q_1$$

2. 计算相对变化程度和绝对变动量

(1) 计算工资总额相对变化程度：

$$\text{工资总额指数 } k_{pq}=\frac{p_1q_1}{p_0q_0}=\frac{3000}{2508}=119.62\%$$

计算工资总额绝对变动量：

$$p_1q_1-p_0q_0=3000-2508=492(\text{万元})$$

(2) 计算工人数变动对工资总额的影响程度：

$$\text{工人数指数 } k_q=\frac{q_1}{q_0}=\frac{2400}{2200}=109.1\%$$

计算工人数变动对工资总额的影响绝对变动量：

$$(q_1-q_0)\times p_0=(2400-2200)\times 1.14=228(\text{万元})$$

(3) 计算平均工资变动对工资总额的影响程度：

$$\text{平均工资指数 } k_p=\frac{p_1}{p_0}=\frac{1.25}{1.14}=109.65\%$$

计算平均工资变动对工资总额的影响绝对变动量：

$$(p-p_0)\times q_1=(1.25-1.14)\times 2400=264(\text{万元})$$

3. 综合分析

$$119.62\%=109.1\%\times 109.65\%$$

$$492\text{ 万元}=228\text{ 万元}+264\text{ 万元}$$

计算结果表明，工资总额报告期比基期提高了 19.62%，增加了 492 万元。其中，由于职工人数增长了 9.1%，而增加的工资总额为 228 万元，由于职工平均工资增长了 9.65%，而增加的工资总额为 264 万元。

从以上分析中可以看出，在进行简单现象总量指标的两因素分析时，相对数分析可以不引入同度量因素，但绝对数分析必须引入同度量因素。

(二) 复杂现象总量指标的两因素分析

两因素分析是因素分析中最简单也是最基本的方法。为了说明因素分析的方法，我们看一个实例。

【例 7-7】 现从农贸市场了解到三种食品销售和价格资料见表 7-7 所列。

表 7－7　某农贸市场三种食品的销售量和价格资料

商品名称	计量单位	销售量		单价(元)	
		2019 年 8 月	2020 年 8 月	2019 年 8 月	2020 年 8 月
		基期 q_0	报告期 q_1	基期 p_0	报告期 p_1
猪肉	公斤	85000	90500	16.1	17.3
鸡蛋	斤	5000	5200	3.6	4.2
草鱼	斤	20000	26000	5.8	5.5

现就以上资料进行分析，看影响销售总额变化的主要因素是销售量变化还是价格的变化，或销售量和价格各自影响是多少。具体方法如下。

1. 建立指数体系

$$\bar{k}_{pq}=\bar{k}_p\times\bar{k}_q$$

相对变化程度分析公式：

$$\frac{\sum q_1p_1}{\sum q_0p_0}=\frac{\sum q_1p_0}{\sum q_0p_0}\times\frac{\sum q_1p_1}{\sum q_1p_0}$$

绝对量变动分析公式：

$$\sum q_1p_1-\sum q_0p_0=(\sum q_1p_0-\sum q_0p_0)+(\sum q_1p_1-\sum q_1p_0)$$

2. 列综合指数编制及因素分析计算表

为了计算的方便，先列出计算表，并把一些基本运算在计算表里完成，见表 7－8 所列。

表 7－8　综合指数编制及因素分析计算表

商品名称	计量单位	销售量		单价(元)		销售额(元)		
		q_0	q_1	p_0	p_1	q_0p_0	q_1p_1	q_1p_0
猪肉	公斤	85000	90500	16.1	17.3	1368500	1565650	1457050
鸡蛋	斤	5000	5200	3.6	4.2	18000	21840	18720
草鱼	斤	20000	26000	5.8	5.5	116000	143000	150800
合计	—	—	—	—	—	1502500	1730490	1626570

3. 相对变动度和绝对变动量的分析

(1) 计算产品总量指标变动度及绝对变动量

销售额相对变动程度为

$$\text{销售额指数 } \bar{k}_{pq}=\frac{\sum q_1p_1}{\sum q_0p_0}=\frac{1730490}{1502500}=115.17\%$$

销售额绝对变动量为

$$\sum q_1p_1-\sum q_0p_0=1730490-1502500=227990(\text{元})$$

计算结果表明:三种商品的报告期销售额比基期销售额增长了15.17%,销售总额增加了227990元。

(2) 计算数量指标相对变动度及绝对变动量

数量指标相对变动程度为

$$\text{销售量指数}\ \bar{k}_q=\frac{\sum q_1p_0}{\sum q_0p_0}=\frac{1626570}{1502500}=108.26\%$$

销售额绝对变动量为

$$\sum q_1p_0-\sum q_0p_0=1626570-1502500=124070(\text{元})$$

分析结果表明:三种商品的销售量平均增长了8.26%,由于销售量的增长而使销售总额增加了124070元。

(3) 计算质量指标相对变动度及绝对变动量

质量指标相对变动程度为

$$\text{价格指数}\ \bar{k}_p=\frac{\sum q_1p_1}{\sum q_1p_0}=\frac{1730490}{1626570}=106.39\%$$

销售额绝对变动量为

$$\sum q_1p_1-\sum q_1p_0=1730490-1626570=103920(\text{元})$$

计算结果表明:三种商品的价格平均增长了6.39%,由于价格增长而使销售总额增加了103920元。

4. 综合分析

相对变动程度分析

$$115.17\%=108.26\%\times106.39\%$$

给对变动量分析

$$227990(\text{元})=124070(\text{元})+103920(\text{元})$$

计算结果表明:三种商品销售总额增长了15.17%,销售总额增加了227990元,其中,由于三种商品的销售量增长了8.26%,使得销售总额增加了124070元;由于价格增长了6.39%,使得销售总额增加了103920元。

(三) 总量指标的多因素分析方法

1. 问题的提出

客观现象是比较复杂的,有时某一现象的变动可能要受到三个或三个以上因素的影响。当一个总量指标可以表示为三个或三个以上因素指标的连乘积时,同样可以利用指数体系测定各因素变动对总变动的影响,这种分析就是对总量指标的多因素分析。例如:

原材料费用总额(qmp)=总产量(q)×单位产品原材料消耗量(m)×单位原材料价格(p)

2. 分析方法

多因素指数体系分析法是在两因素分析法基础上的深入运用，也就是运用数量和质量指标指数的编制方法，由表及里对所研究的现象做进一步的深入分析，所以，多因素分析法的步骤与两因素分析法相同。只是在编制各因素指数时，同度量因素固定在哪个时期要依据如下两个原则。

(1) 因素的排序要使相邻两变量"能分能合"，且具有经济意义

$$qmp = q \times m \times p$$
$$= qm \times p\text{(产品原材料消耗总量} \times \text{单位原材料价格)}$$
$$qmp = q \times m \times p$$
$$= q \times mp\text{(总产量} \times \text{单位产品价格)}$$

(2) 固定因素时期的选择要满足"平衡"的要求

所谓的"平衡"要求就是既要满足经济现象总量指标的构成(总量指标 = 数量指标 × 质量指标)的平衡，还要满足综合指数编制时权数的固定期所要求的"质基数报"需求的平衡。根据这两个原则，原材料费用总额指数可分解为由三个因素指数构成的指数体系。

原材料费用总额指数 = 生产量指数 × 单位产品原材料消耗指数 × 单位原材料价格指数

$$\bar{k}_{qmp} = \bar{k}_q \times \bar{k}_m \times \bar{k}_p$$

根据综合指数编制原理，结合"能分能合"的原则，以上指数体系可表示如下：

$$\frac{\sum q_1 m_1 p_1}{\sum q_0 m_0 p_0} = \frac{\sum q_1 m_0 p_0}{\sum q_0 m_0 p_0} \times \frac{\sum q_1 m_1 p_0}{\sum q_1 m_0 p_0} \times \frac{\sum q_1 m_1 p_1}{\sum q_1 m_1 p_0}$$

$$\left(\sum q_1 m_1 p_1 - \sum q_0 m_0 p_0\right) = \left(\sum q_1 m_0 p_0 - \sum q_0 m_0 p_0\right) + \left(\sum q_1 m_1 p_0 - \sum q_1 m_0 p_0\right) + \left(\sum q_1 m_1 p_1 - \sum q_1 m_1 p_0\right)$$

式中：q 为产品产量；m 为单位产品原材料消耗量；p 为单位原材料价格。

3. 实际应用

【例 7-8】 现从某教学用品家具厂了解到，该加工厂为学校加工生产的三种教学用品的产量和木材消耗资料见表 7-9 所列。

表 7-9 三种教学用品的木材消耗和产品产量资料表

产品名称	计量单位	产品产量		单位产品材料消耗量		单位材料价格(元)	
		基期 q_0	报告期 q_1	基期 m_0	报告期 m_1	基期 p_0	报告期 p_1
课桌	套	150	200	10	9.0	100	110
椅子	把	500	600	2	1.8	20	24
木制讲台	张	300	400	5	6.0	50	40

(1) 列计算表

为了计算的方便,先列计算表,并把一些基本运算在表内完成(见表 7-10 所列)。

表 7-10　三种教学用品原材料费用总额的因素分析计算表

产品名称	计量单位	产品产量		单位产品材料消耗量		单位材料价格(元)		原材料费用总额(万元)			
		基期	报告期	基期	报告期	基期	报告期				
		q_0	q_1	m_0	m_1	p_0	p_1	$q_0m_0p_0$	$q_1m_0p_0$	$q_1m_1p_0$	$q_1m_1p_1$
课桌	套	150	200	10	9	100	110	15.0	20.0	18.00	19.800
椅子	把	500	600	2	1.8	20	24	2.0	2.4	2.16	2.592
木制讲台	张	300	400	5	6	50	40	7.5	10.0	12.00	9.600
合计	—	—	—	—	—	—	—	24.5	32.4	32.16	31.992

(2) 相对变动程度和绝对变动量分析

计算原材料费用总额的相对变动程度:

$$\bar{k}_{qmp}=\frac{\sum q_1m_1p_1}{\sum q_0m_0p_0}=\frac{31.992}{24.5}=130.58\%$$

原材料费用实际总变动额:

$$\sum q_1m_1p_1-\sum q_0m_0p_0=31.992-24.5=7.492(\text{万元})$$

计算产品生产量的相对变动程度:

$$\bar{k}_q=\frac{\sum q_1m_0p_0}{\sum q_0m_0p_0}=\frac{32.4}{24.5}=132.24\%$$

生产量变动对原材料费用影响的绝对差额:

$$\sum q_1m_0p_0-\sum q_0m_0p_0=32.4-24.5=7.9(\text{万元})$$

计算单位产品原材料消耗量的相对变动程度:

$$\bar{k}_m=\frac{\sum q_1m_1p_0}{\sum q_1m_0p_0}=\frac{32.16}{32.4}=99.26\%$$

单位产品原材料消耗量对原材料费用影响的绝对差额:

$$\sum q_1m_1p_0-\sum q_1m_0p_0=32.16-32.4=-0.24(\text{万元})$$

单位原材料价格的相对变动程度:

$$\bar{k}_p=\frac{\sum q_1m_1p_1}{\sum q_1m_1p_0}=\frac{31.992}{32.16}=99.48\%$$

原材料价格对原材料费用影响的绝对差额：

$$\sum q_1 m_1 p_1 - \sum q_1 m_1 p_0 = 31.992 - 32.16 = -0.168(\text{万元})$$

(3) 综合分析

$$\frac{\sum q_1 m_1 p_1}{\sum q_0 m_0 p_0} = \frac{\sum q_1 m_0 p_0}{\sum q_0 m_0 p_0} \times \frac{\sum q_1 m_1 p_0}{\sum q_1 m_0 p_0} \times \frac{\sum q_1 m_1 p_1}{\sum q_1 m_1 p_0}$$

$$130.58\% = 132.24\% \times 99.26\% \times 99.48\%$$

$$(\sum q_1 m_1 p_1 - \sum q_0 m_0 p_0) = (\sum q_1 m_0 p_0 - \sum q_0 m_0 p_0) + (\sum q_1 m_1 p_0 - \sum q_1 m_0 p_0)$$
$$+ (\sum q_1 m_1 p_1 - \sum q_1 m_1 p_0)$$

$$7.492\text{万元} = 7.9\text{万元} + (-0.24\text{万元}) + (-0.168\text{万元})$$

(4) 分析结论

以上分析结果表明，由于三种教学用品原材料费用总额报告期比基期增加了30.58%，使得原材料费用总额增加了7.492万元。其中，由于产品产量增加了32.24%，使得原材料费用总额增加了7.9万元；单位产品原材料消耗减少了0.74%，使得原材料费用总额减少了0.24万元；单位原材料价格下降了0.52%，使得原材料费用总额减少了0.168万元。由此可见，原材料费用总额的增加主要是由产量增加而造成的。

第五节　平均指标对比指数与分析

一、平均指标对比指数

(一) 平均指标对比指数的概念

在研究经济现象时，常常要就平均指标的变动进行对比分析，例如，分析两个不同时期的同一经济内容的平均指标的变动情况，这种两个不同时期的同一经济内容的平均指标之比的相对数就是一个平均指标对比指数。它用来反映两期总平均水平的变动程度和方向。其表达式：

$$\bar{k}_{\bar{x}} = \frac{\bar{x}_1}{\bar{x}_0}$$

式中：$\bar{x}_1$ 为报告期平均指标；$\bar{x}_0$ 为基期平均指标。

【例7-9】 某企业2019年底职工月平均工资为3100元，而2020年底为3210元，则该企业职工月平均工资指数：

$$(3210 \div 3100) \times 100\% = 104\%$$

结果说明：该企业2020年职工月平均工资比2019年提高了4%，但是，职工月平均工资的变动要受职工人数变动和工资水平变动等两个方面因素的影响。因此，分析职工人数变动和工资水平变动分别对职工月平均工资变动的影响就是平均指标的因素分析要解决的问题。

（二）平均指标对比指数的分解

1. 平均指标对比指数的形式

由于现象的总平均水平通常是在分组条件下，用加权算术平均数计算得到的。既受到各组水平指标(x)变动的影响，又受到各组单位数所占总体单位数比重$\left(\frac{f}{\sum f}\right)$变动的影响。因此分析得出总平均水平的变动可以用指数法讨论。用指数法分析总平均水平的变动时，平均指标的公式分解有：

$$\bar{x}=\frac{\sum xf}{\sum f}=\sum\left(x\cdot\frac{f}{\sum f}\right)$$

根据平均指标对比指数的定义和平均指标的分解，将两个平均指标进行对比时，平均指标对比指数的公式：

$$\bar{k}_{\bar{x}}=\frac{\bar{x}_1}{\bar{x}_0}=\frac{\dfrac{\sum x_1 f_1}{\sum f_1}}{\dfrac{\sum x_0 f_0}{\sum f_0}}$$

2. 平均指标对比指数的构成

根据指数体系构成和因素分析的原理，对总变动指数的因素构成分解时有：

总变动指数＝指标水平变动指数×单位结构变动指数

(1) 总变动指数(可变构成指数)

总变动指数是反映指标值水平变动和单位结构变动共同影响程度的指数。在总变动指数中，两个时期的总平均水平的计算，分别以各个时期单位结构为权数对各组指标值水平进行加权平均再对比求得。所以两个时期的总平均变动，不仅反映了各组指标值水平的变动，而且还受单位数在各组的分配比重(也叫结构)变动的影响。这种包括两种变动影响的指数，称为总变动指数，亦称平均指标的可变构成指数，简称可变指数。

设x表示各组工资水平，f表示各组工人人数，则总变动指数(可变指数)计算公式：

$$\bar{k}_{(\text{可变})}=\bar{k}_{(xf)}=\frac{\bar{x}_1}{\bar{x}_0}=\frac{\dfrac{\sum x_1 f_1}{\sum f_1}}{\dfrac{\sum x_0 f_0}{\sum f_0}}$$

式中：x_0 为基期各部分工资水平；x_1 为报告期各部分工资水平；f_0 为基期职工人数；f_1 为报告期职工人数；$\bar{x}_0$ 为基期平均工资；$\bar{x}_1$ 为报告期平均工资；$\bar{k}_{(可变)}$ 为平均工资指数。

上面公式可以演变成如下形式：

$$\bar{k}_{(可变)}=\bar{k}_{(xf)}=\frac{\bar{x}_1}{\bar{x}_0}=\frac{\sum\left(x_1\cdot\frac{f_1}{\sum f_1}\right)}{\sum\left(x_0\cdot\frac{f_0}{\sum f_0}\right)}$$

从这个演变后的公式中，可以清楚地看出平均工资的变动受两个因素变动的影响，一个是各部分指标水平（x）变动的影响，另一个是各部分单位数占总单位数比重$\left(\frac{f}{\sum f}\right)$，即工人结构变动的影响。所以把包含这两个因素变动影响的平均工资指数，称为可变指数。

（2）固定构成指数

固定构成指数是反映各组工资水平变动影响程度的指数。为消除结构因素变动的影响，单纯地反映各组指标水平的变动程度，就要把单位结构加以固定，即使计算过程中的两个时期的总平均水平都采取同一时期的单位结构作为权数。当以同一时期的单位结构作为其权数时，是取基期的单位数还是取报告期的单位数呢？根据指数的编制原理，通常以报告期的单位结构作为计算指数的权数。这种以报告期的权数结构来计算的平均指标指数称为固定构成指数，简称为固定指数。其计算公式：

$$\bar{k}_{(固定)}=\bar{k}_{(x)}=\frac{\frac{\sum x_1 f_1}{\sum f_1}}{\frac{\sum x_0 f_1}{\sum f_1}}$$

（3）结构影响指数

结构影响指数是单纯反映各组单位结构变动影响程度的指数。为了分析单位结构变动对总平均水平的变动影响程度，就要计算结构变动影响指数。在这个指数中为了单纯反映结构的实际变动影响程度，就应把各组指标水平加以固定。我们根据指数编制原理的推论，把各组指标水平固定在基期，即分子分母同时采用基期的指标水平为权数来计算总平均指数。这种以基期为权数计算的平均指标指数称为结构变动影响指数，简称为结构影响指数。其计算公式：

$$\bar{k}_{(结构)}=\bar{k}_{(f)}=\frac{\frac{\sum x_0 f_1}{\sum f_1}}{\frac{\sum x_0 f_0}{\sum f_0}}$$

以上讨论了平均指标对比指数的三种形式，即可变指数、固定构成指数和结构影响指数，并分析了它们之间的联系，由此我们可以建立平均指标对比指数体系，即

可变指数＝固定构成指数×结构影响指数

用符号表示：

$$\frac{\dfrac{\sum x_1 f_1}{\sum f_1}}{\dfrac{\sum x_0 f_0}{\sum f_0}} = \frac{\dfrac{\sum x_1 f_1}{\sum f_1}}{\dfrac{\sum x_0 f_1}{\sum f_1}} \times \frac{\dfrac{\sum x_0 f_1}{\sum f_1}}{\dfrac{\sum x_0 f_0}{\sum f_0}}$$

$$\frac{\sum x_1 f_1}{\sum f_1} - \frac{\sum x_0 f_0}{\sum f_0} = \left(\frac{\sum x_1 f_1}{\sum f_1} - \frac{\sum x_0 f_1}{\sum f_1}\right) + \left(\frac{\sum x_0 f_1}{\sum f_1} - \frac{\sum x_0 f_0}{\sum f_0}\right)$$

二、平均指标对比指数的因素分析

为了说明平均指标对比指数在平均指标变动分析中的具体运用，现以平均工资指数为例来说明这个问题。

【例 7－10】 有一企业下设了主件生产、配件生产和产品组装三个分厂，各分厂的职工人数和劳动生产率资料见表 7－11 所列。试分析该企业劳动生产率的变动及其原因。

根据以上分析，本例平均指标对比指数（劳动生产率可变构成指数）体系为

企业劳动生产率＝各分厂劳动生产率×各分厂职工人数占总职工人数的比重

↓　　　　　　　↓　　　　　　　　　↓

可变构成指数　　固定构成指数　　　　　结构影响指数

即

$$\bar{k}_{(\text{可变})} = \bar{k}_{(\text{固定})} \times \bar{k}_{(\text{结构})}$$

分析步骤如下：

第一步，列平均指标对比指数因素分析计算表（见表 7－11 所列）。

表 7－11　平均指标对比指数因素分析计算表

分厂	职工人数（人）		劳动生产率（万元／人）		总产值（万元）		
	基期 f_0	报告期 f_1	基期 x_0	报告期 x_1	基期 x_0f_0	报告期 x_1f_1	假定 x_0f_1
主件生产厂	200	240	4.4	4.5	880	1080	1056
配件生产厂	160	180	6.2	6.4	992	1152	1116
产品组装厂	150	120	9.0	9.2	1350	1104	1080
合计	510	540	—	—	3222	3336	3252

注：劳动生产率指数＝报告期劳动生产率÷基期劳动生产率。

第二步，相对变动度和绝对变动量分析。

(1) 计算企业人均劳动生产率相对变动程度和绝对变动量.

企业人均劳动生产率可变构成指数为

$$k_{(\text{可变})}=\frac{\dfrac{\sum x_1 f_1}{\sum f_1}}{\dfrac{\sum x_0 f_0}{\sum f_0}}=\frac{\dfrac{3336}{540}}{\dfrac{3222}{510}}=\frac{6.18}{6.31}=97.94\%$$

企业人均劳动生产率变动的绝对变动量为

$$\frac{\sum x_1 f_1}{\sum f_1}-\frac{\sum x_0 f_0}{\sum f_0}=\frac{3336}{540}-\frac{3222}{510}=6.18-6.31=-0.13(\text{万元})$$

(2) 计算各分厂劳动生产率相对变动程度和绝对变动量.

各分厂劳动生产率变动指数为

$$\bar{k}_{(\text{固定})}=\frac{\dfrac{\sum x_1 f_1}{\sum f_1}}{\dfrac{\sum x_0 f_1}{\sum f_1}}=\frac{\dfrac{3336}{540}}{\dfrac{3252}{540}}=\frac{6.18}{6.02}=102.66\%$$

各分厂劳动生产率变动对总劳动生产率影响的绝对变动量为：

$$\frac{\sum x_1 f_1}{\sum f_1}-\frac{\sum x_0 f_1}{\sum f_1}=\frac{3336}{540}-\frac{3252}{540}=6.18-6.02=0.16(\text{万元})$$

(3) 计算各分厂职工人数结构影响相对变动程度和绝对变动量.

各分厂职工人数结构变动影响指数为

$$\bar{k}_{(\text{影响})}=\frac{\dfrac{\sum x_0 f_1}{\sum f_1}}{\dfrac{\sum x_0 f_0}{\sum f_0}}=\frac{\dfrac{3252}{540}}{\dfrac{3222}{510}}=\frac{6.02}{6.31}=95.40\%$$

各分厂职工人数结构变动对总劳动生产率影响的绝对变动量为

$$\frac{\sum x_0 f_1}{\sum f_1}-\frac{\sum x_0 f_0}{\sum f_0}=\frac{3252}{540}-\frac{3222}{510}=6.02-6.31=-0.29(\text{万元})$$

第三步，综合分析。相对变动程度分析表明三者之间的相对数量关系为

$$97.94\%=102.66\%\times 95.40\%$$

绝对变动量分析表明三者之间的关系为

$$-0.13 万元 = 0.16 万元 - 0.29 万元$$

第四步,分析结论。

以上分析结果说明,报告期同基期相比,企业总的劳动生产率下降了 2.06%,人均下降 0.13 万元。分析其原因是各分厂劳动生产率提高了 2.66%,使企业总的劳动生产率人均提高 0.16 万元;同时,由于各分厂职工人数结构下降了 4.60%,使企业总的劳动生产率人均下降 0.29 万元。

第六节　几种常用指数的编制

一、零售物价指数的编制

我国的零售物价指数编制程序与消费者价格指数基本相同,也是采用固定加权算术平均指数公式。权数直接影响指数的可靠性,因此每年要根据居民家庭收支调查的资料调整一次权数。物价不可能全面调查,只能在部分市、县调查,再根据我国人力、财力,大约选 200 个市、100 个县城作为物价变动资料的基层填报单位。在城市选商品 350 种左右,在县城选 400 种左右。每种商品的指数采用代表规格品的平均价格计算。

零售物价包括食品、饮料烟酒、服装鞋帽、纺织品、家用电器及音像器材、文化办公用品、日用品、体育娱乐用品、交通通信用品、家具、化妆品、金银饰品、中西药品及医疗保健用品、书报杂志及电子出版物、燃料、建筑材料及五金电料等十六个大类消费品的价格。

(一) 零售物价指数的编制基本过程

第一步:进行商品分类。先将全部商品进行分类,分类过程见表 7-12 所列。

表 7-12　商品分类顺序说明表

大类	食品、衣着、日用品等物品
中类	如食品中的粮食、蔬菜、肉及肉制品等
小类	如粮食中的稻谷、小麦、玉米、大豆等
细类	如稻谷中的大米分早米、晚米、糯米等
代表性商品	如晚米还可以分为不同品种,选取更具有代表性的晚米

第二步:确定各类食品的权数。按照大、中、小类次序分层确定各类食品的权数。前面已经讲到各层权数之和应等于 100%(或等于 1),见表 7-5 第 3 列所列。

第三步:分层计算各类指数。各类指数的计算要按由"小到大"的顺序进行计算,一般来说,"小"的在底层,"大"的在上层,如图 7-1 所示。

在计算各类指数时,要从底层开始,先计算代表性商品个体物价指数。代表性商品个体物价指数是采用个体指数形式$\left(k_p=\frac{p_1}{p_0}\right)$计算的,而总指数和其他各类指数是采用固定加权

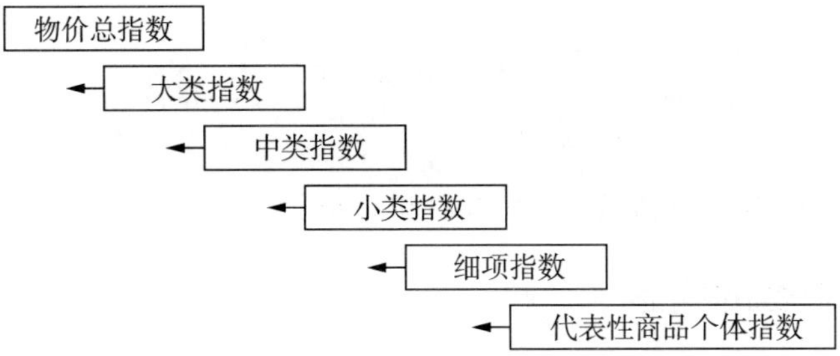

图 7-1

算术平均指数形式$\left(\frac{\sum kW}{\sum W}\right)$计算的。

(二) 零售物价指数的编制方法

为了方便起见,我们以表 7-12 所提供的食品大类中的粮食的分类及代表性商品的选定来说明零售物价指数的编制。

【例 7-11】 现从粮食(中类)中选出 3 个有代表性的品种价格资料(见表 7-13 所列),试计算粮食价格指数。

表 7-13　物价指数编制计算表

商品名称	单位	平均价格		个体指数	权数	k_pW
		2019 年	2020 年	k_p(%)	W	
一、食品	—	—	—	—	—	—
1. 粮食	—	—	—	—	—	—
(1) 晚米	公斤	4.6	4.9	106.52	65	6923.91
(2) 标粉	公斤	3.9	3.6	92.31	25	2307.75
(3) 黄豆	斤	2.5	2.8	112.00	10	1120.00
小计	—	—	—	—	100	10351.66
2. 蔬菜	—	—	—	—	—	—
(略)	—	—	—	—	—	—

根据表 7-13 的资料计算如下。

(1) 计算代表性商品个体价格指数

$$k_{(晚米)}=\frac{p_1}{p_0}=\frac{4.9}{4.6}=106.52\%$$

$$k_{(标粉)}=\frac{p_1}{p_0}=\frac{3.6}{3.9}=92.31\%$$

$$k_{(黄豆)}=\frac{p_1}{p_0}=\frac{2.8}{2.5}=112.0\%$$

(2) 计算小类商品价格指数(粮食价格指数)

$$\bar{k}_{p(\text{粮食})}=\frac{\sum kW}{\sum W}=\frac{10351.66}{100}=103.52\%$$

依此类推分别计算出中类指数、大类指数和总指数。

二、消费价格指数的编制

消费者价格指数(又称生活费用指数)是综合反映各种消费品和生活服务价格的变动程度的重要经济指数,通常简记为 CPI。该指数可以用于分析市场物价的基本动态,调整货币工资以得到实际工资水平,等等。它是政府制定物价政策和工资政策的重要依据,世界各国都在编制这种指数。

消费价格指数可就城市居民、农村居民和全国居民三个范围编制相应的消费价格指数。消费价格指数的编制过程与零售物价指数类似,所不同的是消费价格指数包括了消费品价格和服务项目价格两个部分,其权数的确定是根据 9 万户城乡居民家庭消费支出构成确定的。

消费价格指数还具有以下几个方面的作用:

第一,用于反映通货膨胀状况。通货膨胀的严重程度是用通货膨胀率来反映的,它说明了一定时期内商品价格持续上升的幅度。通货膨胀率一般以消费价格指数来表示,即

$$\text{通货膨胀率}=\frac{\text{报告期消费价格指数}-\text{基期消费价格指数}}{\text{基期消费价格指数}}\times 100\%$$

第二,用于反映货币购买力变动。货币购买力是指单位货币能够购买到的消费品和服务的数量。消费价格指数上涨,货币购买力下降,反之则上升,因此,消费价格指数的倒数就是货币购买力指数,即

$$\text{货币购买力指数}=\frac{1}{\text{消费价格指数}}\times 100\%$$

第三,用于反映对职工工资的影响。消费价格指数的提高意味着实际工资的减少,消费价格指数的下降意味着实际工资的提高。因此,利用消费价格指数可以将名义工资转化为实际工资,即

$$\text{实际工资}=\frac{\text{名义工资}}{\text{消费价格指数}}\times 100\%$$

三、农产品生产价格指数的编制

农产品生产价格指数是反映一定时期内,农产品生产者出售农产品价格水平变动趋势及幅度的相对数。该指数可以客观反映全国农产品生产价格水平和结构变动情况,满足农业与国民经济核算需要。其中,某代表品生产价格指数是通过对全部有出售该产品行为的调查单位的个体指数进行几何平均求得的。大、中、小类价格指数是通过对其所属的类(或代表品)的价格指数进行加权平均求得的。

编制农产品生产价格指数是以代表品(类别)的价格变动来反映全部农产品的价格变化趋势和变动幅度。我国农产品生产价格的类别和代表品包括种植业产品、林业产品、畜牧业产品、渔业产品四大类。谷物、大豆、油料、棉花、糖料、蔬菜、水果、猪、牛、羊、家禽、蛋类、奶类、海水养殖产品、海水捕捞产品和淡水养殖产品十六个中类。

四、房地产价格指数的编制

房地产价格指数是指房屋销售、租赁和土地交易过程中房地产价格水平随时间而变动的相对数,包括房屋销售价格指数、房屋租赁价格指数和土地交易价格指数三个次级指数。

房地产价格指数采用重点调查与典型调查相结合的方法取得被调查项目的价格资料,然后采用由下到上逐级汇总的方法编制,汇总编制的具体过程如图 7-2 所示。

图 7-2 汇总编制的具体过程

对没有细项或小类的部分,其起始类就是小类或中类。中类以下(含中类)指数采用样本资料作权数的加权调和平均公式计算,大类指数和总指数采用固定权数加权的算术平均公式计算。现以房屋销售价格指数为例,说明具体编制过程。

第一步:计算细项、小类、中类价格指数。其计算公式为

$$k_p=\frac{\sum W}{\sum \frac{W}{k}}$$

式中:k 为相应层(如细项、小类、中类) 调查对象的价格指数;W 为权数(不同调查对象的报告期销售额)。

第二步:计算大类价格指数。其计算公式为

$$\bar{k}_p=\frac{\sum kW}{\sum W}$$

式中:k 为该大类下某中类的价格指数;W 为中类权数(某中类上年的销售额占全社会销售额的比重)。

第三步:计算房屋销售价格总指数。由于房屋销售有商品房销售、公房销售和私房销售三种现象,所以要根据计算出的商品房销售、公房销售和私房销售三大类的类指数的加权算术平均来计算房屋销售价格总指数。其计算公式为

$$\bar{k}_p=\frac{\sum kW}{\sum W}=\frac{k_1W_1+k_2W_2+k_3W_3}{W_1+W_2+W_3}$$

式中:k_1,k_2,k_3 为分别为商品房销售、公房销售和私房销售三大类的类指数;W_1,W_2,W_3 为权数(上年度商品房、公房和私房各自销售的金额占全社会销售金额的比重)。

五、人的发展指数的编制

人的发展就是扩大人的各种选择的过程，无论在何种发展水平上，人的选择都包括三个基本方面：长寿和健康，获得知识，为提高生活水准而需要的资源。因此，分别选择预期寿命、成人识字率、按购买力平价计算的实际人均 GDP 三个指标，以反映人们的长寿水平、知识水平和生活水平。在此基础上，构造出了人的发展指数。人的发展指数（HDI）是测量人的发展的一项综合指标，该指标就是人的发展指数，其编制方法如下。

第一步：设定指标最大值和最小值。

例如，预期寿命设定为 30 岁和 90 岁，成人识字率设定为 0% 和 100%，实际人均 GDP 设定为 300 美元和 4000 美元。

第二步：进行指标转换。指标转换就是将三个指标转化为 0～1 的数值，其公式为

$$z_i=\frac{\text{实际值 } x_i-\text{最小值 } x_i}{\text{最大值 } x_i-\text{最小值 } x_i}$$

如假定人的实际平均寿命为 72 岁时，则预期寿命的转化值为

$$z_i=\frac{72-30}{90-30}=0.7$$

第三步：计算人的发展指数。人的发展指数的计算就是将三个转化指标值进行简单平均所得到的具体数值。假定依以上公式计算得到的成人识字率和实际人均 GDP 的转化值分别为 0.8 和 0.9，于是有：

$$\text{人的发展指数}=\frac{\sum z_i}{n}=\frac{z_1+z_2+z_3}{3}=\frac{0.7+0.8+0.9}{3}=0.8(\text{或 }80\%)$$

该指数综合反映了一个社会的全面发展状况，包括经济方面的因素，也包括非经济方面的因素。

本章小结

广义的指数是指反映现象在不同时间条件下数量变动的相对数。狭义的指数是指反映总体现象中，不能直接对比的不同事物在不同时间条件下的数量上总变动的一种相对数。

指数按其反映对象的范围不同，可以分为个体指数和总指数。按指数表现形式不同总指数可分为综合指数、平均数指数。按指数化指标的不同可分为数量指标指数和质量指标指数。

综合指数是编制和计算总指数的一种基本形式，它是由两个总量指标对比而形成的相对数。在所研究的总量指标中，包含两个或两个以上的因素，将其中一个或一个以上的因素固定下来，仅观察其中一个因素的变动。平均数指数是总指数计算的另一种重要形式，它的特点是从个体指数出发，通过对个体指数进行加权平均而得到总指数。

指数体系是指一系列相互联系的指数所形成的整体。利用指数体系可进行因素分析。因素分析方法有简单现象总量指标的因素分析、复杂现象总量指标的因素分析和平均指标对比指数因素分析三种方法，复杂现象总量指标的因素分析又可以分两因素和多因素两种情况。

Excel 在指数分析中的应用

指数是说明经济社会现象在时间、空间上的变化以及计划完成相对数。指数分析法是研究社会经济现象数量变动情况的一种统计分析法。指数有总指数和平均指数之分。下面我们介绍在 Excel 中如何进行指数分析。Excel 中没有专门的指数函数，只能通过自己构造公式来进行指数的计算和分析。

表 7－14 是某企业甲、乙、丙三种产品的销售情况，计算三种产品的销售量总指数和价格总指数。

表 7－14 指数计算表

商品名称	计量单位	销售量		价格（元）		销售额（元）	
		基期	报告期	基期	报告期	基期	报告期
		q_0	q_1	p_0	p_1	p_0q_0	p_1q_1
甲	公斤	200	250	150	150	30000	37500
乙	米	250	255	60	65	15000	16575
丙	台	20	22	4000	4200	80000	92400

具体操作步骤如下。

第一步：计算各产品按基期价格计算的报告期销售额 p_0q_0。在“I4”中输入“＝E4 * D4”，并用鼠标将其余各值拖曳出来。

第二步：计算 $\sum p_0q_0$，$\sum p_1q_1$。选定“G4:G6”区域，单击工具栏上的“$\sum$”按钮，在“G7”中出现该列的求和；选定“H4:H6”区域，单击工具栏上的“$\sum$”按钮，在“H7”中出现该列的求和。

第三步：计算销售量指数和销售价格指数。

$$\bar{k}_q=\frac{\sum q_1p_0}{\sum q_0p_0}$$

$$\bar{k}_p=\frac{\sum q_1p_1}{\sum q_1p_0}$$

最终计算结果如图 7－3 所示。

M14 f_x

	A	B	C	D	E	F	G	H	I
1	商品名称	计量单位	销售量		价格（元）		销售额（元）		按基期价格计算的报告期销售额（元）p0q1
2			基期	报告期	基期	报告期	基期	报告期	
3			q0	q1	p0	p1	p0q0	p1q1	
4	甲	公斤	200	250	150	150	30000	37500	37500
5	乙	米	250	255	60	65	15000	16575	15300
6	丙	台	20	22	4000	4200	80000	92400	88000
7	合计						125000	146475	140800
8			销售量总额指数	1.1264	销售价格指数	1.0403			

图 7－3

思考与练习

【课后思考】

1. 与一般相对数比较，总指数所研究的现象总体有何特点？

2. 总指数有哪两种编制方式？它们各自又有何特点？

3. 有人认为，在编制价格指数时，采用派氏公式计算得到的结果“现实经济意义”较强，因而不能采用拉氏公式。对此，你有何看法？

4. 什么是指数体系？进行指数分析所依据的指数体系有什么特点？

5. 平均指标指数是总指数还是一般相对数？可变构成指数、固定构成指数和结构变动影响指数三者在分析意义上有何区别，在数量上又有何联系？

【知识自测】

1. 单项选择题

(1)统计指数划分为个体指数和总指数的依据是(　　)。

A. 反映的对象范围不同　　B. 指标性质不同

C. 采用的基期不同　　D. 编制指数的方法不同

(2)数量指标指数和质量指标指数的划分依据是(　　)。

A. 指数化指标的性质不同　　B. 所反映的对象范围不同

C. 所比较的现象特征不同　　D. 编制指数的方法不同

(3)编制综和指数的主要问题是(　　)。

A. 确定同度量因素　　B. 确定同度量因素的固定时期

C. 确定个体指数及其权数　　D. 确定同度量因素及其固定时期

(4)编制总指数的两种形式是(　　)。

A. 数量指标指数和质量指标指数　　B. 综合指数和平均数指数

C. 算术平均数指数和调和平均数指数　D. 定基指数和环比指数

(5)销售价格综合指数 $\dfrac{\sum q_1 p_1}{\sum q_1 p_0}$ 表示(　　)。

A. 综合反映多种商品销售量变动程度

B. 综合反映多种商品销售额变动程度

C. 报告期销售的商品,其价格综合变动的程度

D. 基期销售的商品,其价格综合变动程度

(6)在销售量综合指数 $\dfrac{\sum q_1 p_0}{\sum q_0 p_0}$ 中,$\sum q_1 p_1 - \sum q_1 p_0$ 表示(　　)。

A. 商品价格变动引起销售额变动的绝对额

B. 价格不变的情况下,销售量变动引起销售额变动的绝对额

C. 价格不变的情况下,销售量变动的绝对额

D. 销售量和价格变动引起销售额变动的绝对额

(7)加权算术平均数指数变形为综合指数时,其特定的权数是(　　)。

A. $q_1 p_1$　　B. $q_0 p_1$　　C. $q_1 p_0$　　D. $q_0 p_0$

(8)加权调和平均数指数变形为综合指数时,其特定的权数是(　　)。

A. $q_1 p_1$　　B. $q_0 p_1$　　C. $q_1 p_0$　　D. $q_0 p_0$

(9)某超市今年与去年相比,所有商品的价格平均提高了10%,销售量平均下降了10%,则商品销售额(　　)。

A. 下降　　B. 上升

C. 保持不变　　D. 可能上升也可能下降

(10)在指数体系中,总量指标指数等于(　　)。

A. 各个因素指数之和　　B. 各个因素指数之差

C. 各个因素指数之积　　D. 各个因素指数之商

2. **多项选择题**

(1)指数的作用是(　　)。

A. 综合反映复杂现象总体数量上的变动情况

B. 分析现象总体变动中受各个因素变动的影响

C. 反映现象总体各单位变量分布的集中趋势

D. 反映现象总体的总规模水平

E. 利用指数数列分析现象的发展趋势

(2)下列属于质量指标指数的是(　　)。

A. 商品零售量指数　　B. 商品零售额指数

C. 商品零售价格指数　　D. 职工劳动生产率指数

E. 平均工资指数

(3)下列属于数量指标指数的有(　　)。

A. 工业总产值指数　　B. 劳动生产率指数

C. 职工人数指数　　D. 产品总成本指数

E. 产品单位成本指数

(4)某地区小麦产量2020年为2019年的103.5%,这个指数是(　　)。

A. 个体指数　　B. 数量指标指数　　C. 质量指标指数

D. 动态指数　　E. 静态指数

(5)加权算术平均数指数是一种(　　)。

A. 综合指数　　B. 总指数　　C. 平均数指数

D. 个体指数　　E. 质量指标指数

(6)总量指标的因素分析,由下列哪些指数组成的指数体系来进行(　　)。

A. 数量指标指数　　B. 质量指标指数　　C. 可变构成指数

D. 结构影响指数　　E. 固定构成指数

3. 判断题

(1)反映多种商品销售量变动情况的销售量指数是个体指数。(　　)

(2)编制质量指标指数时应该以报告期的数量指标作为同度量因素。(　　)

(3)在单位成本指数 $\dfrac{\sum q_1 p_1}{\sum q_1 p_0}$ 中,$\sum q_1 p_1 - \sum q_1 p_0$ 表示单位成本增减的绝对额。(　　)

(4)平均数指数也是编制总指数的一种重要形式,有它的独立应用意义。(　　)

(5)因素分析内容包括相对数和平均数分析。(　　)

(6)同样多的人民币报告期比基期少购商品10%,则物价指数为110%。(　　)

(7)平均数指数与综合指数在本质上是不同的。(　　)

(8)利用指数体系可以进行指数的因素分析。(　　)

(9)可变构成指数实质上是两个平均数的比值。(　　)

【计算题】

1. 某企业生产A,B两种产品,报告期和基期产量、出厂价格资料见表7-15所列。

表7-15

产品	产量(件)		出厂价(元/件)	
	基期	报告期	基期	报告期
A	2000	2200	12.0	12.5
B	5000	6000	6.2	6.0

要求:(1)用拉氏公式编制产品产量和出厂价格指数。

(2)用派氏公式编制产品产量和出厂价格指数。

(3)比较两种公式编制出来的产量和价格指数的差异。

2. 某皮革厂 2020 年第一季度生产的三种球类产品的成本资料见表 7-16 所列。

表 7-16

商品名称	计量单位	单位成本(元)		报告期总成本(万元)
		基期	计算期	
排球	个	72	98	313.6
足球	个	93	115	322.0
篮球	个	220	233	1887.3

试用加权调和平均法计算成本总指数。

3. 某皮革厂 2020 年第一季度生产的三种球类产品产量资料见表 7-17 所列。

表 7-17

商品名称	计量单位	产量(万个)		基期生产总量(万个)
		基期	计算期	
排球	个	2.1	3.2	151.2
足球	个	2.3	2.8	213.9
篮球	个	7.9	8.1	1738

试用加权算术平均法计算产量总指数。

4. 已知某企业生产同种产品的两个车间的资料见表 7-18 所列。

表 7-18

	产品总量(吨)		生产工人数(人)		劳动生产率(吨/人)	
	基期	报告期	基期	报告期	基期	报告期
甲	100.0	156.0	100	130	1.00	1.20
乙	76.5	85.5	85	90	0.90	0.95
全厂	176.5	241.5	185	220	—	—

要求：计算全厂劳动生产率及其指数，并对其变动进行因素分析(分相对程度及绝对量两个方面)。

5. 某超市三种商品销售量及价格资料见表 7-19 所列。

表 7-19

商品名称	计量单位	销售量		价格(元)	
		基期	报告期	基期	报告期
甲	双	1000	1100	45	60
乙	米	2000	2000	18	15
丙	台	3000	2800	12	12
合计	—	—	—	—	—

(1)计算三种商品销售量总指数,并分析由于销售量增加对销售额的影响。

(2)计算三种商品价格总指数,并分析价格变动对居民支出的影响。

6. 某企业总产值有关资料见表7-20所列。

表7-20

产品名称	总产值(百元)		出厂价格变动率(%)
	基期	报告期	
甲	200	250	+20
乙	750	900	-3
丙	2600	2660	-5
合计	3550	3812	—

要求:(1)计算产品出厂价格总指数。

(2)由于出厂价格变动,计算企业总产值变动的绝对额。

第八章　抽样调查

第一节　抽样调查概述

一、抽样调查的概念与特点

(一)抽样调查的概念

抽样抽查是按随机原则从所研究的总体中抽取部单位进行调查,并用部分单位的指标数值去推断总体的指标数值,从而达到认识总体的一种非全面调查方法。例如,对某企业灯泡的使用寿命进行检测,常常是随机抽取部分灯泡进行检测,并用部分灯泡检测的使用寿命去推断该批灯泡的使用寿命。

在实际统计工作中,由于人力、物力、财力或时间限制,取得全部数据是不可能的,或者说虽然能够取得全面数据但数据收集本身带有破坏性,所以我们必须采用抽样调查方法来取得资料。

(二)抽样调查的特点

抽样调查和其他调查方法相比较,具有以下几个特点。

1. 抽取调查单位必须遵循随机原则

所谓随机原则是指从总体中抽取调查单位完全排除调查者主观意识的影响,保证总体中每一个单位都有同等的中选机会,哪个单位被抽中,哪个单位不被抽中,完全是偶然的。只有遵循随机原则,才能使抽选出来的部分单位的分布状况近似于总体的分布状况,使部分单位的指标数值对总体具有充分的代表性;也只有遵循随机原则,才能计算抽样误差,在使用部分数值去推断总体数值时,估计出它有多大的把握程度。

2. 用部分单位的指标数值去推断总体的指标数值

因为统计研究的目的在于认识总体的数量特征,但并不是所有的现象总体都可进行全面调查来达到对总体的认识,对某些现象,我们只能抽取总体的部分单位进行调查,据此推断总体的指标数值。

3. 运用了概率估计的方法

统计抽样不仅可以用样本指标推断总体指标,而且还可以知道用这样的样本指标来推断总体指标其可靠程度有多大，这就是概率估计所解决的问题。

4. 抽样调查的抽样误差可以事先计算并加以控制

抽样调查既然是用部分单位的指标数值去推断总体的指标数值，必然存在一定的抽样误差，但这种抽样误差可利用有关资料加以计算，采取一定的措施加以控制，以保证抽样估计的结果达到一定的可靠程度。

二、抽样调查的适用范围

抽样调查除了具有上述特点外，还有许多优点：可以节省人力、财力，提高调查的经济效果；节省时间，提高调查的时效性。所以，抽样调查在经济统计中应用广泛，尤其适用于以下范围。

1. 对具有破坏性产品质量的检验

对具有破坏性产品质量的检验，必能采用抽样调查方法。例如，对电视机的使用寿命的检验、轮胎行驶里程的检验、炮弹杀伤半径的检验等，都不可能进行全面调查，只能采用抽样调查。

2. 对总体较大或无限总体进行调查

对虽然可以进行全面调查，但不必要进行全面调查的现象，要采用抽样调查。例如，对居民收支情况调查，人们对某项改革措施的看法等。虽然可以一个家庭、一个人的逐一进行，但没有必要，因为许多家庭、个人情况相同，只需调查其中一部分就可推算总体。又如，对大气或环境污染情况的调查等，都无法进行全面调查，也只能采用抽样调查方法。

3. 可以补充和修正全面调查的结果

由于全面调查涉及面广，参加人员多，在调查登记和汇总整理过程中容易发生差错，因此，在全面调查结束后，随机抽取一部分单位进行一次抽样调查，将两次调查资料进行对比。计算其差错率，并以此为依据对全面调查资料加以修正，以提高全面调查资料的准确性。

4. 可用于生产过程中产品质量的检查和控制

例如，在工业生产过程中，定时抽取一定量的产品进行质量检查，看其生产过程是否处于正常状态，以便及时采取措施，防止废、次品发生，保证产品质量的稳定。

三、抽样调查的理论基础

从数学方法来说，抽样调查是以概率论的极限定理为基础的。极限定理是指采用极限的方法得出随机变量概率分布一系列定理的总称，内容广泛，其中的大数定律和中心极限定理为抽样推断提供了主要的数学依据。

1. 大数定律

大数定律也叫大数法则，它是阐明大量随机现象平均结果稳定性的一系列定理的总称。它说明：如果被研究的总体由大量的相互独立的随机因素所构成，而且每个因素对总体的影响都相对的小，那么对这些大量因素加以综合平均的结果，因素的个别影响将相互抵消，而呈现出其共同作用的影响，使总体具有稳定的性质。

联系抽样调查来看，大数定律从数量关系角度阐明了样本和总体之间的内在联系，即随着样本单位数的增加，抽样平均数接近于总体平均数。

2. 中心极限定理

在社会经济现象中，有些随机变量表现为大量独立的随机变量之和。例如，任意指定某时刻城市用电量是各用户大量用电量的总和，一个零件的实际尺寸与标准尺寸的偏差是原材料、设备、操作技术、经营管理水平等多种因素综合影响的结果等。

中心极限定理是指在一定条件下，大量相互独立的随机现象的概率分布以正态分布为极限的定理，即研究随机变量之和在什么条件下渐近地服从正态分布。因正态分布在概率论中占有中心地位，所以把以正态分布为极限的定理叫作中心极限定理。

中心极限定理是大样本统计推断的理论基础。样本平均数也是一种随机变量之和的分布，根据中心极限定理，只要在样本容量充分的大时，不论全及总体的变量分布是否属于正态分布，其抽样平均数总是趋近于正态分布，这就为抽样推断提供了重要的理论依据。

四、抽样调查中的几个基本概念

(一)全及总体和抽样总体

1. 全及总体

全及总体是指所要调查研究对象的全体，简称为总体。例如，要调查我国农户的收入水平，则全国农户就是全及总体。组成全及总体的各个单位称为总体单位。若总体单位的数目有限，且可以计数的叫有限总体，如全国人口数、企业数等；若总体单位的数目没有限度，且不能计数的叫无限总体，如江河湖泊的鱼尾数等。总体包括的全部单位称为总体单位数，通常用 N 表示。

2. 抽样总体

抽样总体是指从全及总体中随机抽取部分单位组成的集合体。由于以抽样总体作为标本来进行调查研究，所以抽样总体又称样本。例如，从全国农户中随机抽取 5%的农户研究其收入水平，则抽取的 5%的农户就是样本。组成样本的每一单位叫样本单位。样本中所包括的单位数称为样本单位数，通常用 n 表示。在统计中，一般将 $n \geqslant 30$ 称为大样本，$n < 30$ 称为小样本。

(二)总体指标与样本指标

1. 总体指标

总体指标是根据全及总体各单位标志值计算的，以反映总体数量特征的综合指标，又称为总体参数。由于总体是唯一确定的量，因此，总体指标数值也是唯一确定的。总体指标值在进行抽样调查之前是未知的，只能通过抽样调查来进行估计或推断。常用的总体指标有：总体平均数 $\overline{X}$、总体标准差 σ、总体方差 σ^2、总体成数 P。其计算公式见表 8－1 所列。

2. 样本指标

样本指标是根据样本中各单位标志值计算的以反映样本特征的综合指标，又称为统计量。由于从全及总体中可以抽取许多样本，而每个样本都有不同的变量取值，样本不同，样本指标的数值也不同。所以，样本指标的数值不是唯一确定的，它是个随机变量。常用的样本指标有：样本平均数$\bar{x}$、样本标准差 s、样本方差 s^2、样本成数 p。其计算公式见表 8－1 所列。

表 8－1 总体指标与样本指标的计算公式及符号

单位数	N	n
平均数	$\bar{X}=\frac{\sum X}{N},\bar{X}=\frac{\sum XF}{\sum F}$	$\bar{x}=\frac{\sum x}{n},\bar{x}=\frac{\sum xf}{\sum f}$
标准差	$\sigma=\sqrt{\frac{\sum (X=\bar{X})^2}{N}}$ $\sigma=\sqrt{\frac{\sum (X-\bar{X})^2 F}{\sum F}}$	$s=\sqrt{\frac{\sum (x-\bar{x})^2}{n}}$ $s=\sqrt{\frac{\sum (x-\bar{x})^2 f}{\sum f}}$
方差	$\sigma^2=\frac{\sum (X=\bar{X})^2}{N}$ $\sigma^2=\frac{\sum (X-\bar{X})^2 F}{\sum F}$	$s^2=\frac{\sum (x-\bar{x})^2}{n}$ $s^2=\frac{\sum (x-\bar{x})^2 f}{\sum f}$
成数	$P=\frac{N_1}{N},Q=\frac{N_0}{N}=1-P$	$p=\frac{n_1}{n},q=\frac{n_0}{n}=1-p$

(三)重复抽样和不重复抽样

在抽样调查中抽取样本的方法有两种：重复抽样和不重复抽样。

1. 重复抽样

重复抽样是从总体 N 个单位中随机抽取一个单位，登记结果，再放回去参加下一次的抽选，每个单位有多次中选的机会，因此，重复抽样又称回置抽样。重复抽样随着抽样次数的增加，总体单位数始终保持不变。

从总体 N 个单位中，用重复抽样的方法，随机抽取 n 个单位构成一个样本，共可抽取 N^n 个样本。

例如，从总体 A，B，C 三个单位中，用重复抽样方法随机抽 2 个单位构成样本，所有可能样本为：AA，AB，AC，BA，BB，BC，CA，CB，CC，共可抽取 $3^2=9$ 个样本。

2. 不重复抽样

不重复抽样是从总体 N 个单位中随机抽取一个单位，不再放回参加下一次抽选；第二次从总体 $N-1$ 个单位中随机抽取一个，依次下去。因此，不重复抽样又称不回置抽样。不重复抽样总体中每个单位只有一次中选的机会，而且随着抽样次数的增加，总体单位数逐渐减少。

从总体 N 个单位中，用不重复抽样的方法，随机抽取 n 个单位构成一个样本，共可抽取：$N(N-1)(N-2)\cdots(N-n+1)$个样本。

例如，从总体 A，B，C 三个单位中，用不重复抽样方法随机抽取 2 个单位构成样本，所有可能样本为：AB，AC，BA，BC，CA，CB，共可抽取 $3\times(3-1)=6$(个)样本。

第二节　抽样误差

一、抽样误差的概念

抽样误差是指在遵循随机原则的前提下，样本指标与总体指标之间的离差。具体地是指样本平均数与总体平均数的离差($\bar{x}-\bar{X}$)，样本成数与总体成数的离差($p-P$)。抽样误差愈小，表示样本的代表性愈高；反之，代表性就愈低。

在抽样过程中，误差的来源主要有两类：一类是登记性误差，是指在调查过程中，由于登记、过录、计算等原因造成的差错；另一类是代表性误差，是样本指标值与总体指标值之间的离差。它又分为两种：一种是偏差，即在抽样调查过程中由于破坏随机原则而产生的，例如，有意选择较好或较差单位进行调查，造成样本指标偏高或偏低；另一种是随机误差，是在遵循随机原则的情况下，用样本指标去代表总体指标时所产生的不可避免的误差，是样本抽取的随机性引起的。登记性误差与偏差是抽样调查的组织问题，可以采取措施加以避免，并将其减少到最低限度。

随机误差包括抽样实际误差和抽样平均误差。抽样实际误差是抽样调查所得的样本指标与总体指标之间的实际差数，它是未知的；抽样平均误差是所有可能出现的样本指标与总体指标之间的标准差，是可以计算的。

二、抽样平均误差

(一)抽样平均误差的概念

从总体中抽取多个样本，每个样本指标与总体指标之间的离差称为实际抽样误差。由于总体指标是未知的，因此，实际抽样误差是无法测算的。实际工作中是以抽样平均误差来衡量抽样误差大小的。抽样平均误差是所有样本指标与总体指标之间的标准差。根据这个定义可得计算抽样平均误差的定义公式：

$$\mu_{\bar{x}}=\sqrt{\frac{\sum(\bar{x}-\bar{X})^2}{M}}$$

$$\mu_p=\sqrt{\frac{\sum(p-P)^2}{M}}$$

式中：$\mu_{\bar{x}}$ 代表平均数的抽样平均误差；μ_p 代表成效的抽样平均误差；$\bar{x}$ 代表样本平均数，$\bar{X}$ 代表总体平均数；p 代表样本成数；P 代表总体成效；M 代表样本的可能数目。

用定义公式计算抽样平均误差，需要有总体平均数 $\bar{X}$ 和总体成数 P，而它们都是未知待求的，因此，需要将上式公式加以转换。数理统计已经给我们推导出了抽样平均误差的计算公式。

1. 抽样平均数的抽样平均误差

(1) 在重复抽样的情况下，计算公式为

$$\mu_{\bar{x}} = \frac{\sigma}{\sqrt{n}} \text{ 或 } \mu_{\bar{x}} = \sqrt{\frac{\sigma^2}{n}}$$

式中：σ 代表总体标准差；σ^2 代表总体方差；n 代表样本单位数。

下面举例加以验证。

【例 8-1】 设有三个工人，日产零件数分别为

甲：3 件　乙：5 件　丙：7 件

现用重复抽样方法随机抽取两个单位组成样本，其样本配合见表 8-2 所列。

表 8-2　抽样平均误差计算表

样本	日产量 x	样本平均数 $\bar{x}$	$\bar{x}-\overline{X}$	$(\bar{x}-\overline{X})^2$
甲,甲	3,3	3	−2	4
甲,乙	3,5	4	−1	1
甲,丙	3,7	5	0	0
乙,甲	5,3	4	−1	1
乙,乙	5,5	5	0	0
乙,丙	5,7	6	1	1
丙,甲	7,3	5	0	0
丙,乙	7,5	6	1	1
丙,丙	7,7	7	2	4
合计	—	45	—	12

样本平均数的平均数：

$$E(\bar{x}) = \frac{\sum \bar{x}}{M} = \frac{45}{9} = 5(\text{件})$$

总体平均数：

$$\overline{X} = \frac{\sum X}{N} = \frac{3+5+7}{3} = 5(\text{件})$$

计算结果说明样本平均数的平均数等于总体平均数：

$$\mu_{\bar{x}} = \sqrt{\frac{\sum (\bar{x}-\overline{X})^2}{M}} = \sqrt{\frac{12}{9}} = 1.15(\text{件})$$

总体方差：

$$\sigma^2 \frac{\sum X^2}{N} - (\overline{X})^2 = \frac{3^2+5^2+7^2}{3} - (5)^2 = 2.67(\text{件})$$

$$\mu_{\bar{x}} = \sqrt{\frac{\sigma^2}{n}} = \sqrt{\frac{2.67}{2}} = 1.15(件)$$

两个公式计算结果相同。

(2) 在不重复抽样的情况下

① 当总体单位数 N 很少时：

$$\mu_{\bar{x}} = \sqrt{\frac{\sigma^2}{n}\left(\frac{N-n}{N-1}\right)}$$

② 当总体单位数 N 很大时，上式可写成：

$$\mu_{\bar{x}} = \sqrt{\frac{\sigma^2}{n}\left(1-\frac{n}{N}\right)}$$

上面不重复抽样误差的近似公式与重复抽样误差公式的区别是公式中多了一个 $\left(1-\frac{n}{N}\right)$，它是总体单位中未抽中单位所占的比重，称为修正系数，也称为校正因子。由于修正系数 $\left(1-\frac{n}{N}\right)$，是一个大于 0 而小于 1 的系数，因此，不重复抽样的平均误差也总是小于重复抽样的平均误差。当总体单位数 N 很大，样本单位数 n 很小时，则 $\left(1-\frac{n}{N}\right)$ 接近于 1，表明不重复抽样的抽样平均误差接近于重复抽样的抽样平均误差。因此，实际工作中，按不重复抽样方法进行抽样时，也往往用重复抽样的公式来计算抽样平均误差。

从抽样平均误差的计算公式可以看出，影响抽样平均误差大小的因素有：

第一，受总体标准差或方差大小的影响。抽样平均误差与总体标准差或方差成正比，总体标准差或方差愈大，抽样平均误差也愈大；总体标准差或方差愈小，抽样平均误差也愈小。

第二，受样本单位数多少的影响。抽样平均误差与样本单位数成反比，样本单位数愈多，抽样平均误差愈少；样本单位数愈少，抽样平均误差愈大。

第三，受抽样方法及抽样组织形式不同的影响。在其他条件相同的情况下，重复抽样的抽样平均误差总是大于不重复抽样酌抽样平均误差。抽样组织形式不同，抽样平均误差也不相同，具体内容在后面章节介绍。

在计算抽样平均误差的公式中，总体标准差或方差是未知的，实际工作中，可采用其他指标近似代替：

第一，用过去调查所得资料计算的标准差或方差代替。即用过去全面调查或抽样调查所得的总体方差或样本方差来代替。若有几个方差，应选择方差值最大的。

第二，用样本标准差或方差代替。这是实际工作中经常使用的一种方法。

第三，用估计标准差或方差代替。例如，利用农作物预计产量的标准差或方差代替。

第四，用试验性调查资料计算的标准差或方差代替。如果既没有过去的资料，又需要在调查之前就估计出抽样误差，可以在大规模调查之前，组织一次小规模的试验性调查。

【例 8－2】 某市进行职工家计调查，在全市 10000 户居民家庭中随机抽取 400 户，对该市居民家庭月平均生活费用进行调查，得知该市居民家庭月生活费用的标准差为24元，求抽样平均误差。

已知，$N=10000$户，$n=400$户，$\sigma=24$元。

题中没有明确样本的选取是采用重复抽样，还是不重复抽样，故可以按两种方法分别计算。

① 在重复抽样情况下

$$\mu_{\bar{x}}=\sqrt{\frac{\sigma^2}{n}}=\sqrt{\frac{24^2}{400}}=1.2(\text{元})$$

② 在不重复抽样情况下

$$\mu_{\bar{x}}=\sqrt{\frac{\sigma^2}{n}\left(1-\frac{n}{N}\right)}=\sqrt{\frac{24^2}{400}\times\left(1-\frac{400}{10000}\right)}=1.18(\text{元})$$

2. 抽样成数的抽样平均误差

（1）在重复抽样的情况下

$$\mu_p=\sqrt{\frac{p(1-p)}{n}}$$

（2）在不重复抽样的情况下

① 当总体单位数N很少时

$$\mu_p=\sqrt{\frac{p(1-p)}{n}\left(\frac{N-n}{N-1}\right)}$$

② 当总体单位数N很大时，上式可写成

$$\mu_p=\sqrt{\frac{p(1-p)}{n}\left(1-\frac{n}{N}\right)}$$

总体成数方差是未知的，其解决方法与前面平均数的方法相同，还可用成数方差的最大值0.25代替。这是实际工作中最常用的一种方法。

【例8-3】 一批零件共10000个，随机抽查100个，发现其中有5个不合格，求合格率的抽样平均误差。

$$\text{合格率}\quad p=\frac{100-5}{100}=0.95=95\%$$

在重复抽样情况下

$$\mu_p=\sqrt{\frac{p(1-p)}{n}}=\sqrt{\frac{0.95(1-0.95)}{100}}=0.0218=2.18\%$$

在不重复抽样情况下

$$\mu_p=\sqrt{\frac{p(1-p)}{n}\left(1-\frac{n}{N}\right)}=\sqrt{\frac{0.95(1-0.95)}{100}\left(1-\frac{100}{10000}\right)}=0.0217=2.17\%$$

计算结果说明，不重复抽样比重复抽样的抽样平均误差要小。

三、抽样极限误差

（一）抽样极限误差的概念

抽样极限误差是指样本指标与总体指标之间抽样误差的可能范围，由于总体指标是一个确定的量，抽样指标是一个随机变量，它总是围绕着总体指标左右变动的，从而产生正的离差和负的离差，即$|\bar{x}-\overline{X}|$和$|p-P|$。由于它是用抽样误差不超过某一给定的范围，所以称为抽样极限误差，又称为抽样误差范围，或允许误差。设$\Delta_{\bar{x}}$和Δ_p分别表示样本平均数$\bar{x}$和样本成数p的抽样极限误差，则

$$\Delta_{\bar{x}}=|\bar{x}-\overline{X}| \quad \Delta_p=|p-P|$$

即

$$\overline{X}-\Delta_{\bar{x}}\leqslant\bar{x}\leqslant\overline{X}+\Delta_{\bar{x}}$$

$$P-\Delta_p\leqslant p\leqslant P+\Delta_p$$

上述两个不等式表明，样本平均数$\bar{x}$是以总体平均数$\overline{X}$为中心，在$\overline{X}\pm\Delta_{\bar{x}}$之间变动的；样本成数$p$是以总体成数$P$为中心，在$P\pm\Delta_p$之间变动的。但这不符合抽样估计的要求，因为总体平均数和总体成数是未知的，要求以实测的样本平均数和样本成数进行估计，因此，上述两个不等式可等价变换为

$$\bar{x}-\Delta_{\bar{x}}\leqslant\overline{X}\leqslant\bar{x}+\Delta_{\bar{x}}$$

$$p-\Delta_p\leqslant P\leqslant P+\Delta_{\bar{p}}$$

由此可见，抽样极限误差的实际意义就是希望总体平均数落在抽样平均数$\bar{x}\pm\Delta_{\bar{x}}$的范围；总体成数落在抽样成数$P\pm\Delta_p$的范围。

（二）概率度 t

概率度是以抽样平均误差作为标准单位来衡量抽样极限误差所得出的相对数，即

$$t=\frac{\Delta_{\bar{x}}}{\mu_{\bar{x}}}, \qquad t=\frac{\Delta_p}{\mu_p}$$

则抽样极限误差可以表示为抽样平均误差的t倍：

$$\Delta_{\bar{x}}=t\mu_{\bar{x}}, \qquad \Delta_p=t\mu_p$$

概率度是扩大或缩小抽样平均误差的倍数，是衡量估计可靠程度的一个参数。

以上公式展开以后可得到下面公式：

$$\mu_{\bar{x}}=t\cdot\sqrt{\frac{\sigma^2}{n}} \quad 或 \quad \mu_{\bar{x}}=t\cdot\sqrt{\frac{\sigma^2}{n}\left(1-\frac{n}{N}\right)}$$

$$\mu_p=t\cdot\sqrt{\frac{p(1-p)}{n}} \quad 或 \quad \mu_p=t\cdot\sqrt{\frac{p(1-p)}{n}\left(1-\frac{n}{N}\right)}$$

（三）置信度 $F(t)$

置信度 $F(t)$ 是指样本指标与总体指标之间绝对离差不超过给定的抽样误差范围的概率保证程度，又叫把握程度或允许误差。

抽样估计的概率保证程度是指抽样误差不超过一定范围的概率大小。概率论证明，在大样本的条件下，抽样平均数的分布接近正态分布。而且抽样平均数愈接近总体平均数，出现的可能性愈大，概率越大；反之，抽样平均数愈离开总体平均数，出现的可能性愈小，概率愈小。

如果置信度（概率保证程度）用 p 表示，则置信度 P 为概率度 t 的函数，用公式表示为

$$P=(|\bar{x}-\bar{X}|<t\mu_{\bar{x}})=F(t)$$

把概率度 t 和抽样误差范围 $\Delta=t\mu$ 联系起来，利用正态分布概率积分表，知道概率度 t 便可查出相应的置信度（概率保证程度）$F(t)$；反之，若已知置信度 $F(t)$ 也可查出相应的概率度 t。

上述函数数量关系，也可用图 8－1 来表示。

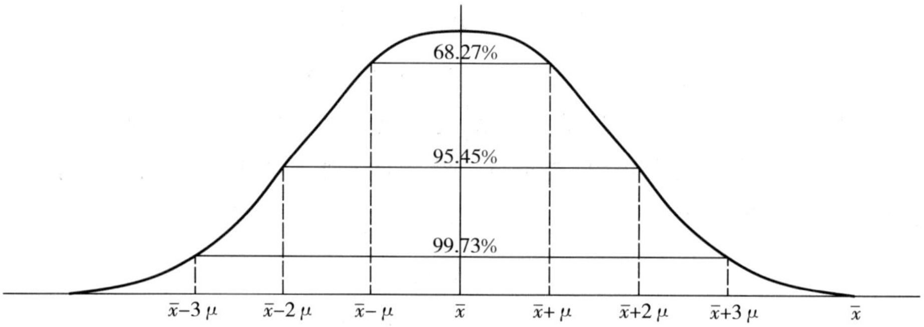

图 8－1　总体参数正态分布概率图

从图 8－1 可看出，正态分布曲线与横轴所围成的概率面积 $F(t)$ 等于 1，则抽样平均数 $\bar{x}$ 落在 $(\bar{x}-\mu_{\bar{x}},\bar{x}+\mu_{\bar{x}})$] 面积的概率为 68.27%；落在 $(\bar{x}-2\mu_{\bar{x}},\bar{x}+2\mu_{x})$ 面积的概率为 95.45%；落在 $(\bar{x}-3\mu_{\bar{x}},\bar{x}+3\mu_{\bar{x}})$ 面积的概率为 99.73%。这表明抽样平均数与总体平均数之间极限误差不超过 $1\mu_{\bar{x}}$ 的概率为 68.72%；极限误差不超过 $2\mu_{\bar{x}}$ 的概率为 95.45%；极限误差不超过 $3\mu_{\bar{x}}$ 的概率为 99.73%。

在实践应用中，常用的概率度、置信度（概率）和极限误差主要有 5 个，见表 8－3 所列。

表 8－3　常用的概率度、概率保证程度和极限误差关系表

概率度 t	概率保证程度 $F(t)$（%）	极限误差 Δ
1.00	68.27	1.00μ
1.96	95.00	1.96μ
2.00	95.45	2.00μ
2.58	99.00	2.58μ
3.00	99.73	3.00μ

由此可以看出 t 值越大，抽样估计的置信度越高，抽样误差范围越大，精确度越差；t 值越小，抽样估计的置信度越低，抽样误差范围越小，精确度越高。抽样估计的可靠性（置信度）和精确度是一对互为矛盾的两个方面，所以在实际工作中要两者兼备，合理处理，以达到最佳的抽样估计效果。

【例 8-4】 某地区种植玉米 1200 亩，现采用重复抽样方法随机抽取 36 亩，测得平均亩产量为 500 斤，标准差为 48 斤。求在概率保证程度为 95% 时的抽样极限误差。若极限误差不超过 16 斤，概率保证程度有多大？

$$\mu_{\bar{x}}=\frac{\sigma}{\sqrt{n}}=\frac{48}{\sqrt{36}}=8(\text{斤})$$

$$\Delta_{\bar{x}}=t\mu_{\bar{x}}=1.96\times 8=15.68(\text{斤})$$

若极限误差不超过16斤，则概率度为：$t=\frac{\Delta_{\bar{x}}}{\mu_{\bar{x}}}=\frac{16}{8}=2$，查正态分布概率表（见附表1）得，当 $t=2$ 时，概率保证程度为 95.45%，也就是说还有 4.55% 的可能性不在这个范围内。

第三节　抽样估计的方法

抽样估计是指利用实际调查计算的样本指标数值来估计和推断相应的总体指标数值。抽样估计的方法有点估计和区间估计两种，下面分别加以介绍。

一、点估计

点估计又称定值估计，它是直接用样本平均数或样本成数代替总体平均数或总体成数的估计方法。用公式表示为

$$\bar{x}=\overline{X}$$

$$p=P$$

例如，我们在一批灯泡中，随机抽出 30 只进行试验，测得 30 只灯泡的平均使用寿命为 1500 小时，我们就说这批灯泡的平均寿命是 1500 小时。

点估计没有考虑抽样误差问题，也无法评价估计值的准确程度和把握程度，实际多采用区间估计。

二、区间估计

（一）区间估计的概念

区间估计是根据样本指标数值，用一定的概率保证抽样误差不超过某一给定的可能范围，推断出总体指标的可能区间。根据前面所讲的抽样极限误差的概念和不等式，很容易得到以下不等式。

总体平均数的区间估计公式为

$$\bar{x}-\Delta_{\bar{x}} \leqslant \bar{X} \leqslant \bar{x}+\Delta_{\bar{x}}$$

总体成数的区间估计公式为

$$p-\Delta_{p} \leqslant P \leqslant p+\Delta_{p}$$

上面公式表示被估计的总体平均数是以抽样平均数$\bar{x}$为中心，在$\bar{x}-\Delta_{\bar{x}}$至$\bar{x}+\Delta_{\bar{x}}$之间变动，区间($\bar{x}-\Delta_{\bar{x}}$，$\bar{x}+\Delta_{\bar{x}}$)称为总体平均数的估计区间或置信区间，($p-\Delta_{p}$，$p+\Delta_{p}$)为总体成数的置信区间，($\bar{x}-\Delta_{\bar{x}}$)和($p-\Delta_{p}$)称为下限，($\bar{x}+\Delta_{\bar{x}}$)和($p+\Delta_{p}$)称为上限，区间总长度为$2\Delta_{\bar{x}}$，在这个区间内样本平均数和总体平均数之间的绝对离差不超过$\Delta_{\bar{x}}$。

区间估计就是以一定的概率保证估计包含总体参数的一个值域，即根据样本指标和抽样平均误差推断总体指标的可能范围。它包括两个部分内容：一是这一可能范围的大小，二是总体指标落在这个可能范围内的概率。区间估计既说明估计结果的准确程度，又同时表明这个估计结果的可靠程度，所以区间估计是比较科学的，它是抽样估计的主要方法。

区间估计必须同时具备三个要素，即估计值、抽样极限误差和概率保证程度。抽样误差范围决定抽样估计的准确性，概率保证程度决定抽样估计的可靠性，二者密切联系，但同时又是一对矛盾体，所以，对估计的精确度和可靠性的要求应慎重考虑。

（二）区间估计的方法

在实际抽样调查中，区间估计根据给定的条件不同，有不同的估计方法。下面举例说明区间估计的方法与步骤。

1. 由原始资料的计算结果对总体指标做出区间估计

【例 8-5】 某进出口公司出口一种名茶，规定每包重量不低于150克。经抽样100包并算得知样本平均数为150.3克，标准差为0.76克。要求以99.73%的概率估计这批茶叶平均每包的重量范围，以便确定该批茶叶是否达到重量规格的要求。

$$\mu_{\bar{x}}=\frac{s}{\sqrt{n}}=\frac{0.76}{\sqrt{100}}=0.076(\text{克})$$

由于$F(t)=99.73\%$，查表得$t=3$，所以，

$$\Delta_{\bar{x}}=t\mu_{\bar{x}}=3\times 0.076=0.228(\text{克})$$

平均每包重量区间为150.3 ± 0.228克，即$150.072\sim 150.528$克。

由于估计的区间下限高于150克，所以这批茶叶以99.73%的概率估计，达到了重量规格的要求。

2. 由给定抽样极限误差对总体指标做出区间估计

【例 8-6】 某城市随机抽取400户居民进行家计调查，得每户年耐用品的消费支出的标准差为200元，试确定该市居民年平均每户耐用品的消费支出在930.4元至969.6元之间的概率保证程度。

已知：

$$n=400,\sigma=200$$

$$\Delta_{\bar{x}} = \frac{969.6 - 930.4}{2} = 19.6(\text{元})$$

则

$$\mu_{\bar{x}} = \frac{s}{\sqrt{n}} = \frac{200}{\sqrt{400}} = 10(\text{元})$$

$$t = \frac{\Delta_{\bar{x}}}{\mu_{\bar{x}}} = \frac{19.6}{10} = 1.96$$

查正态分布概率表，得置信度为 95%。该市居民年平均每户耐用品的消费支出在 930.4 元至 969.6 元之间的概率保证程度为 95%。

3. 由给定概率保证程度对总体指标做出区间估计

【例 8-7】 某学校为了了解学生英语学习情况，随机抽选 100 名学生进行调查，所得资料见表 8-4 所列。

表 8-4　某学校学生英语学习情况表

考试成绩(分)	学生人数(人)	x	xf	x^2	x^2f
60 以下	10	55	550	3025	30250
60 ～ 70	20	65	1300	4225	84500
70 ～ 80	22	75	1650	5625	123750
80 ～ 90	40	85	3400	7225	289000
90 ～ 100	8	95	760	9025	72200
合计	100	—	7660	—	599700

试以 95.45% 的可靠性估计该校学生英语考试平均成绩的范围，以及该校学生成绩在 80 分以上的学生所占比重范围。

(1) 该校学生考试的平均成绩的范围

$$\bar{x} = \frac{\sum xf}{\sum f} = \frac{7660}{100} = 76.6$$

$$\sigma = \sqrt{\frac{\sum x^2 f}{\sum f} - \left[\frac{\sum xf}{\sum f}\right]^2} = \sqrt{\frac{599700}{100} - \left(\frac{7660}{100}\right)^2} = 11.38(\text{分})$$

$$\mu_{\bar{x}} = \frac{\sigma}{\sqrt{n}} = \frac{11.38}{\sqrt{100}} = 1.138 \quad F(t) = 95.45\% \quad t = 2$$

$$\Delta x = t \times \mu_{\bar{x}} = 2 \times 1.138 = 2.276(\text{分})$$

该校学生考试的平均成绩区间范围是

$$\bar{x} - \Delta x \leqslant \overline{X} \leqslant \bar{x} + \Delta x$$

$$(76.6-2.276)\text{分} \leqslant \overline{X} \leqslant (76.6+2.276)\text{分}$$

即
$$74.32\text{分} \leqslant \overline{X} \leqslant 78.88\text{分}$$

(2) 该校学生成绩在 80 分以上的学生所占比重范围

$$p=\frac{n_1}{n}=\frac{48}{100}=48\%$$

$$\mu=\sqrt{\frac{p(1-p)}{n}}=\sqrt{\frac{0.48\times(1-0.48)}{100}}=0.04996=5\%$$

$$\Delta p=t\times\mu_p=2\times5\%=10\%$$

全校 80 分以上的学生所占的比重范围为

$$\text{下限}=p-\Delta p=48\%-10\%=38\%$$

$$\text{上限}=p+\Delta p=48\%+10\%=58\%$$

所以在 95.45% 概率保证程度下,该校学生成绩在 80 分以上的比重为 38% ~ 58%。

第四节　抽样单位数的确定

一、确定抽样单位数的必要性

抽样调查的目的是用样本资料推断总体。抽样推断的基础是样本,样本单位数到底为多少才合适呢?这是抽样调查中一个至关重要的问题。抽样单位数过多会增加抽样组织的困难,造成人力、物力、财力的浪费;抽样单位数太少,抽样误差就会增大,直接影响到抽样推断结果的准确性。另外,抽样推断的要求是推断的结果在满足一定可靠性的条件下,保证抽样误差不超过事先规定的范围。而推断的可靠性要求主要是根据研究问题的性质和对抽样结果的用途不同而定。当可靠性要求已确定时,抽样误差的控制尤为重要。因为抽样单位数是影响抽样误差大小的重要因素,在其他条件相同时,就可以用增加或减少抽样单位数的方法来控制抽样误差的大小,以期达到满足抽样调查任务的要求。

二、抽样单位数的计算方法

抽样单位数的确定公式,可从抽样平均误差和允许误差的公式推算出来。由于有重复抽样和不重复抽样的不同方法,推算抽样单位数的公式也不一样。

(一) 重复抽样条件下,抽样单位数的计算公式

1. 平均数的抽样单位数目

由于:

$$\Delta_{\bar{x}}=t\mu_{\bar{x}}=t\sqrt{\frac{\sigma^2}{n}}$$

两边平方得

$$\Delta_{\bar{x}}^{2}=\frac{t^{2}\sigma^{2}}{n}$$

移项得

$$n=\frac{t^{2}\sigma^{2}}{\Delta_{\bar{x}}^{2}}$$

2. 成数的抽样单位数目

由于

$$\Delta_{p}=t\mu_{p}=t\sqrt{\frac{p(1-p)}{n}}$$

两边平方得

$$\Delta_{p}^{2}=\frac{t^{2}p(1-p)}{n}$$

移项得

$$n=\frac{t^{2}p(1-p)}{\Delta_{p}^{2}}$$

(二) 不重复抽样条件下,抽样单位数目的计算公式

1. 平均数的抽样单位数目

由于

$$\Delta_{\bar{x}}=t\mu_{\bar{x}}=\sqrt{\frac{\sigma^{2}}{n}\left(1-\frac{n}{N}\right)}$$

两边平方得

$$\Delta_{\bar{x}}^{2}=t^{2}\left[\frac{\sigma^{2}}{n}\left(1-\frac{n}{N}\right)\right]$$

移项得

$$n=\frac{t^{2}\sigma^{2}N}{N\Delta_{\bar{x}}^{2}+t^{2}\sigma^{2}}$$

2. 成数的抽样单位数目

推算方法与平均数的抽样单位数目相同,只要将平均数的抽样单位数目公式中的 σ^{2} 和 $\Delta_{\bar{x}}^{2}$ 分别用 $p(l-p)$ 和 Δ_{p}^{2} 替换即可,其计算公式为

$$n=\frac{t^{2}p(1-p)N}{N\Delta_{p}^{2}+t^{2}p(1-p)}$$

从上述计算公式可以看出,影响抽样单位数目的主要因素有以下四个。

(1) 总体方差 σ^2 或 $p(l-p)$。方差越大,说明样本的代表性越低,为了取得理想的抽样效果,则需要抽取的样本单位数越多;反之,就可少抽一些。

(2) 允许误差的数值大小。允许误差大,可以少抽些样本单位数;允许误差小,相应的样本单位数要多抽一些。

(3) 抽样估计的概率度。概率度 t 值大,要求推断的可靠程度高,则抽样单位数目要多抽些;概率度 t 值小,要求推断的可靠程度低,则抽样单位数目要少抽一些。

(4) 抽样方法和抽样的组织形式。在同样条件下,重复抽样需要多抽一些样本单位,不重复抽样可以少抽一些。简单随机抽样和整群抽样需要多抽一些样本单位,而类型抽样和等距抽样相对可少抽一些。

三、抽样单位数目的计算举例

【例 8-8】 某大学有学生 3000 名,根据近年资料,学生的人均月生活费用的标准差为 40 元,要求误差不超过 10 元,估计的置信度为 95.45%,问需要抽取多少名学生?

已知:

$$N=3000,\sigma=40\text{ 元},\Delta_{\bar{x}}=10\text{ 元},t=2$$

重复抽样条件下:

$$n=\frac{t^2\sigma^2}{\Delta_{\bar{x}}^2}=\frac{2^2\times 40^2}{10^2}=64(\text{名})$$

在不重复抽样条件下:

$$n=\frac{t^2\sigma^2 N}{N\Delta_{\bar{x}}^2+t^2\sigma^2}=\frac{2^2\times 40^2\times 3000}{3000\times 10^2+2^2\times 40^2}=63(\text{名})$$

【例 8-9】 某冰箱厂生产一种新型冰箱投放市场,为了掌握这种新产品在市场的销售情况,该厂在市场上调查喜欢这种新型冰箱的人数比重。要求误差不超过 4%,概率保证程度为 95.45%,问需要抽选的样本单位数是多少?

由于这种冰箱是新产品,无法根据过去的资料计算喜欢这种新型冰箱的人数比重,即 p 未知,这时,可利用成数方差的最大值为 $0.25\times(0.5\times 0.5)$,就是说当喜欢和不喜欢两类总体单位各占一半时为最大,可取 $p=0.5$,则

$$n=\frac{t^2 p(1-p)}{\Delta_p^2}=\frac{2^2\times 0.5\times(1-0.5)}{0.04^2}=625(\text{人})$$

这样计算出来的抽样单位数目能够满足准确程度和把握程度的要求。

【例 8-10】 某市开展职工家计调查,根据历史资料该市职工家庭平均每人每年收入的标准差为 250 元,而家庭消费的恩格尔系数为 65%。现在用重复抽样的方法,要求在 95.45% 的概率保证下,平均收入的极限误差不超过 20 元,恩格尔系数的极限误差不超过 4%,求必要的样本单位数。

根据公式，在重复抽样条件下：

抽样平均数的单位数为

$$n=\frac{t^2s^2}{\Delta_{\bar{x}}^2}=\frac{2^2\times 250^2}{20^2}=625(\text{户})$$

抽样成数的单位数为

$$n=\frac{t^2p(1-p)}{\Delta_p^2}=\frac{2^2\times 0.65\times 0.35}{0.04^2}=569(\text{户})$$

由于两个抽样指标所要求的单位数不同，因此在实际工作中，应取其中较多的单位数，即抽取 625 户进行家计调查，以满足共同的要求。

为保障抽样估计的精确度和可靠度，无论是重复抽样，还是不重复抽样，在计算必要样本单位数时，原则上都采用重复抽样的公式计算。

第五节　抽样的组织形式

在统计工作中，进行随机抽样的组织形式有五种：简单随机抽样、类型抽样、等距抽样、整群抽样和多阶段抽样。不同的抽样组织形式所抽取的样本对总体的代表性也不相同，抽样误差的计算方法也不同。下面分别介绍各种抽样的组织形式。

一、简单随机抽样

1. 简单随机抽样的概念和特点

简单随机抽样又称纯随机抽样。它是抽样前对总体不做任何处理，既不分类，也不排队，而是直接从总体 N 个单位中随机逐个地抽出样本单位。这种抽样方式是抽样组织的基本形式，适用于均匀分布的总体。它有两种抽取单位的具体方法，即重复抽样和不重复抽样。以上各节所讨论的抽样理论与方法都是就简单随机抽样组织形式而言的。

简单随机抽样在实践中的操作方便简单，易于掌握。当总体单位数较少且标志变异程度不大，或具有某种特征的单位均匀地分布在总体各个部分，或对总体了解很少时，适合采用这种组织形式。但如果总体标志变异程度较大时，这种方法所抽的样本可能缺乏代表性，抽样误差就会较大。为减少抽样误差，保证抽样结果的精确性，就需要抽取较多的样本数。所以这种方法在实践中有很大的局限性，如果总体单位的数量较多而分布又分散时，实施起来就会很困难。

2. 简单随机抽样的方法

(1)直接抽选法

直接抽选法就是直接从调查对象中随机抽选。例如，从水池中直接抽选一定数量的水样化验，从商品仓库中存放的所有同类商品中随机抽取几箱产品进行质量检验等。这种方法一般适用于小型总体,对于大型总体很难实施此法。

(2)抽签法

它是先将总体中各个单位进行编号,按编号逐个写在一定格式的签条或卡片上,搅拌均匀后,随机抽取所需的样本单位数目。这就是用手工方式的抽签法,有时也可以用摇号机摇出编号中的任意号码,确定随机抽中的样本单位。它适用于总体单位数较少的总体。

(3)随机数码表法

它是先将总体中各个单位进行编号后,再利用事先编好的随机数码表来抽取样本单位。表上数字的出现和排列是随机形成的,使用时可根据总体各单位编号的位数确定使用几位随机号码,从表中任意行(或列)的数字开始,由任何方向(上、下、左、右)依次下去,凡属于编号范围内的数字号码即抽样单位,直至抽到预定的样本单位数为止。采取重复抽样时,重复号码不能使用。

下面给出随机数码表中的一部分,以举例说明抽样过程。见表 8-5 所示。

表 8-5　随机数码表(部分)

76	83	20	37	90	57	16	00	11	66
22	98	12	22	08	07	52	74	95	80
59	33	82	43	90	49	37	38	44	59
39	54	16	49	36	47	95	93	13	30
40	78	78	89	62	02	67	74	17	33
59	56	78	06	83	52	91	05	70	74
06	51	29	16	93	58	05	77	09	51
44	95	92	63	16	29	56	24	29	48
32	17	55	85	74	94	44	67	16	94
13	08	27	01	50	15	29	39	39	43
44	95	27	36	99	02	96	74	30	83
07	02	18	36	07	25	99	32	70	23
13	41	43	89	20	97	17	14	49	17
24	30	12	48	60	18	99	10	72	37
90	35	57	29	12	82	62	54	65	

例如,从 40 个总体单位中抽取 5 个单位,先将总体单位按 01～40 编号,因编号最多是两位数,因此从随机数码表上取两位数就行了。假定从随机数码表的第 3,4 列开始数,即从 83 开始,顺序向下数,第三个数字 33 在编号范围中,即抽中的第一个样本单位;接下去依次抽中的是 17,08,02,30,五个样本单位都抽取出来了。

简单随机抽样是抽样中最基本也是最简单的方式,它适用于总体单位数不太多的均匀总体。前面讲到的抽样误差的计算，总体参数的估计公式及必要抽样单位数目的计算公式都可适用于简单随机抽样。但简单随机抽样在实际应用中具有一定的局限性，当总体单位数很多时，对总体中所有单位进行编号是很困难的。

二、类型抽样

类型抽样是将总体中所有的单位先按某种标志分成若干类（或组），然后在各类（或各组）中随机抽取样本单位，又称为分层抽样。例如，在农产量抽样调查中，将所有的田地按地形条件分为山地、丘陵、平原等几类，然后在分好的每一类中随机抽选样本单位。

类型抽样的优点在于：第一，通过分类，可以把总体中标志值比较接近的单位归为一组，保证各组都有中选的机会，避免了简单随机抽样中可能全部抽到高值或低值的情况；第二，类型抽样除了可以对总体进行估计外，还可以对各层的子总体进行估计；第三，类型抽样可以按自然区域或行政区域进行分层，使抽样的组织和实施都比较方便；第四，类型抽样的样本分布在各个层内，从而使样本在总体中的分布比较均匀。因而，可以降低抽样误差，提高样本的代表性。

在总体各单位标志值大小悬殊；样本单位数又很多的情况下，运用类型抽样可以得到比较准确的结果。

在类型抽样中，最常用的是等比类型例抽样，即样本单位在各类之间的分配比例与总体各单位在各类之间的分配比例相同。

设 N 为总体单位数，N_i 为第 i 类（或组）的总体单位数，n 为样本单位数，n_i 为第 i 类（或组）的样本单位数。且

$$N=N_1+N_2+N_3+\cdots+N_k$$

$$n=n_1+n_2+n_3+\cdots+n_k$$

等比例类型抽样，即

$$\frac{n_1}{N_1}=\frac{n_2}{N_2}=\cdots=\frac{n_k}{N_k}=\frac{n}{N}$$

则，各组应抽的样本单位数为

$$n_i=\frac{N_i}{N}\times n$$

【例 8－11】 某经济管理学院想了解应届毕业生的就业意向，准备开展一次抽样调查。该学院有金融、会计、市场营销、工商管理和物流管理 5 个专业，共有应届毕业生 1500 名。其中，金融专业 500 名，会计专业 300 名，市场营销专业 300 名，工商管理专业 250 名，物流管理专业 150 名。假定要选取 180 人作为样本，那么各专业按比例应抽取的人数分别为如下所述。

金融专业应抽人数为

$$n_1=\frac{500}{1500}\times 180=60(\text{人})$$

依此类推，分别可以计算出会计和市场营销各36人，工商管理30人，物流管理18人。

下面以抽样平均数为例来说明类型抽样组织形式下样本平均数、抽样平均误差和区间估计等有关问题的计算，大致可分以下几步进行。

第一步，计算各类的样本平均数$\bar{x}_i$：

$$\bar{x}_i=\frac{\sum x_i}{n_i}(i=1,2,3,\cdots,k)$$

第二步，计算全样本的抽样平均数$\bar{x}$：

$$\bar{x}=\frac{\sum \bar{x}_i n_i}{n}$$

第三步，计算各类的方差：

$$\sigma_i^2=\frac{\sum x_i^2}{n_i}-\left(\frac{\sum x_i}{n_i}\right)^2$$

第四步，计算各组内方差的平均数$\overline{\sigma^2}$：

$$\overline{\sigma^2}=\frac{\sum \sigma_i^2 N_i}{N}\text{ 或}$$

$$\overline{\sigma^2}=\frac{\sum \sigma_i^2 n_i}{n}$$

第五步，计算抽样平均误差$\mu_{\bar{x}}$：

① 在重复抽样条件下为

$$\mu_{\bar{x}}=\sqrt{\frac{\overline{\sigma^2}}{n}}$$

② 在不重复抽样条件下为

$$\mu_{\bar{x}}=\sqrt{\frac{\overline{\sigma^2}}{n}\left(1-\frac{n}{N}\right)}$$

【例8-12】 某地种植水稻1400亩，其中平原800亩，丘陵600亩，现用类型抽样法调查12亩，所得资料见表8-6所列。要求以95.45%的概率估计平均亩产的范围。

表 8-6　类型抽撵误差计算表

按地形分类	序号	亩产量 x(公斤)	类平均数$\bar{x}_i$(公斤)
丘陵	1	310	$\bar{x}_1=344$
	2	340	
	3	340	
	4	350	
	5	380	
合计		1720	
平原	6	415	$\bar{x}_2=475$
	7	430	
	8	460	
	9	470	
	10	500	
	11	520	
	12	530	
合计		3325	

丘陵类：

$$\bar{x}_1=\frac{\sum x_1}{n_1}=\frac{1700}{5}=344(\text{公斤})$$

组内方差：

$$\sigma_1^2=\frac{\sum x_1^2}{n_1}-\left(\frac{\sum x_1}{n_1}\right)^2=\frac{594200}{5}-(344)^2=504(\text{公斤})$$

平原类：

$$\bar{x}_2=\frac{\sum x_2}{n_2}=\frac{3325}{7}=475(\text{公斤})$$

组内方差：

$$\sigma_2^2=\frac{\sum x_2^2}{n_2}-\left(\frac{\sum x_2}{n_2}\right)^2=\frac{1590925}{7}-(475)^2=1650(\text{公斤})$$

全样本的平均数：

$$\bar{x}=\frac{\sum \bar{x}_i n_i}{n}=\frac{344\times5+475\times7}{12}=\frac{5045}{12}=420.42(\text{公斤})$$

组内方差的平均数：

$$\bar{\sigma}^2=\frac{\sum\sigma_i^2n_i}{n}=\frac{504\times5+1650\times7}{12}=\frac{14070}{12}=1172.5(\text{公斤})$$

抽样平均误差：

$$\mu_{\bar{x}}=\sqrt{\frac{\bar{\sigma}^2}{n}\left(1-\frac{n}{N}\right)}=\sqrt{\frac{1172.5}{12}\times\left(1-\frac{12}{1400}\right)}=9.88(\text{公斤})$$

由于 $F(t)=95.45\%$，查正态分布表得 $t=2$，所以：

$$\Delta_{\bar{x}}=t\mu_{\bar{x}}=2\times9.88=19.76(\text{公斤})$$

$$\bar{x}-\Delta_{\bar{x}}\leqslant\bar{X}\leqslant\bar{x}+\Delta_{\bar{x}}$$

$$(420.42-19.76)\text{公斤}\leqslant\bar{X}\leqslant(420.42+19.76)\text{公斤}$$

即

$$400.66\text{公斤}\leqslant\bar{X}\leqslant440.18\text{公斤}$$

所以，类型抽样的抽样平均误差总是小于简单随机抽样的抽样平均误差。它适用于总体情况复杂，各单位之间差异较大，单位数较多的情况。

三、等距抽样

等距抽样又称为机械抽样，它是先将总体单位按某一标志排队，根据总体单位数和样本单位数计算出抽选间隔(或抽选距离)，然后按固定顺序和间隔来抽选样本单位。

用等距抽样方法能保证样本在总体中均匀分布，缩小各单位之间的差异程度，提高样本的代表性。因此，等距抽样的估计效果比简单随机抽样要好，适用于总体变异较大的情况。

等距抽样按排队所依据的标志不同，分为按无关标志排队和按有关标志排队两种。

(一)按无关标志排队

所谓无关标志是指将总体单位按照与所要调查项目没有关系的标志排队。例如，在调查学生成绩时，按学生的姓氏笔画排队；在调查不同地区职工收入时，按地名笔画排队等。

按无关标志排队的等距抽样近似于简单随机抽样，其抽样平均误差的计算及总体参数估计，都采用简单随机抽样的计算公式。

(二)按有关标志排队

按有关标志排队是将总体单位按照与所要调查项目有密切关系的标志排队。例如，农产量抽样调查中，按预计亩产量由低到高排队；居民家庭收支抽样调查中，按人均收入排队等。按有关标志排队的前提条件是，在抽样抽查前具有总体单位的全面资料，否则无法进行排队和抽选。我国通过统计报表可以取得全面材料，为按有关标志排队提供了有利的条件。当然，这些预计的资料或过去的资料与实际情况会有出入，但总的分布状况是相似的。

按有关标志排队的等距抽样近似于类型抽样，其抽样平均误差的计算及进行总参数估计，都采用类型抽样的计算公式。

采用等距抽样，其抽取样本单位的方法有以下三种。

1. 随机起点等距抽样

先将总体单位按有关标志排队后，再根据总体单位数和样本单位数计算抽选距离，即抽选距离＝总体单位数÷样本单位数，第一个样本单位随机抽选，然后再每隔一个抽选距离抽取一个样本单位，直至抽满所需样本单位为止。

这种方法在按有关标志排队时，易产生系统误差；若是按无关标志排队时，效果比较好。

2. 半距起点等距抽样

先将总体单位按有关标志排队后，再根据总体单位数和样本单位数计算抽选距离，即抽选距离＝总体单位数÷样本单位数，第一个样本单位从抽选距离的一半处抽选，然后再每隔一个抽选距离抽取一个样本单位，直至抽满所需样本单位为止。

这种方法的缺陷是缺少随机性和样本数有限。

3. 对称等距抽样

第一号码在第一组中随机抽选，假设第一组随机抽选的单位号码为 a 时，则按照“$-a$”和“$+a$”的等距对称的方法来确定被抽选单位的号码，所抽号码依次为

$$a, 2k-a, 2k+a, 4k-a, 4k+a, 6k-a, 6k+a, \cdots$$

这种方法保留了半距起点等距抽样的优点，又避免了可能样本过少的缺陷。

等距抽样的抽样平均误差既小于简单随机抽样，也小于类型抽样，样本代表性高。因此，实际工作中得到广泛的应用。

四、整群抽样

整群抽样是将总体划分为若干群，然后以群为单位从中随机抽出一些群组成样本，并对中选群的全部单位一一进行调查。

整群抽样的优点在于：抽选工作比较省事，抽中单位比较集中，调查比较方便，可以节省调查费用。

整群抽样的缺点在于：由于抽选的样本单位比较集中，不能使样本单位均匀地分布于总体中，因此，样本的代表性较差，抽样平均误差也较大。

所以，这种抽样方式适用于群与群之间差异较小，而群内各单位之间差异较大的情形。

设将总体全部单位划分为 R 群，每群所包含的单位数相等，均为 M，则有 $N=RM$，现从总体 R 群中随机抽取 r 群组成样本，并对中选的 r 群中所有 M 个单位都进行调查，则第 i 群的样本平均数 $\bar{x}_i$，有

$$\bar{x}_i=\frac{\sum x_i}{M}(i=1,2,3,\cdots,r)$$

整个样本平均数 $\bar{x}$ 为

$$\bar{x}=\frac{\sum \bar{x}_i}{r}$$

样本成数 p 为

$$p=\frac{\sum p_i}{r}$$

从上式可以看出，整群抽样的实质是以群代替总体单位，以群平均数 x 来代替总体单位标志值之后的简单随机抽样。因此，抽样平均误差也可按这一方法来计算。由于整群抽样采用的是不重复抽样，其计算抽样平均误差的公式为

$$\mu_{\bar{x}}=\sqrt{\frac{\delta_{\bar{x}}^2}{r}\left(\frac{R-r}{R-1}\right)} \quad \text{或} \quad \mu_p=\sqrt{\frac{\delta_p^2}{r}\left(\frac{R-r}{R-1}\right)}$$

式中的 δ^2 为群间方差，其计算公式为

$$\delta_{\bar{x}}^2=\frac{\sum(\bar{X}_i-\bar{X})^2}{R} \quad \text{或} \quad \delta_{\bar{x}}^2=\frac{\sum(\bar{x}_i-\bar{x})^2}{r}$$

$$\delta_p^2=\frac{\sum(P_i-P)^2}{R} \quad \text{或} \quad \delta_p^2=\frac{\sum(p_i-p)^2}{r}$$

【例 8－13】 现从某县 100 个村中随机抽取 10 个村进行家禽饲养情况调查，要求所选村的所有农户都要进行调查，调查结果为平均每户饲养家禽 35 只，各村的平均数的方差为 16 只。试以 95.45% 的概率估计全县平均每户家禽的饲养只数。

已知

$$R=100, r=10, \bar{x}=35, \delta^2=16, F(t)=95.45\%, t=2$$

抽样平均误差为

$$\mu_{\bar{x}}=\sqrt{\frac{\delta_{\bar{x}}^2}{r}\left(\frac{R-r}{r-1}\right)}=\sqrt{\frac{16}{10}\times\left(\frac{100-10}{100-1}\right)}=1.2(\text{只})$$

极限误差为

$$\Delta_{\bar{x}}=t\mu_{\bar{x}}=2\times1.2=2.4(\text{只})$$

以 95.45% 的概率估计全县平均每户家禽饲养只数为 35±2.4 只，即 32.6～37.4 只。

五、多阶段抽样

前面介绍的几种抽样方式，都可以一次就直接抽选出具体样本单位，主要适用于调查范围较小，调查对象比较集中的情况。但在社会经济现象的调查中，总体往往都很大，而且分布面广，直接抽选样本单位，在技术上有很大困难。这时，就需要采用多阶段抽样的方法。

所谓多阶段抽样是指把抽选样本单位的过程分为几个阶段进行。先抽取第一阶段较大的群体单位，再从被抽中的较大群体单位中进行第二阶段抽样，抽取较小的群体单位，依次类推，直至最后抽到基层调查单位。例如，某省农产量抽样抽查就采用了四阶段抽样：第一阶段是省抽县；第二阶段是从中选的县抽乡；第三阶段从中选的乡抽村；第四阶段从中选的

村抽地块，进行实割实测的调查，作为最基层阶段的样本，并以样本的实际资料来推算平均亩产和总产。

多阶段抽样所划分的抽样阶段数不宜过多，一般以划分两三阶段为宜，至多四个阶段。

在多阶段抽样中，前几个阶段的抽样都类似整群抽样。每个阶段抽样都会存在抽样误差。为提高抽样指标的代表性，各阶段抽取群数的安排和抽样方式，都应该注意样本单位的均匀分布。

多阶段抽样比整群抽样灵活，在样本单位数相同的情况下，多阶段抽样的样本单位在总体中的分布比整群抽样均匀。我国许多大规模抽样调查都采用这种方式。

本章小结

本章主要讲授了统计抽样的一般问题、抽样平均误差、极限误差与区间估计、抽样的组织形式等问题。

统计抽样是按照随机原则从总体中抽取部分单位进行调查，利用这部分单位的调查资料推算总体数量特征的一种统计分析方法。统计抽样的特点是：按照随机原则抽取样本单位；根据部分推断总体；运用概率估计法；存在抽样误差但可事先计算并加以控制。统计抽样具有能够解决全面调查无法或难以解决的问题，可补充和修正全面调查的资料，用于生产过程的质量检查与控制，短期内可取得时效性强的资料等重要作用。

抽样误差是指在遵循随机原则的前提下，抽取的样本指标与总体真值指标之间的差别或离差。影响抽样误差大小的因素有：总体各单位标志值的差异程度、样本单位数的多少、抽样方法、抽样的组织形式。

抽样平均误差是指所有可能的样本指标与总体指标之间离差平方的算术平均数的平方根，即所有样本指标与总体指标之间的标准差，实际上是所有样本指标间的标准差。

抽样极限误差又叫允许误差，它是抽样指标和总体指标之间抽样误差的最大可能范围，它等于样本指标可允许变动的上限或下限与总体指标之差的绝对值。

区间估计有两个问题，一是估计的精确度，即抽样极限误差的大小；二是估计的可靠度，即概率度的大小。精确度与可靠度二者是矛盾的，即概率度越大，抽样估计的置信度越高，抽样误差范围越大，精确度越低；概率度越小，抽样估计的置信度越低，抽样误差范围越小，而精确度越高。

统计抽样要设计好抽样方案，重点是编制好抽样框，确定样本单位的抽取方法，选择合理的抽样组织形式。

必要样本单位数是既能满足抽样估计精度和把握程度要求的，又能使调查经费最小的样本单位数。影响必要样本单位数的因素有：总体各单位标志值的差异程度、抽样极限误差的大小、抽样估计的置信度、抽样方法和抽样组织形式。

抽样组织形式有五种：简单随机抽样、类型抽样、等距抽样、整群抽样和多阶段抽样。

Excel 在抽样推断中的应用

用 EXCEL 进行区间估计。

【例如】 某饭店抽查 49 位顾客的消费额(元)如下：

15	24	38	26	30	42	18	30	25	26
34	44	20	35	24	26	34	48	18	28
46	19	30	36	42	24	32	45	36	21
47	26	28	31	42	45	36	24	28	27
32	36	47	53	22	24	32	46	26	

求在概率 90%的保证下，顾客平均消费额的估计区间，如图 8－2 所示。

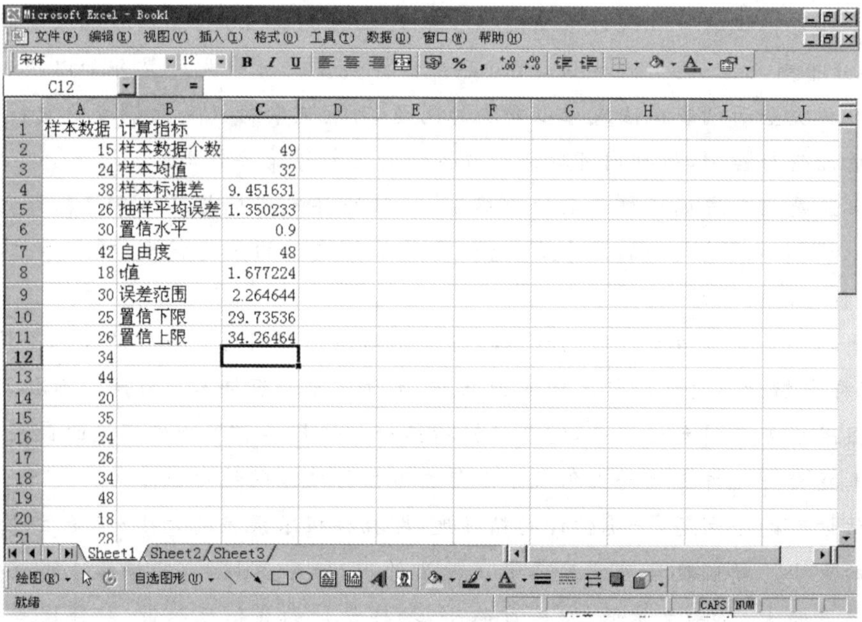

	A	B	C
1	样本数据	计算指标	
2	15	样本数据个数	49
3	24	样本均值	32
4	38	样本标准差	9.451631
5	26	抽样平均误差	1.350233
6	30	置信水平	0.9
7	42	自由度	48
8	18	t值	1.677224
9	30	误差范围	2.264644
10	25	置信下限	29.73536
11	26	置信上限	34.26464
12	34		
13	44		
14	20		
15	35		
16	24		
17	26		
18	34		
19	48		
20	18		
21	28		

图 8－2　参数估计数据及结果

具体计算方法如下。

第一步：把数据输入到“A2:A50”单元格。

第二步：在“C2”中输入公式“=COUNT(A2:A50)”，“C3”中输入“=AVERAGE(A2:A50)”，在“C4”中输入“STDEV(A2:A50)”，在“C5”中输入“=C4/SQRT(C2)”，在“C6”中输入“0.90”，在“C7”中输入“=C2－1”，在“C8”中输入“=TINV(1－C6,C7)”，在“C9”中输入“=C8＊C5”，在“C10”中输入“=C3－C9”，在“C11”中输入“=C3＋C9”。在输入每一个公式

回车后，便可得到上面的结果。从上面的结果我们可以知道，顾客平均消费额的置信下限为29.73536，置信上限为34.26464。

关于总体方差的估计、总体比例的估计等可按类似方法进行。

思考与练习

【课后思考】

1. 什么是抽样调查？它有什么特点和作用？
2. 怎样理解总体指标是唯一的，样本指标是随机的？
3. 如何理解抽样误差？它与工作误差和偏差有何区别？
4. 如何理解抽样平均误差？它的理论性公式和应用性公式各是怎样的？
5. 什么是抽样极限误差？它与抽样平均误差有何关系？
6. 什么是概率度和置信度？二者关系如何？
7. 怎样理解抽样估计的精确度和可靠度？二者关系如何？
8. 抽样的组织形式有哪些？它们有什么区别？
9. 类型抽样的抽样平均误差与简单随机抽样的抽样平均误差有何区别？
10. 什么是抽样单位数？为什么要确定抽样单位数？确定抽样样本单位数应考虑哪些因素？

【知识自测】

1. 单项选择题

(1)抽样调查是一种(　　)。

A. 专门组织的全面调查　　B. 专门组织的非全面调查

C. 非专门组织的全面调查　　D. 非专门组织的非全面调查

(2)抽样调查的目的是(　　)。

A. 以样本指标推断总体指标　　B. 取得样本指标

C. 以总体指标估计样本指标　　D. 以样本的某一指标推断另一指标

(3)在抽样推断中，可以计算和控制的误差是(　　)。

A. 抽样实际误差　　B. 抽样平均误差

C. 非随机误差　　D. 偏差

(4)不重复抽样的抽样平均误差总是(　　)。

A. 大于重复抽样的误差　　B. 小于重复抽样的误差

C. 不一定大于或小于重复抽样的误差　　D. 等于重复抽样的误差

(5)成数是(　　)。

A. 比例相对数　　B. 比较相对数　　C. 结构相对数　　D. 强度相对数

(6)类型抽样的抽样平均误差除了受抽样方法、抽样单位数的影响外,还受(　　)。

A. 组间方差大小的影响　　B. 组内方差大小的影响

C. 概率 t 大小的影响　　D. 允许误差大小的影响

(7)在抽样调查时,若有意选择较好或较差的单位,则会产生(　　)。

A. 登记性误差　　B. 调查误差

C. 偶然性误差　　D. 偏差

(8)抽样平均误差 μ、抽样极限误差 Δ 和概率度 t 三者之间,成反比关系的是(　　)。

A. μ 与 Δ　　B. t 与 Δ　　C. t 与 μ　　D. 没有

(9)从某大学的 110 个班中随机抽取 18 个班进行大学生身体素质调查,这种抽样的组织形式是(　　)。

A. 简单随机抽样　　B. 类型抽样

C. 整群抽样　　D. 多阶段抽样

(10)在简单随机重复抽样条件下,当允许误差扩大 1 倍时,抽样单位数应是原来的(　　)。

A. $\frac{1}{2}$　　B. $\frac{1}{4}$　　C. 1　　D. $\sqrt{2}$

2. 多项选择题

(1)抽样调查的基本特点(　　)。

A. 按随机原则抽取样本单位　　B. 根据部分单位的资料推断总体

C. 抽样误差可事先计算和控制　　D. 可节省人力和物力

E. 一定有偏差产生

(2)在抽样调查中(　　)。

A. 全及总体是唯一确定的　　B. 全及指标是唯一确定的

C. 抽样总体是不确定的　　D. 抽样指标是随机变量

E. 抽样误差是可以事先计算并控制的

(3)抽取样本的基本方法(　　)。

A. 重复抽样　　B. 不重复抽样

C. 多阶段抽样　　D. 等距抽样

E. 整群抽样

(4)影响抽样误差的因素有(　　)。

A. 总体方差 σ^2　　B. 样本容量 n

C. 概率保证程度　　D. 抽样方法

E. 抽样组织形式

(5)总体参数的区间估计必须同时具备的三个要素是(　　)。

A. 样本单位数

B. 抽样指标和相应总体指标的估计值

C. 抽样误差范围

D. 概率保证度

E. 抽样平均误差

(6)提高抽样推断的可靠程度，可以采用的方法(　　)。

A. 扩大估计值的误差范围　　B. 缩小估计值的误差范围

C. 增大概率度　　D. 缩小概率度

E. 增加样本容量

(7)在其他条件相同时，样本单位数的多少(　　)。

A. 与总体方差的大小成正比　　B. 与概率的大小成反比

C. 与概率度的平方成正比　　D. 与极限误差平方的大小成反比

E. 与不同的抽样方法和方式有关

3. **判断题**

(1)抽样的随机原则，就是要保证总体各单位有同等被抽中的机会，而不受人们主观因索的影响。(　　)

(2)抽样调查与典型调查的重要区别就在于前者的抽样误差是无法估计和控制的。(　　)

(3)抽样调查是一种非常科学的方法，因而在以样本统计量推断总体参数时，其可靠性是完全肯定的。(　　)

(4)每一次抽样的实际抽样误差虽然不可知，却是唯一的，因而抽样误差不是随机变量。(　　)

(5)偏差和登记误差是可以加以防止避免的，而代表性误差是不可避免的。(　　)

(6)样本成数的方差是$\sqrt{p(1-p)}$。(　　)

(7)重复抽样的抽样误差要比不重复抽样的抽样误差小些。(　　)

(8)按有关标志排队的等距抽样近似于简单随机抽样。(　　)

(9)整群抽样一般都采用不重复抽样方法。(　　)

【计算题】

1. 在2000名大学生中随机抽取200名调查，调查的结果是：平均体重58千克，又据历史资料已知大学生体重的标准差是10千克。试用重复抽样和不重复抽样两种方法计算抽样平均误差。

2. 从某企业生产的机器零件中随机抽出50个搞产品质量检查，其平均使用寿命为1000小时，历史上几次调查已知该机器零件使用寿命的标准差分别为100小时、150小时、125小时，合格率分别为95%，92%，90%。试分别计算平均使用寿命和合格品率的抽样平均误差。

3. 某县调查组对该县以生产蔬菜为主的农户随机抽取5%进行调查，所得资料见表8－7所列。

表 8-7

按年收入分组(十元)	农户数(户)
400 以下	5
400～500	5
500～600	45
600～700	15
700 以上	5
合计	75

要求:(1)计算样本平均数;(2)计算样本标准差;(3)计算抽样平均误差;(4)以 95.45% 的概率保证程度推算该县以生产蔬菜为主的农户平均收入的可能范围。

4. 某厂对 10000 件产品,按纯随机不重复抽样的方法抽出 1000 件进行检验,其中不合格品为 120 件,如用 0.9545 的概率保证,问这批产品中,不合格率的区间估计范围是多大;如果其他条件不变,允许误差缩小 1/2,下次搞调查时应抽多少件产品。

5. 某快餐店想要估计每位顾客午餐的平均花费金额,在为期 3 周的时间里选取 49 名顾客组成了一个简单随机样本。

(1)假定总体标准差为 15 元,求样本均值的抽样平均误差。

(2)在 95% 的置信水平下,求允许误差。

(3)如果样本均值为 12 元,求总体均值在 95% 的置信区间。

6. 某研究机构进行了一项调查来估计吸烟者 1 个月花在抽烟上的平均支出,假定吸烟者买烟的月支出近似正态分布。该机构随机抽取了容量为 26 个样本进行调查,得到样本平均数为 80 元,样本标准差为 20 元,试以 95% 的把握估计全部吸烟者月均烟钱支出的置信区间。

7. 某保险公司在投保人中随机抽取 36 人,计算出此 36 人的平均年龄为 39.5 岁。已知投保人年龄分布近似正态分布,标准差为 7.2 岁。试求所有投保人平均年龄的置信区间(概率保证度为 99%)。

8. 某乡共有农户 1000 户,分居在粮食作物区和经济作物区,现用类型抽样方法分别抽取 10% 的农户,分区计算农户平均收入及其标准差的资料见表 8-8 所列。

表 8-8

	农户总数 N_i	样本单位数 n_i	平均每户收入 $\bar{x}_i$(元)	标准差 σ(元)
粮食作物区	2500	250	360	52
经济作物区	1500	150	540	75
合　计	4000	400	—	—

试计算类型抽样的抽样平均误差,并估计该乡农户平均收入的区间范围(要求置信度

为 95.45%）。

9. 一个电视节目主持人想了解观众对某个电视专题的喜欢程度，他选取了 500 个观众作样本，结果发现喜欢该节目的有 175 人。试以 95%的概率估计观众喜欢这一专题节目的区间范围。若该节目主持人希望估计的极限误差不超过 5.5%，问有多大把握程度？

10. 从某县的 100 个村中抽出 10 个村，进行各村的全面调查，得出平均每户饲养生猪 35 头，各村平均数的方差为 16 头，要求：

(1)以 95.45%的概率估计全县平均每户饲养生猪头数。

(2)若其他条件不变，极限误差为 2.376，则其概率度是多少？

11. 某班级男生的身高呈正态分布，并且已知平均身高为 170cm，标准差为 12cm。

(1)若抽查 10 人，有多大可能这 10 人的平均身高在 166.2～173.8cm？

(2)如果进行一次男生身高抽样调查，要求以 95%的把握程度保证允许误差不超过 3cm，需要抽查多少人？

(3)如果把握程度仍为 95%，抽样精确度提高一倍，需要抽查多少人？

(4)如果允许误差仍为 3cm，保证程度提高为 99.73%，需要抽查多少人？

第九章　相关与回归分析

相关与回归分析是现代统计学中非常重要的内容，它在自然科学、管理科学和社会经济等领域有着十分广泛的应用。很多现象除了自身的变动外，与其他现象相互之间可能会有一定的依存关系。这种现象间的相互依存关系常表现为不确定的统计关系，或称为相关关系。相关与回归分析是研究变量之间不确定性统计关系的重要方法。通过相关分析，可以判断两个或两个以上的变量之间是否存在相关关系，以及相关关系的方向和密切程度。而回归分析是对具有相关关系现象间数量变化的规律性进行计算与测定的理论与方法，即通过建立一个回归方程式，并对所建立的回归方程式的参数进行估计、分析、判断其有效性，以便进一步进行估计和预测。本章主要讨论相关分析与回归分析的基本理论和方法。

第一节　相关与回归分析的基本问题

一、变量间的关系

现实世界中的各种现象之间存在着相互联系、相互制约和相互依存的关系。某些现象发生变化时，另一个或一些现象也随之发生变化。如商品价格的变化，会引起该商品销售量的变化；劳动力素质的高低会影响企业的效益；居民收入的高低对市场商品需求量产生影响；等等。研究这些现象之间的关系，找出它们之间的变化规律，并通过变量的数据进行分析，可以为人们客观科学地认识世界提供依据。

客观现象的这种依存关系有时候非常严密，但有时候也比较松散。因此，我们将客观现象之间数量依存关系的紧密程度分为两种类型：一种是函数关系，另一种是相关关系。

（一）函数关系

如果现象之间是一种确定的关系存在，即说，当一种现象发生变化时，另一种现象也会按照确定的规律发生相应的变化，那么我们称现象之间的这种关系为函数关系。因此，函数关系也称为确定性关系，其数学表达式为 $y=f(x)$。例如，圆的面积 S 与半径 r 的函数关系，r 值发生变化，则有确定的 S 值与之对应，即 $S=\pi r^2$。又如，某种商品的销售额 y 与该商品的销售量 x，销售单价 p 之间的关系可以用 $y=px$ 表示，等等，都是函数关系。

（二）相关关系

在现实生活中，我们发现许多现象之间存在一定的依存关系，但这种依存关系又没有函数关系那么确定，比如父母的身高与子女的身高之间存在一定的遗传关系，通常情况下，父母身高比较高，子女的身高也比较高，但这两者之间无法用一种确定的关系来描述。再比如，工厂生产产品的数量与用电量之间也存在非常紧密的关系，可以说产量越大，用电量也就越多，但并不意味着用电量越多，产量就越大。因此产量与用电量之间也存在一定的紧密关系，但这种紧密关系同样无法用确定的规律反映。因此，我们将这种现象之间不确定的依存关系称为相关关系。

相关关系与函数关系非常紧密，有时会把完全相关的关系称为函数关系。相关关系和函数关系既有区别，又有联系，可以相互转化。有些函数关系往往由于存在观察或测量误差，以及各种随机因素的干扰等原因，在实际中常常通过相关关系表现出来。而在研究相关关系时，人们对于其数量间规律性了解得越深刻，则相关关系就越有可能转化为函数关系或借助函数关系来表现。

二、相关关系的种类

现象之间的相关关系从不同的角度可以区分为不同类型。

1. 依据相关变量变动方向分，有正相关和负相关

当一种现象的数值由小变大时，另一种现象的数值也由小变大，即说，这两种现象之间是同向变化，这种相关关系称为正相关。比如，农作物产量与施肥量之间，在一定范围内施肥量越多，农作物产量也就越高，二者之间是一种正相关的关系。

当一种现象的数值由小变大时，另一种现象的数值由大变小，即说这两种现象之间是反向变化，这种关系称为负相关。例如，当施肥量超过一定限度时，随着施肥量的增加，作物的产量会越来越低，直到没有产量。这时施肥量与农作物产量之间就是负相关的关系。

2. 依据相关关系的表现形态分，有线性相关和非线性相关

对于两个相关的变量，将它们不同的相关数值组合在直角坐标系中用点表示出来，如果这些点在坐标系中的排列近似地表现为一条直线，则称这两个变量线性相关，或直线相关。比如利润与税收之间的关系，通常表现为线性相关。如果两种现象之间并不表现为线性相关，而是表现为某种曲线相关，如抛物线、双曲线、指数曲线等，则称这两个变量非线性相关，或曲线相关。例如，一般情况下化肥的施用量与农产品的亩产量的关系就是非线性关系，开始随着化肥的增加产量会增加，而随着化肥用量的进一步过度增加，则产量不仅不会增加，反而会减少，表现的形态是一个近似抛物线。

3. 依据相关关系涉及变量多少分，有单相关、复相关和偏相关

仅有两个现象之间的相关，我们称为单相关。例如，父母的身高与子女身高之间的相关就是单相关。如果一种现象与两种或两种以上的现象相关时，我们称这种相关为复相关。例如，农作物产量与施肥量、土质、气温、水分之间的相关称为复相关。在复相关的基础上，如果假定其余的因素固定不变，只研究一种现象与其中一种因素之间的相关称为偏相关。例如，我们在假设土质、施肥量、水分固定不变的基础上，分析农作物产量与气温之间的关系，这种相关关系称为偏相关。

4. 依据变量间相关程度不同分,有完全相关、不完全相关和不相关

当一种现象的数量变化完全由另一种现象数量的变化来确定时,这种现象间的关系称为完全相关,或者说是函数关系。当两个现象之间互不影响,其数量变化,彼此相互独立时称为不相关现象。比如,彩票中奖概率的高低与股票价格高低的变化是相互独立,互不影响的,因此可以称为不相关现象。但现实中,不相关的现象不是很多,绝大多数现象之间或多或少会存在一定的相互关系,但又不是确定的关系,因此称为不完全相关。比如,农作物的产量与施肥量的关系。一般的相关现象都属于这种不完全相关关系,这类相关现象是相关分析的主要研究对象。

三、相关分析与回归分析

对相关现象进行分析的方法,可分为相关分析和回归分析两种方法。

(一)相关分析

相关分析是研究两个或两个以上的变量之间相关关系的形态和程度的一种统计分析方法。其主要内容与方法包括:第一,判断变量之间是否存在相关关系。即通过定性分析判断变量间是否有关系。第二,分析变量间相关关系的形态特征。即通过散点图确定变量间相关关系的表现形式是线性相关还是非线性相关,变化方向是正相关还是负相关。本章主要进行线性相关分析。第三,分析变量间相关关系的密切程度。即通过计算相关系数确定变量间的相关关系的密切程度,是高度相关、显著相关、低度相关还是微弱相关。第四,对总体相关系数进行显著性检验。即通过样本相关系数,对总体相关系数进行显著性检验。

(二)回归分析

回归分析是寻找具有相关关系的变量间的数学模型,并进行统计预测和控制的一种统计分析方法。其主要内容与方法包括:第一,选择回归模型。即根据相关关系的具体形态,选择一个合适的回归模型。本章主要进行线性回归分析。第二,进行参数估计。即根据样本观测值,对回归模型的参数进行估计,求出具体的回归方程,来近似地表达变量间的平均变化关系。第三,进行拟合优度检验。即对观测值聚焦在回归直线周围的紧密程度进行检验。第四,进行显著性检验。即对回归方程参数估计值进行显著性检验与校正,以使回归方程或参数更加优良。第五,进行预测和控制。即根据回归方程进行适当的预测和控制,这也是回归分析的最终目的。回归分析可以从不同的角度进行分类,常用的分类如下。

1. 回归分析按变量的多少,可以分为一元回归分析和多元回归分析

一元回归分析是根据某一因变量与一个自变量之间的相关关系建立的回归模型进行分析。例如,根据耐用消费品的销售量与居民货币收入的相关关系建立一元回归模型,并根据居民货币收入来预测耐用消费品销售量。多元回归分析是根据某一因变量与两个或两个以上自变量之间的相关关系建立的回归模型进行分析。例如,根据农作物亩产量与施肥量、降雨量、气温的相关关系建立多元回归模型,并对农作物亩产量进行预测和控制。

2. 回归分析按相关的形式,可以分为线性回归分析和非线性回归分析

例如,耐用消费品销售量与居民货币收入之间可以建立直线模型来进行分析。在非线

性回归分析中，因变量与自变量的关系是呈曲线形的。例如，某商店的商品流通费用率与销售额之间可以建立曲线模型来进行回归分析。其中，简单线性回归是最基本的。

(三)相关分析与回归分析的联系与区别

1. 相关分析与回归分析的联系

相关分析与回归分析的关系主要表现为以下三个方面。

(1)相关分析是回归分析的前提。只有现象之间具有较为密切的相关关系，才有进行回归分析的必要，用回归分析所获得的结论才有实际意义。如劳动量与产值之间存在着相关关系，就可以对其进行回归分析。如果现象之间不具有相关关系和相关程度不密切，对其进行回归分析就没有实际意义。

(2)相关分析决定回归分析。现象之间的相关关系是很复杂的，它们以不同的方向、不同的程度、不同的形式等相互作用，表现出不同的类型和形态，但无论现象的相互关系呈何种状态，它对回归分析都起着决定性作用。

第一，相关的形式决定回归的类型。经济现象之间的关系，按其所表现的形式不同可分为直线相关和曲线相关。直线相关的特点是其观察点的分布基本在一条直线带上。对于直线相关的现象，就只能进行直线回归分析，否则就歪曲了客观事实，这样的回归是没有意义的。对于曲线相关的现象，就只能进行曲线回归分析，否则也歪曲了客观事实。

第二，相关的方向决定回归系数的符号。经济现象之间的关系，按其方向不同可分为正相关和负相关。在直线相关的情况下，正相关时回归系数为正号，负相关时回归系数为负号。

第三，相关的密切程度决定回归预测的准确程度。相关的密切程度越大，进行回归分析预测的准确程度越高，反之就越低。

(3)回归分析是相关分析的继续和深入。相关分析只能对现象是否相关及相关的密切程度做出说明，而回归分析却能用数学方程的形式拟合回归方程，从而说明现象之间的数量对应规律，并能进行回归预测。可见，相关分析是回归分析的前提和基础，回归分析是相关分析的继续和深入。

2. 相关分析与回归分析的区别

相关分析与回归分析的区别主要表现在以下五个方面。

(1)变量的地位不同。在相关分析中，变量处于平等地位，不必区分自变量和因变量，而在回归分析中，变量处于不平等地位，必须区分自变量和因变量。

(2)变量的性质不同。在相关分析中，两个变量都是随机变量，而在回归分析中，因变量是随机变量，而自变量是非随机变量。

(3)研究的目的不同。相关分析研究变量间相关关系的密切程度和方向，而回归分析研究变量间相关关系的具体形式。

(4)研究的方法不同。相关分析，通过相关图、相关表和相关系数等方法来研究变量间的相关关系，而回归分析通过回归模型来研究变量间的相关关系。

(5)所起的作用不同。相关分析只能描述变量间相关关系的密切程度和方向，不能由一个变量的变化预测另一个变量的变化情况，而回归分析可以揭示自变量对因变量的影响大小，并可根据回归模型进行预测和控制。

第二节　简单相关分析

在相关分析中，可以通过定性分析和定量分析来判别现象之间有无相关关系。所谓定性分析就是根据研究者的理论知识、专业知识和实践经验，对客观现象之间是否存在相关关系加以判别的方法。在定性认识的基础上，通过大量观察，如果发现两个变量之间可能是相关的，那首先需要明确的表述它，并进而量化这种关系。对现象进行相关分析的常用方法有：编制相关表、绘制相关图、计算相关系数，以便直观地判断现象之间相关的方向、形态及大致的密切程度。

通过相关分析，可以知道现象间的相关方向是正相关还是负相关，而且现象间是属于哪种程度的相关也能够确定。相关分析中所涉及的现象间地位是平等的，不存在自变量与因变量之分。

一、相关表

相关表和相关图是研究相关关系的直观工具，利用它们可以大致地分析相关方向、相关的形式与相关程度。

(一)相关表

相关表是一种反映变量之间相关关系的统计表，通常是先将其中一个变量的数值按大小顺序排列，与之相对应的另一变的数值列入相应的表中。根据资料的是否分组，相关表可分为简单相关表和分组相关表。

1. 简单相关表

简单相关表是资料未经分组的相关表，它是把因素标志值(变量值)按照一定顺序一一对应平行排列起来的统计表。简单相关表是客观现象标志之间相关研究初步结果的表现形式之一。

例如，某企业 10 个年份的广告费用和销售收入之间有相关关系，用 x 表示广告费用，用 y 表示销售收入，编制简单相关表见表 9－1 所列。

表中资料表明，广告费用与销售收入有同步增长的趋势，两变量之间存在比较密切的相关关系，随着广告费用的增加，销售收入虽有所波动，但各年的增长量大体相同，总的看来是呈直线型的增长趋势。

表 9－1　某企业广告费用和销售收入相关表　　单位：万元

年　份	广告费用 x	销售收入 y
1	2	50
2	2	51
3	3	52

（续表）

年 份	广告费用 x	销售收入 y
4	4	53
5	5	53
6	6	54
7	6	55
8	6	56
9	7	56
10	7	57
合计	48	537

2. 分组相关表

分组相关表是在简单相关表的基础上，将原始数据进行分组，从而编制成的统计表。根据分组情况不同，分组相关表通常有单变量分组和双变量分组两种形式的相关表。

（1）单变量分组相关表。单变量分组相关表是指在有相关关系的两个变量中，只根据一个变量进行分组，另一个变量不进行分组，对分组的变量计算各组的次数，对不分组的变量计算平均数，这种相关表在变量的依存关系分析中用得较多。根据表 9－1 所列的统计资料，可以编制表 9－2 所列的单变量分组相关表。

表 9－2 某企业广告费用和销售收入单变量分组相关表

广告费用（万元）	年数（年）	销售收入 y（万元）
2	2	50.5
3	1	52.0
4	1	53.0
5	1	53.0
6	3	55.0
7	2	56.5

表 9－2 中将广告费用进行分组，并计算相同广告费用出现的次数。销售收入不分组，但要计算各组销售收入的平均数。从表 9－2 中可以看出，随着广告费用的增加，销售收入的平均数也增加，二者之间具有直线相关关系。

（2）双变量分组相关表。双变量分组相关表是对两个变量都按一定的顺序同时进行分组所形成的相关表。在编制双变量分组相关表时，自变量各组变量值放在各行，从上到下排列的顺序是由高到低，因变量各组变量值放在各列，从左到右排列的顺序是由低到高，这样安排比较容易看出两个变量之间的相关方向。以表 9－1 所示的统计资料，可以编制表 9－3 所示的双变量分组相关表。从表 9－3 中明显可以看出，单位成本集中在左下角到右上角的斜线上，这就表示广告费用和销售收入是正相关关系。

表 9-3　某企业广告费用和销售收入双变量分组相关表

广告费用（万元）	销售收入（万元）							合计
	50～51	51～52	52～53	53～54	54～55	55～56	56～57	
7	—	—	—	—	—	—	2	2
6	—	—	—	—	1	1	1	3
5	—	—	—	1	—	—	—	1
4	—	—	—	1	—	—	—	1
3	—	—	1	—	—	—	—	1
2	1	1	—	—	—	—	—	2
合计	1	1	1	2	1	1	3	10

二、相关图

相关图也称散点图，是将具有相关关系的两个变量值描绘在坐标图上，以横轴表示自变量 x，以纵轴表示因变量 y，按两变量的对应值标出坐标点的分布状况的统计图。相关图的点称为相关点。相关图是粗略观察现象之间相关程度和相关形态的一种有效工具，同时为测定相关关系奠定了基础。

在相关图中，若相关点呈一定的规律性，如大致为一条直线和一条曲线，就表明现象之间存在相关关系，且为直线相关和曲线相关。相关点越密集，表明相关关系越密切。若相关点分布没有规律，表明现象之间没有相关关系或存在微弱的相关关系。散点图能描述两个变量间的大致关系，从中可以直观地看到两个变量间大体的关系形态和关系密切程度，如图 9-1 所示。

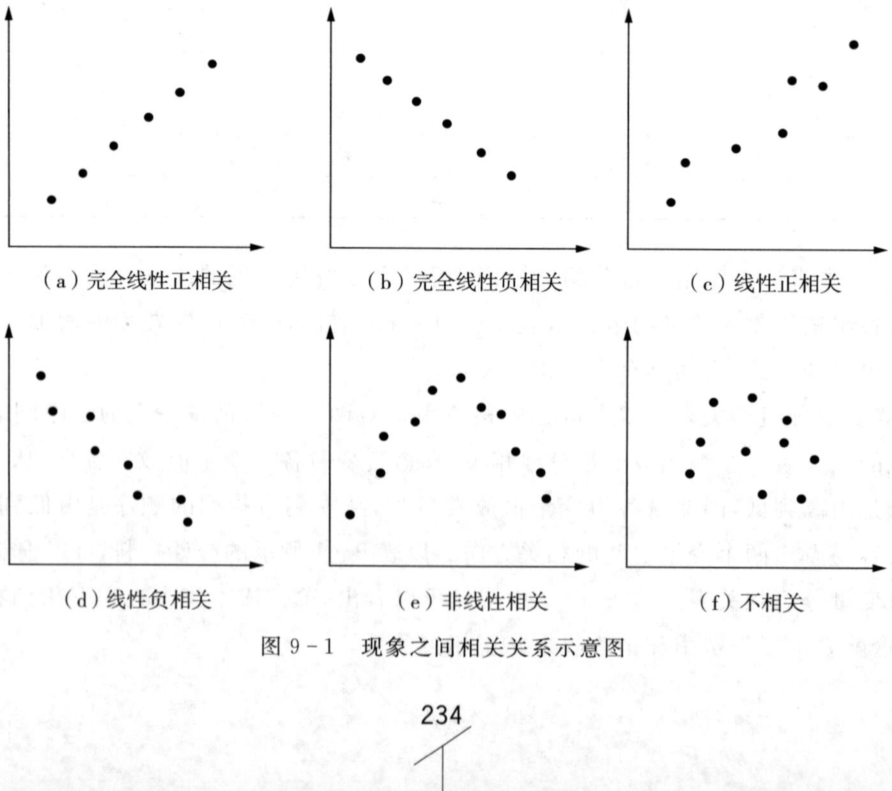

（a）完全线性正相关　（b）完全线性负相关　（c）线性正相关

（d）线性负相关　（e）非线性相关　（f）不相关

图 9-1　现象之间相关关系示意图

根据表 9－1 的数据，以广告费用为横轴，销售收入为纵轴，可以绘制出图 9－2。从该图很容易看出，各个点虽然不在同一条直线上，但是，它们有在同一条直线上的趋势，广告费用和销售收入呈正线性相关关系。

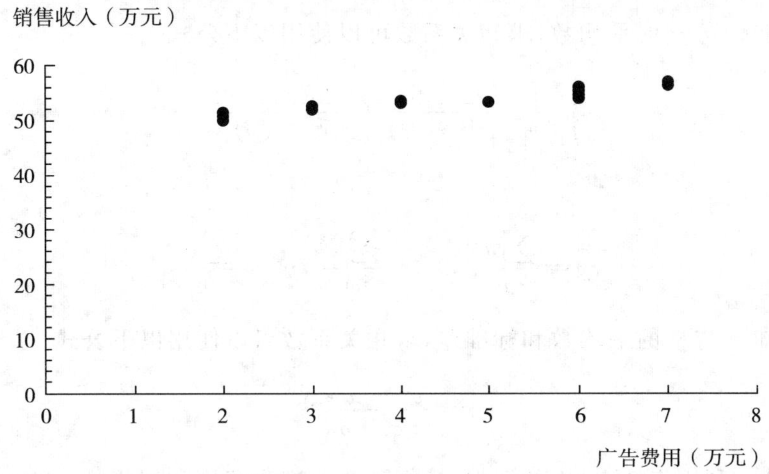

图 9－2 广告费用和销售收入的关系示意图

三、相关系数

相关表和相关图虽然可直观地反映两个变量之间的相关关系及其相关方向，但无法确切表明两个变量之间相关的程度。为定量地反映变量之间相关关系的密切程度，著名统计学家卡尔·皮尔逊设计了测定变量间相关程度的统计量——相关系数。

(一)相关系数的含义

相关系数是用于测定两个变量之间线性相关程度和相关方向的统计分析指标，用字母 r 表示，相关系数从原理上讲，可根据两个变量与其算术平均数的离差乘积来计算，这种计算方法称为“积差法”，是计算相关系数的基本方法。其计算公式为

$$\text{相关系数}=\frac{\text{变量 } x \text{ 与 } y \text{ 的协方差}}{\text{变量 } x \text{ 标准差与变量 } y \text{ 标准差之乘积}}$$

即

$$r=\frac{\sigma_{xy}^2}{\sigma_x\sigma_y}=\frac{\frac{1}{n}\sum(x-\bar{x})(y-\bar{y})}{\sqrt{\frac{1}{n}\sum(x-\bar{x})^2}\sqrt{\frac{1}{n}\sum(y-\bar{y})^2}}$$

式中：σ_{xy}^2 为两个变量数列之间的协方差；σ_x 为 x 变量数列的标准差；σ_y 为 y 变量数列的标准差。

用积差法计算工作量较大，需要计算平均数、离差及标准差，略显繁杂。为了方便起见，将积差公式经过数学推理可以得到相关系数的简捷计算公式：

(1) 若已知 x 与 y 的实际值,求相关系数可以使用以下公式

$$r=\frac{n\sum xy-\sum x\sum y}{\sqrt{n\sum x^2-(\sum x)^2}\sqrt{n\sum y^2-(\sum y)^2}}$$

(2) 若已知 x 与 y 的平均数,求相关系数可以使用以下公式

$$r=\frac{\overline{xy}-\bar{x}\cdot\bar{y}}{\sqrt{\bar{x^2}-(\bar{x})^2}\sqrt{\bar{y^2}-(\bar{y})^2}}$$

其中

$$\overline{xy}=\frac{\sum xy}{n},\bar{x^2}=\frac{\sum x^2}{n},\bar{y^2}=\frac{\sum y^2}{n}$$

(3) 若已知 x 与 y 的平均数和标准差,求相关系数可以使用以下公式

$$r=\frac{\overline{xy}-\bar{x}\cdot\bar{y}}{\sigma_x\cdot\sigma_y}$$

【例 9-1】 利用表 9-1 中的资料,计算该企业广告费用和销售收入的相关系数。为了计算的方便,可以先列出相关系数计算表(见表 9-4 所列)

表 9-4 某企业广告费用和销售收入的相关系数与回归系数计算表

年　份	广告费用 x(万元)	销售收入 y(万元)	x^2	y^2	xy
第 1 年	2	50	4	2500	100
第 2 年	2	51	4	2601	102
第 3 年	3	52	9	2704	156
第 4 年	4	53	16	2809	212
第 5 年	5	53	25	2809	265
第 6 年	6	54	36	2916	324
第 7 年	6	55	36	3025	330
第 8 年	6	56	36	3136	336
第 9 年	7	56	49	3136	392
第 10 年	7	57	49	3249	399
合计	48	537	264	28885	2616

将其中数据带入相关系数计算公式得到

$$r=\frac{n\sum xy-\sum x\sum y}{\sqrt{n\sum x^2-(\sum x)^2}\sqrt{n\sum y^2-(\sum y)^2}}$$

$$=\frac{10\times2616-48\times537}{\sqrt{10\times264-48^2}\sqrt{10\times28885-537^2}}$$

$=0.9552$

(二) 相关系数的范围和判别

在相关分析中，由于不区分自变量和因变量，各变量的取值均是随机的，表达变量之间线性相关程度，只需要计算一个相关系数。

1. 相关系数的取值范围，及其表达的相关程度如下

(1) r 的取值范围：$-1 \leqslant r \leqslant l$

$|r|$ 越接近于1，表示相关程度越高；$|r|$ 越接近于0，表示相关程度越低。

(2) $|r|=1$ 时，表示两个变量完全相关，即为函数关系。

$r=1$ 表示两个变量呈完全正相关关系；$r=-1$ 表示两个变量呈完全负相关关系。

(3) $r=0$ 时，表示两个变量之间不存在直线相关关系，但不能认为两个变量之间不存在相关关系，有可能有非线性相关关系。

(4) $r>0$ 时，表示两个变量呈正相关关系；$r<0$ 时，表示两个变量呈负相关关系。

2. 相关密切程度的判别

实践中，为了判断时有标准可依，有人提出了相关关系密切程度的等级，一般将现象的相关程度分为四种：

$0<|r|<0.3$，表示微弱相关；

$0.3 \leqslant |r|<0.5$，表示低度相关；

$0.5 \leqslant |r|<0.8$，表示显著相关；

$0.8 \leqslant |r|<1$，表示高度相关。

第三节　线性回归分析

一、回归分析概述

假设在相关分析中，我们已经确认了两个变量之间存在着强烈的相关性。那么再进一步的分析中，我们希望探讨一个变量的变化，如何引起另一个变量的变化，如何通过一个变量的已知值来预测另外一个变量的值。这就是回归分析要解决的问题。

“回归”一词最早是由英国的遗传学家戈尔顿研究生物遗传规律时提出来的。他发现，生物界存在着“回归”的倾向，即生物的某种特征性在历代相传中总是朝向其种族的平均值回归。回归分析是根据相关关系的具体形态，选择一个恰当的数学模型，来近似地表达现象间的变化关系。

回归分析是一种应用极为广泛的统计分析方法，它用回归方程描述和反映变量间的数量变化规律。与相关分析相比，回归分析研究变量之间相互关系的具体形式，从而能从一个变量的变化来推测另一个变量的变化，为预测提供可能。回归分析同相关分析的另一个区

别是:相关分析假设变量之间的地位是等同的,不对变量进行区分,而回归分析则把变量区分为自变量和因变量。

由于现象之间的相关关系,有的表现为直线型,有的表现为曲线型,回归分析可分为线性(直线)回归分析和非线性(曲线)回归分析;又由于现象之间的关系是复杂的,有些现象的变化受一个因素的影响,有些现象的变化受两个或多个因素影响,因而,线性回归分析又可以分为一元线性回归分析和多元线性回归分析。本章仅介绍线性回归分析。

二、一元线性回归分析

(一) 一元线性回归方程的建立

一元线性回归分析是用来研究一个自变量和一个因变量之间的线性关系的。如果两个变量之间是完全线性相关,则我们通常用方程式 $y=a+bx$ 来表示。但现实社会经济中,很多的变量之间的关系并不一定是完全线性相关或其表现形式并非线性相关。如果通过散点图来说明,则已知的数据表示的坐标点并不是在一条直线上,而是围绕着某一条直线上下浮动。这也说明了因变量不一定只受某一自变量的影响,还可能受其他因素的影响。所以通常用以下方程式来表示一元线性回归方程的模型:

$$y=a+bx+\varepsilon$$

式中:a 和 b 是模型的参数,ε 表示的是随机误差项。在统计学中,通常假定误差项的期望(平均值)为0,对于所有的 x 值,误差项的方差相同,误差为随机变量,且服从正态分布或近似正态分布。由于误差项的平均值为0,则可得到一元线性理论回归方程形式如下:

$$\bar{y}=a+bx \text{ 或 } E(y)=a+bx$$

在回归方程中,如果已知 a 和 b 的值,则很容易根据 x 的值计算 y 的平均值,但通常情况下 a 和 b 值是未知的,一元回归分析的基本任务就是利用有限的样本对参数 a 和 b 做出合理的估计。利用样本数据估计出的一元线性回归方程通常可用以下方程形式表示:

$$y_c=a+bx$$

方程式的图示是一条直线,式中:y_c 是利用样本得到的 y 的估计值,也称 y 的理论值;a 表示直线在 y 轴上的截距,代表直线的起点值;b 表示直线的斜率,又称 y 对 x 的回归系数,它的实际意义是说明 x 每变化一个单位时,影响 y 平均变动的数量。$b>0$,表示正相关;$b<0$,表示负相关。a 和 b 都为回归模型的待定参数,需要根据 y 和 x 的实际数据求解,一旦解出 a 和 b 的值,则表明变量之间一般关系的回归直线就随之确定。

(二) 回归方程的参数估计

设定模型之后,我们还希望通过样本数据估计出参数的值。实际上,线性回归就是在自变量和因变量的散点图中找出一条直线来拟合数据。

但是如何找到一条最优的直线来拟合样本数据呢?前面我们提到过,拟合数据和真实数据是有差异的,这个差异的平方和可以作为选择拟合直线的指标,这也是最小二乘法的思想:使估计的直线和真实值之间的残差平方和最小。

最小二乘法也叫最小平方法，其原理实际就是拟合一条最佳配置线，也就是使得样本数据点到该直线上对应点的纵向距离和最短，实际操作就是使因变量 y 的观察值（样本数值）y 与对应的估计值 y_c 的差的平方和达到最小，从而求得参数 a 和 b 的值。即满足

$$Q=\sum(y-a-bx)^2=\text{最小值}$$

利用数学求极值的方法，我们只需对 Q 分别求 a 和 b 的偏导数并令其分别等于 0，便可求出参数，数学推导过程如下。

求偏导数并令其结果等于零得

$$\frac{\partial Q}{\partial a}=-2\sum(y-a-bx)=0$$

$$\frac{\partial Q}{\partial b}=-2\sum(y-a-bx)x=0$$

经整理得如下方程组：

$$\begin{cases}\sum y=na+b\sum x\\ \sum xy=a\sum x+b\sum x^2\end{cases}$$

解得

$$\begin{cases}b=\dfrac{n\sum xy-\sum x\sum y}{n\sum x^2-(\sum x)^2}\\ a=\bar{y}-b\bar{x}\end{cases}$$

式中：$\bar{y}$，$\bar{x}$ 分别为变量 y 和 x 的实测平均值。

根据估计出的回归方程 $y_c=a+bx$ 我们可以进行预测，方法是任取一个 x_1 代入 $y_c=a+bx$，便可计算得到一个 $y_c=a+bx_1$，y_c 即自变量为 x_1 时 y 的预测值。

【例 9-2】 现以表 9-1 数据资料为例进行回归分析。

设广告费用为 x，销售收入为 y，则有 $y_c=a+bx$。

（1）根据表 9-4 中数据可得

$$n=10,\sum x=48,\sum y=537,\sum xy=2616,\sum x^2=264$$

（2）将上述数据代入求解，待定参数 a 和 b 的公式，求解得出 a 和 b 的数值。

$$b=\frac{n\sum xy-\sum x\sum y}{n\sum x^2-(\sum x)^2}=\frac{10\times 2616-48\times 537}{10\times 264-48^2}=1.1429$$

$$a=\bar{y}-b\bar{x}=\frac{\sum y}{n}-b\frac{\sum x}{n}=\frac{537-1.1429\times 48}{10}=48.2141$$

(3) 将 a 和 b 的数值带入公式，则该企业广告费用与销售收入的一元线性回归方程为

$$y_c = 48.2141 + 1.1429x$$

该模型中 $a=48.2141$，表示回归直线 y 轴上的截距，说明当该企业广告费用为0时，固定的销售收入为 48.2141 万元；$b=1.1429$ 为回归系数，说明该企业广告费用每增加1万元，销售收入为平均增加 1.1429 万元。

三、拟合优度的度量

一元线性回归模型在一定程度上描述了变量 x 与 y 之间的关系，根据这一模型，可用自变量 x 的取值来预测因变量 y 的取值。但预测的精度将取决于回归模型对观测数据的拟合程度。可以想象，如果各观测点数据的散点都落在这一直线上，那么这条直线就是对数据的完全拟合，直线充分代表了各个点，此时用 x 来估计 y 是没有误差的。各观察点越是紧密围绕着直线，说明直线对观测数据的拟合程度越好，反之越差。回归直线与各观测点的接近程度称为回归直线对数据的拟合优度。评价拟合优度的一个重要统计量就是判定系数，估计标准误差则是一个重要的补充。

(一) 判定系数

一元线性回归模型拟合优度的好坏，实质就是回归模型误差大小的问题。这种误差，从总体上来看，是指所有因变量的实际值 y 与平均值$\bar{y}$ 的误差平方和，即

$$\text{总离差平方和} = \sum (y_i - \bar{y})^2$$

总离差平方和 $\sum (y_i - \bar{y})^2$，记为 TSS；同时我们将 $\sum (y_c - \bar{y})^2$ 称为回归平方和，记为 ESS；将 $\sum (y_i - y_c)^2$ 称为剩余平方和，也叫残差平方和，记为 RSS。并且三个平方和之间存在这样的关系：

$$TSS = ESS + RSS,$$

即

$$\sum (y_i - \bar{y})^2 = \sum (y_c - \bar{y})^2 + \sum (y_i - y_c)^2$$

上式表明回归平方和 ESS 是估计值与平均值的离差平方和，反映了总误差中由于 x 与 y 之间线性关系引起的变化部分，它是可以由回归模型来解释 y 的误差的部分。残差平方和 RSS 是实际观测值与估计值的离差平方和，它是除了 x 对 y 的线性影响之外的其他随机因素对 y 的影响，是不能由回归模型来解释的 y 的误差部分。

从图 9-3 可以直观地看出，回归模型拟合程度的好坏，取决于回归平方 ESS 和占总离差平方和 TSS 的比重。各观测点越靠近直线，ESS/TSS 则越大，直线拟合得越好。

回归平方和占总离差平方和的比重称为判定系数，记为 r^2，其计算公式为

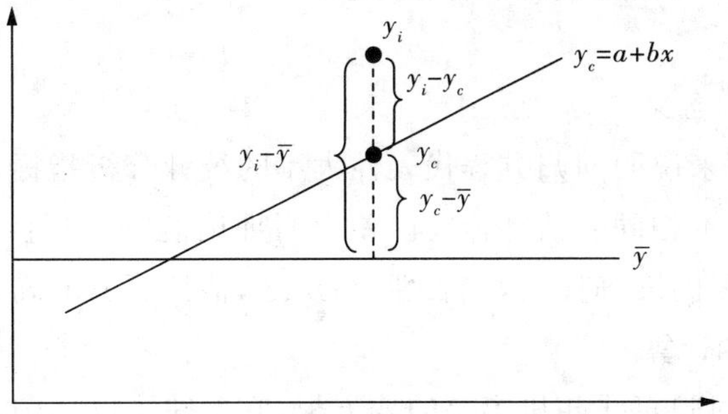

图 9-3 总离差分解示意图

$$r^2=\frac{ESS}{TSS}=\frac{TSS-RSS}{TSS}=\frac{\sum(y_c-\bar{y})^2}{\sum(y_i-\bar{y})^2}$$

上式表明，若剩余平方和RSS越小，r^2的值就越大，拟合优度就越好；反之，RSS越大，r^2的值就越小，拟合优度越差。由上式可知，r^2是一个非负数，其取值范围是$0\leqslant r^2\leqslant 1$。当$r^2=1$时，意味着完全拟合；当$r^2=0$时，意味着被解释变量与解释变量之间没有线性关系；当$0<r^2<1$时，r^2越接近于1，则拟合效果越好。

判定系数具有以下一些特征：

(1) 判定系数具有非负性。判定系数实际上是相关系数的平方，因此决定了判定系数不可能为负数。

(2) 判定系数取值范围在$0\leqslant r^2\leqslant 1$，由于相关系数的取值范围是$-1\leqslant r\leqslant 1$，因此其平方后的判决系数的取值范围也就确定了。

(3) 判定系数是样本观测值的函数，是一个统计量。

在实际工作中，判定系数r^2的计算常采用以下简捷公式：

$$r^2=\frac{(n\sum xy-\sum x\sum y)^2}{[n\sum x^2-(\sum x)^2][n\sum y^2-(\sum y)^2]}$$

【例 9-3】 现以表 9-4 数据资料计算回归直线的判定系数，并解释判定系数的含义。

根据表 9-4 中数据可得

$$r^2=\frac{(n\sum xy-\sum x\sum y)^2}{[n\sum x^2-(\sum x)^2][n\sum y^2-(\sum y)^2]}$$

$$=\frac{(10\times 2616-48\times 537)^2}{(10\times 264-48^2)(10\times 28885-537^2)}$$

$$=91.25\%$$

其实际意义：在销售收入取得的总误差中，有 91.25% 可以由销售收入与广告费用之间的线性关系来解释，可见回归直线的拟合程度较高。

（二）估计标准误差

1. 估计标准误差的含义

估计标准误差是用来说明回归方程代表性大小的统计分析指标，也简称为估计标准差，其计算原理与标准差基本相同。估计标准误差说明理论值（回归直线）的代表性，若估计标准误差小，说明回归方程的准确性高，代表性大；反之，估计不够准确，代表性小。

2. 估计标准误差的计算

估计标准误差，是回归直线随机离差的均方根，它反映了以回归直线为中心的各观察值与其估计值之间的平均离差程度。它是回归模型的误差分析指标，可从一方面显示回归模型拟合的优劣状况。估计标准误差除了进一步判断模型拟合的优劣以外，还可以为确定预测值的置信区间提供依据。其计算公式为

$$s_y=\sqrt{\frac{\sum(y-y_c)^2}{n-2}}$$

式中，s_y 表示估计标准误差；y 是因变量的实际值；y_c 是根据回归方程推算出来的因变量的估计值；n 为样本容量；$n-2$ 是回归估计自由度。

回归估计自由度等于样本单位个数减 2，这是由于估计出的回归方程 $y_c=a+bx$ 中包括了两个估计量 a 和 b，因而失去两个自由度，其实质是由估计标准误差的无偏性决定的。

在回归分析中，估计标准误差越小，说明实际值与估计值的离差越小，也就是实际值越靠近估计值，则所拟合的回归模型的代表性越高；反之，估计标准误差越大，说明实际值与估计值的离差越大，也就是实际值越远离估计值，则所拟合的回归模型的代表性越低。

实际计算中，估计标准误差通常采用下列简捷公式计算：

$$s_y=\sqrt{\frac{\sum y^2-a\sum y-b\sum xy}{n-2}}$$

下面具体说明简单线性回归估计标准误差的测定方法。

【例 9-4】 现以表 9-4 数据资料计算回归方程的估计标准误差。

根据表 9-4 中数据可得

$$n=10,\sum y=537,\sum y^2=28885,\sum xy=2616$$

将上述数据代入求解估计标准误差的简捷公式中得出

$$s_y=\sqrt{\frac{\sum y^2-a\sum y-b\sum xy}{n-2}}$$

$$=\sqrt{\frac{28885-48.2141\times 537-1.1429\times 2616}{10-2}}$$

$$=0.7247(\text{万元})$$

四、二元线性回归分析

(一) 二元线性回归简述

在社会经济现象中，影响某一变量的因素往往不止一个，可能是两个或两个以上，此时 y 就要利用两个或更多的自变量来估计因变量，这就是多元回归分析。多元线性回归方程的估计方程式可用以下方程表示：

$$y_c = a + b_1 x_1 + b_2 x_2 + b_3 x_3 + \cdots + b_n x_n$$

见表 9-5 所列，我们很容易看出，企业利润额和商品销售额和费用额两个因素有着非常重要的关系。如果要分析企业利润额与它们之间的关系，就要用到多元线性回归。

表 9-5　某地 10 个零售企业调查资料　　单位：万元

序号	销售额	费用额	利润额
1	40	4.8	1.8
2	43	4.9	2.0
3	48	5.7	2.1
4	42	5.0	1.9
5	41	4.8	1.9
6	45	5.0	2.1
7	47	5.7	2.2
8	50	5.7	2.4
9	52	6.1	2.5
10	56	6.5	2.6

多元回归分析的步骤和方法与一元回归分析基本相同，但计算会随着自变量个数的增加而愈加复杂。以二元回归分析为例，目标是根据有限的样本数据估计出二元线性回归方程。以一个因变量 y 与两个自变量 x_1 和 x_2 进行估计，其估计的回归方程式为

$$y_c = a + b_1 x_1 + b_2 x_2$$

式中：y_c 为因变量的估计值；a，b_1 和 b_2 为估计参数。

要想根据样本数据估计出 a，b_1 和 b_2 的大小，通常也是使用最小二乘法，使 $\sum(y_i - y_c)^2$ 最小。因为方程式中有三个参数，用求偏导数的方法并令 $\sum(y_i - y_c)^2 = 0$，就可以得到以下三个方程，求解下列方程组即可得到三个参数：

$$\begin{cases} \sum y_i = na + b_1 \sum x_{1i} + b_2 \sum x_{2i} \\ \sum x_{1i} y_i = a \sum x_{1i} + b_1 \sum x_{1i}^2 + b_2 \sum x_{1i} x_{2i} \\ \sum x_{2i} y_i = a \sum x_{2i} + b_1 \sum x_{1i} x_{2i} + b_2 \sum x_{2i}^2 \end{cases}$$

这种方法对于自变量为更多个的回归分析同样适用，只是求偏导数后得到的方程式的个数会随着自变量的个数增加而增加。如果自变量为n个，则通常有$n+1$个，方程式必然也有$n+1$个，然后利用线性代数方法解之即可。

（二）二元线性回归分析的方法

【例 9－5】 假设企业利润额为y，销售额为x_1，费用额为x_2，根据表 9－5 资料可得相关资料（见表 9－6 所列）。

表 9－6 二元线性回归分析计算表 单位：万元

序号	销售额 x_1	费用额 x_2	利润额 y	x_1y	x_2y	x_1x_2	x_1^2	x_2^2
1	40	4.8	1.8	72.0	8.64	192.0	1600	23.04
2	43	4.9	2.0	86.0	9.80	210.7	1849	24.01
3	48	5.7	2.1	100.8	11.97	273.6	2304	32.49
4	42	5.0	1.9	79.8	9.50	210.0	1764	25.00
5	41	4.8	1.9	77.9	9.12	196.8	1681	23.04
6	45	5.0	2.1	94.5	10.50	225.0	2025	25.00
7	47	5.7	2.2	103.4	12.54	267.9	2209	32.49
8	50	5.7	2.4	120.0	13.68	285.0	2500	32.49
9	52	6.1	2.5	130.0	15.25	317.2	2704	37.21
10	56	6.5	2.6	145.6	16.90	364.0	3136	42.25
合计	464	54.2	21.5	1010.0	117.90	2542.2	21772	297.02

根据表 9－6 资料可得如下三元一次方程组：

$$\begin{cases} 21.5 = 10a + 464b_1 + 54.2b_2 \\ 1010 = 464a + 21772b_1 + 2542.2b_2 \\ 117.9 = 54.2a + 2542.2b_1 + 297.02b_2 \end{cases}$$

解方程组得

$$\begin{cases} a = -0.1932 \\ b_1 = 0.0687 \\ b_2 = -0.1558 \end{cases}$$

所以回归方程为

$$y_c = -0.1932 + 0.0687x_1 - 0.1558x_2$$

（三）二元回归估计标准误差的测定

二元线性回归估计标准误差的测度方法与简单线性回归估计标准误差测度方法相似，基本原理一样。如二元线性回归估计标准误差的计算公式如下：

$$s_y = \sqrt{\frac{\sum (y - y_c)^2}{n-3}}$$

式中符号所代表的意义与简单线性回归估计标准误差公式相同，不同的是回归估计自由度等于$n-3$。由于估计出的回归方程$y_c=a+b_1x_1+b_2x_2$中包括了3个估计量a，b_1和b_2，因而失去3个自由度，其实质也就是由于估计标准误差的无偏性决定的。

当然，如果样本数据较多，利用上述公式较为复杂，则同样可以利用以下相对简捷的公式进行计算：

$$s_y=\sqrt{\frac{\sum y^2-a\sum y-b_1\sum x_1y-b_2\sum x_2y}{n-3}}$$

第四节 非线性回归分析

在社会经济现象中，除了线性关系外，还有很多变量之间的关系不是线性关系，而是非线性关系。这时就需要配合适当的曲线，建立非线性回归方程，即曲线方程进行回归分析。在实际操作中，我们通常将非线性关系先转变呈线性关系，按线性回归模型进行处理，估计出参数，然后再还原到曲线模型进行分析。因此，一般非线性回归步骤可概括为

第一，通过相关表或散点图确定因变量与自变量之间是否为非线性关系。

第二，将非线性关系用代换法转变呈线性关系，并进行拟合，估计出转换后的直线回归方程。

第三，将估计出的直线回归方程还原成曲线方程，并进行分析。

一、指数曲线回归分析

首先，确定方程模型。如果因变量与自变量之间的关系表现为指数曲线，则我们可以确定其方程模型为

$$y=ab^x$$

其次，进行转换，方程两边同时取对数：

$$\ln y=\ln a+x\ln b$$

并假设$y'=\ln y$，$a'=\ln a$，$b'=\ln b$，则原曲线方程模型即转变为线性方程模型：

$$y'=a'+b'x$$

再次，根据转变后的新样本数据组合(x,y')估计参数a'和b'。在这里a'和b'的求法跟线性回归中的求法一样。即

$$\begin{cases}b'=\dfrac{n\sum xy'-\sum x\sum y'}{n\sum x^2-(\sum x)^2}\\[2ex]a'=\bar{y}'-b'\bar{x}\end{cases}$$

由此，估计出的回归方程为

$$y' = a' + b'x$$

最后，要进行还原。根据 $a' = \ln a$，$b' = \ln b$，计算出 a 和 b，令 $y'_c = \ln y_c$，则可得最终估计出的曲线回归方程为

$$y_c = ab^x$$

所在 $a = e^{a'}$ 和 $b = e^{b'}$。

【例 9-6】 已知一家制衣企业衣服供应量随着市场价格变化而变化，试根据表 9-7 所列的资料估计出供应量与市场价格之间的回归方程。

表 9-7　制衣企业衣服供应量与市场价格资料

供应量(千件)	价格(元)	供应量(千件)	价格(元)
6	50	30	75
8	56	40	81
11	60	49	86
15	66	62	92
22	70	80	100

从表 9-7 中不难看出，随着价格的增长，供应量增加越来越大，符合指数曲线规律。假设供应量为 y，价格为 x，可得见表 9-8 所列资料。

表 9-8　曲线回归分析计算表

序号	y	x	$y' = \ln y$	x^2	xy'
1	6	50	1.79	2500	89.50
2	8	56	2.08	3136	116.48
3	11	60	2.40	3600	144.00
4	15	66	2.71	4356	178.86
5	22	70	3.09	4900	216.30
6	30	75	3.40	5625	255.00
7	40	81	3.69	6561	298.89
8	49	86	3.89	7396	334.54
9	62	92	4.13	8464	379.96
10	80	100	4.38	10000	438.00
合计	323	736	31.56	56538	2451.53

由表 9-8 可得

$$\bar{x} = 736/10 = 73.6, \bar{y'} = 31.56/10 = 3.156$$

由此计算出 a' 和 b'：

$$\begin{cases} b'=\dfrac{n\sum xy'-\sum x\sum y'}{n\sum x^2-(\sum x)^2}=\dfrac{10\times 2451.53-736\times 31.56}{10\times 56538-736^2}=\dfrac{1287.14}{23684}=0.054 \\ a'=\bar{y}'-b'\bar{x}=3.156-0.054\times 73.6=-0.82 \end{cases}$$

则回归所得方程为

$$y'_c=-0.82+0.054x$$

还原有

$$y_c=\ln y'_c,a=e^{a'}=e^{-0.82}=0.44,b=e^{b'}=e^{0.054}=1.06$$

所以，最终回归指数方程为

$$y_c=0.44\times 1.06^x$$

二、双曲线回归分析

首先，要确定方程模型。如果因变量与自变量之间的关系表现为双曲线，则我们可以确定双曲线方程模型为

$$y=a+\frac{b}{x}$$

其次，要进行转换。假设 $x'=\dfrac{1}{x}$，则原曲线方程模型即转变为线性方程模型：

$$y=a+bx'$$

再次，根据转变后的新样本数据组合 (x',y) 估计参数 a 和 b。在这里 a 和 b 的求法跟线性回归中的求法一样。即

$$\begin{cases} b=\dfrac{n\sum x'y-\sum x'\sum y}{n\sum x'^2-(\sum x')^2} \\ a=\bar{y}-b\bar{x}' \end{cases}$$

由此，估计出的回归方程为

$$y_c=a+bx'$$

最后，要进行还原。令 $x'=\dfrac{1}{x}$，可得最终估计出的曲线回归方程为

$$y_c=a+\frac{b}{x}$$

这里的 a 和 b 即第三步求出的参数值。

【例 9－7】　已知某市场上皮鞋价格 (y) 与皮鞋的需求量 (x) 之间的关系呈向右下方倾

斜的双曲线关系，具体数据资料见表 9－9 所列。试根据所给资料回归出皮鞋价格与皮鞋需求量之间的方程。

表 9－9　双曲线回归分析

序号	y(元)	x(千双)	$x'=\frac{1}{x}$	x'^2	$x'y$
1	180	1.1	0.91	0.828	163.80
2	150	2.1	0.48	0.23	72.00
3	125	3.0	0.33	0.109	41.25
4	100	4.5	0.22	0.048	22.00
5	80	6.0	0.17	0.029	13.60
6	60	7.5	0.13	0.017	7.80
7	50	8.6	0.12	0.014	6.00
合计	745	32.8	2.36	1.275	326.45

由表 9－9 可得

$$\bar{y}=745\div 7=106.43,\bar{x}'=2.36\div 7=0.34$$

根据公式：

$$b=\frac{n\sum x'y-\sum x'\sum y}{n\sum x'^2-(\sum x')^2}$$

$$a=\bar{y}-b\bar{x}'$$

可得

$$b=\frac{7\times 326.45-2.36\times 745}{7\times 1.275-2.36^2}=\frac{526.95}{3.36}=156.83$$

$$a=106.43-156.83\times 0.34=53.11$$

则回归方程为

$$y_c=53.11+156.83x'$$

还原得最终回归方程为

$$y_c=53.11+\frac{156.83}{x}$$

三、抛物线回归分析

首先，确定方程模型。如果因变量与自变量之间的关系表现为抛物线，则我们可以确定抛物线方程模型为

$$y_c=a+bx+cx^2$$

其次，进行转换。假设 $x_1 = x, x_2 = x^2$，则原曲线方程模型即转变为线性方程模型：

$$y_c = a + bx_1 + cx_2$$

再次，根据转变后的新样本数据组合(x_1, x_2, y)估计参数 a, b 和 c。这里 a, b 和 c 的求法跟二元线性回归中的求法一样，这里不再阐述。由此，估计出的回归方程为

$$y_c = a + bx_1 + cx_2$$

最后，进行还原。令 $x_1 = x, x_2 = x^2$，可得最终估计出的曲线回归方程为

$$y_c = a + bx + cx^2$$

这里的 a, b 和 c 即第三步求出的参数值。

【例 9 - 8】　现有某制造企业在不同时间的产品产量和单位产品成本的资料见表 9 - 10 所列，请根据资料估计出产量与单位产品成本之间的回归方程。

表 9 - 10　某企业产量与单位产品成本资料

序号	产量(个)	单位产品成本(个 / 元)	序号	产量(个)	单位产品成本(个 / 元)
1	10	160	6	60	61
2	20	120	7	70	60
3	30	85	8	80	62
4	40	75	9	90	65
5	50	66	10	100	70

从表 9 - 10 可以看出单位产品成本随着产品产量的增加先减少而后有增加，符合抛物线规律。假设产品产量为 x，单位产品成本为 y，可得见表 9 - 11 所列资料。

根据公式：

$$\begin{cases} \sum y = na + b_1 \sum x_1 + b_2 \sum x_2 \\ \sum x_1 y = a \sum x_1 + b_1 \sum x_1{}^2 + b_2 \sum x_1 x_2 \\ \sum x_2 y = a \sum x_2 + b_1 \sum x_1 x_2 + b_2 \sum x_2{}^2 \end{cases}$$

可得如下三元一次方程组：

$$\begin{cases} 824 = 10a + 550b_1 + 38500b_2 \\ 31520 = 550a + 38500b_1 + 3025000b_2 \\ 2562400 = 38500a + 3025000b_1 + 253330000b_2 \end{cases}$$

表 9-11 抛物线回归分析计算表

序号	y	$x_1=x$	$x_2=x^2$	x_1y	x_2y	x_1x_2	x_1^2	x_2^2
1	160	10	100	1600	16000	1000	100	10000
2	120	20	400	2400	48000	8000	400	160000
3	85	30	900	2550	76500	27000	900	810000
4	75	40	1600	3000	120000	64000	1600	2560000
5	66	50	2500	3300	165000	125000	2500	6250000
6	61	60	3600	3660	219600	216000	3600	12960000
7	60	70	4900	4200	294000	343000	4900	24010000
8	62	80	6400	4960	396800	512000	6400	40960000
9	65	90	8100	5850	526500	729000	8100	65610000
10	70	100	10000	7000	700000	1000000	10000	100000000
合计	824	550	38500	31520	2562400	3025000	38500	253330000

解方程组得

$$\begin{cases} a=553.2 \\ b_1=-20.6 \\ b_2=0.172 \end{cases}$$

所以回归方程为

$$y_c=553.2-20.6x_1+0.172x_2$$

还原得

$$y_c=553.2-20.6x+0.172x^2$$

本章小结

函数关系是一种一一对应关系，是确定的关系，相关关系是不确定的。相关关系在社会现实中的表现形态各异，有正相关和负相关之分，有线性相关和非线性相关之分，亦有单相关和复合相关之分，还有完全相关、不完全相关和不相关之分。

相关关系的存在性以及表现形态的确定是相关分析和回归分析的基础，它通常是通过相关表和散点图来进行描述。它们使得变量间的相关关系表现得更加直观，易于判断。然而要判断变量间关系的密切程度，则一般可通过计算相关系数得以判别，积差法及其推理方法是最常用的方法。相关系数在-1和1之间变动，相关系数的绝对值越大，变量间相关关系越密切，相关系数的绝对值越小，变量间相关关系则越弱。

回归分析就是将两个或两个以上的变量间的紧密的相关关系，利用变量的一些样本数据模拟出一个数学关系式，并据此用一个或几个变量的取值去估计另一个变量的取值的统计分析方法。回归有简单回归和复回归之分，也有线性回归和曲线回归之分，回归分析的基本任务就是利用有限的样本数据对各参数做出合理的估计。线性回归适用于对中短期的社会经济现象的研究，其参数通常是采用最小二乘法来确定。而非线性回归（曲线回归）则往往要转变成线性回归来估计其参数值的大小，然后再还回到原状态，从而达到估计和预测的最终目标。

用 EXCEL 进行相关与回归分析

Excel 在回归分析中能避开复杂的计算，把复杂的计算过程交给计算机处理，使用起来非常简单。我们用下面的例子进行相关和回归分析。

例如：10 个学生身高和体重的情况见表 9－10 所列。

表 9－12　10 个学生身高体重资料

学生	身高(厘米)	体重(千克)
1	171	53
2	167	56
3	177	64
4	154	49
5	169	55
6	175	66
7	163	52
8	152	47
9	172	58
10	160	50

要求对身高和体重作相关和回归分析。

一、用 EXCEL 进行相关分析

首先把有关数据输入 EXCEL 的单元格中，如图 9－4 所示。

用 EXCEL 进行相关分析有两种方法，一是利用相关系数函数，另一种是利用相关分析宏。

1. 利用函数计算相关系数

在 EXCEL 中，提供了两个计算两个变量之间相关系数的方法：CORREL 函数和

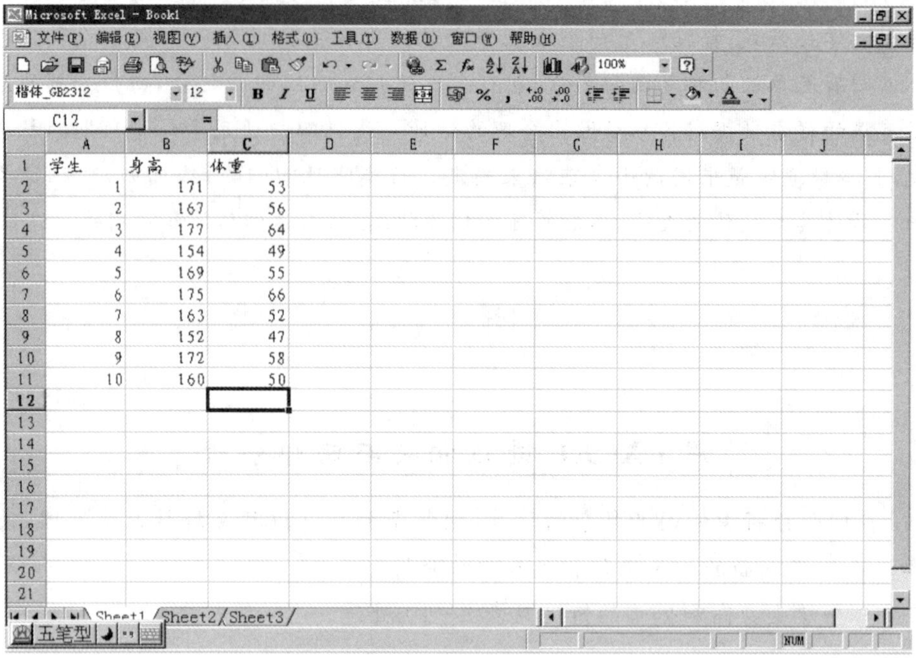

	A	B	C
1	学生	身高	体重
2	1	171	53
3	2	167	56
4	3	177	64
5	4	154	49
6	5	169	55
7	6	175	66
8	7	163	52
9	8	152	47
10	9	172	58
11	10	160	50

图 9－4　EXCEL 数据集

PERSON 函数。这两个函数是等价的，这里我们仅介绍用 CORREL 函数计算相关系数。

第一步：单击任一个空白单元格，单击“插入菜单”，选择“函数选项”，打开“粘贴函数对话框”，在函数分类中选择“统计”，在函数名中选择“CORREL”，单击“确定”后，出现“CORREL”对话框。

第二步：在“Array1”中输入“B2：B11”，在“Array2”中输入“C2：C11”，即可在对话框下方显示出计算结果为 0.896，如图 9－5 所示。

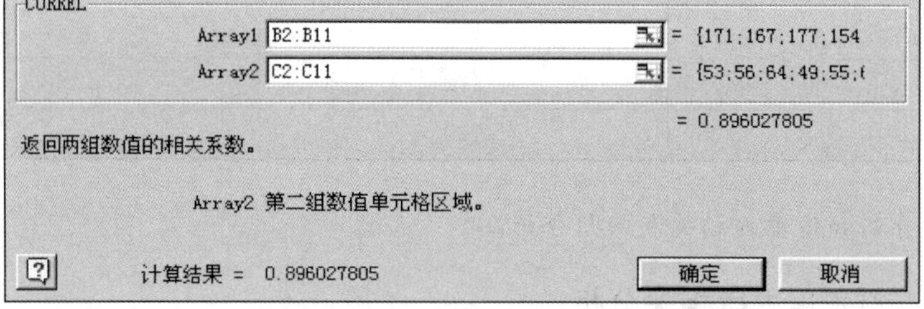

图 9－5　CORREL 对话框及输入结果

2. 用相关系数宏计算相关系数

第一步：单击“工具”菜单，选择“数据分析选项”，在数据分析选项中选择相关系数，弹出相关系数对话框，如图 9－6 所示。

第二步：在输入区域输入“＄B＄1：＄C＄1”，分组方式选择逐列，选择标志位于第一行，

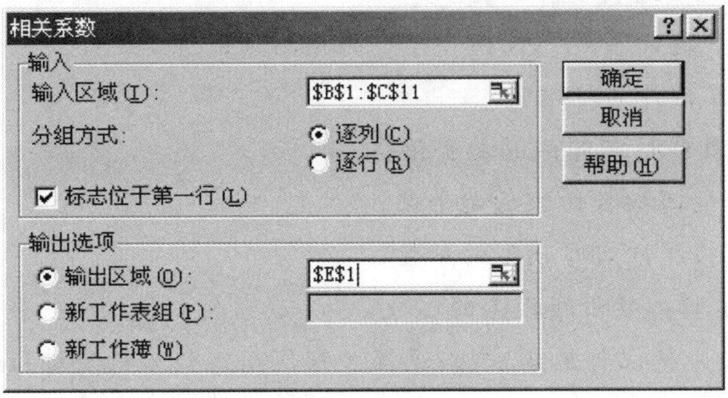

图 9－6　相关系数对话框

在输出区域中输入“＄E＄1”，单击“确定”，得输出结果如图 9－7 所示。

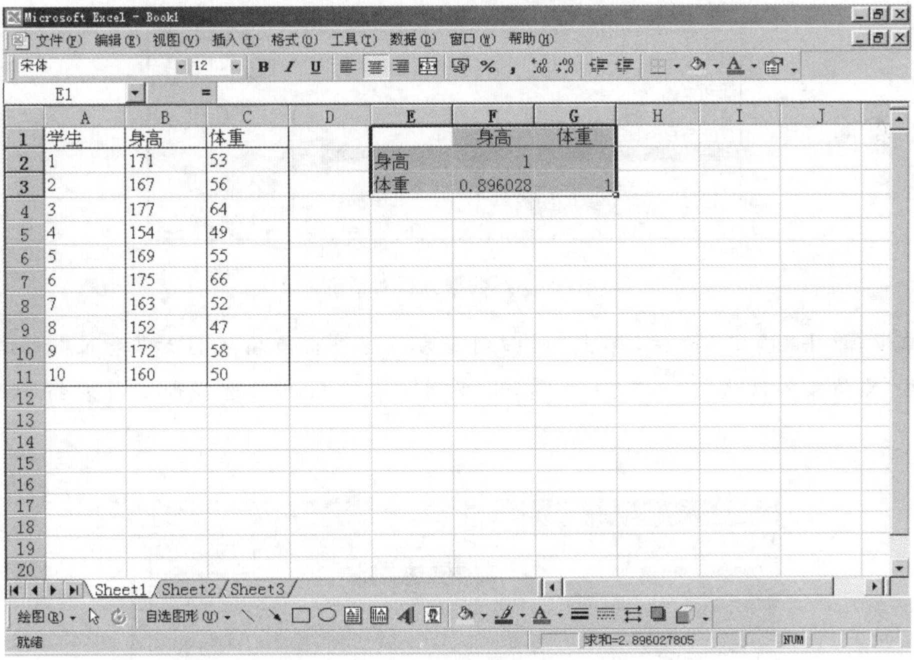

图 9－7　相关分析输出结果

在上面的输出结果中，身高和体重的自相关系数均为 1，身高和体重的相关系数为 0.896 与用函数计算的结果完全相同。

二、用 EXCEL 进行回归分析

EXCEL 进行回归分析同样分函数和回归分析宏两种形式，其提供了 9 个函数用于建立回归模型和预测。这 9 个函数如：

INTERCEPT——返回线性回归模型的截距；

SLOPE——返回线性回归模型的斜率；

RSQ——返回线性回归模型的判定系数；

FORECAST——返回一元线性回归模型的预测值；

STEYX——计算估计的标准误；

TREND——计算线性回归线的趋势值；

GROWTH——返回指数曲线的趋势值；

LINEST——返回线性回归模型的参数；

LOGEST——返回指数曲线模型的参数。

用函数进行回归分析比较麻烦，我们这里介绍使用回归分析宏进行回归分析。

第一步：单击“工具菜单”，选择“数据分析选项”，出现“数据分析对话框”，在分析工具中选择“回归”，如图 9－8 所示。

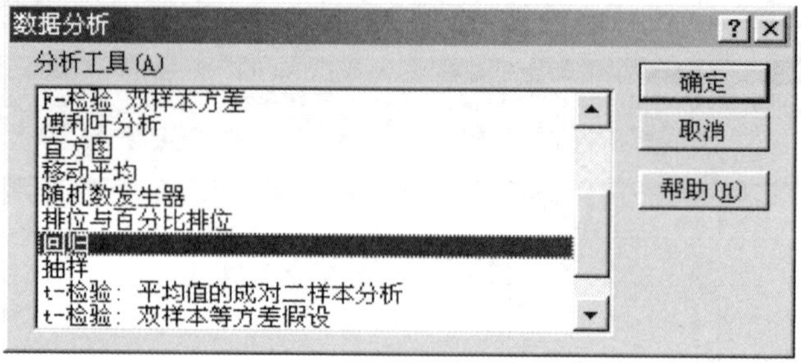

图 9－8　数据分析对话框

第二步：单击“确定”按钮，弹出“回归对话框”，在“Y 值输入区域”输入“＄B＄2：＄B＄11”，在“X 值输入区域”输入“＄C＄2：＄C＄11”，在输出选项选择新工作表组，如图 9－9 所示。

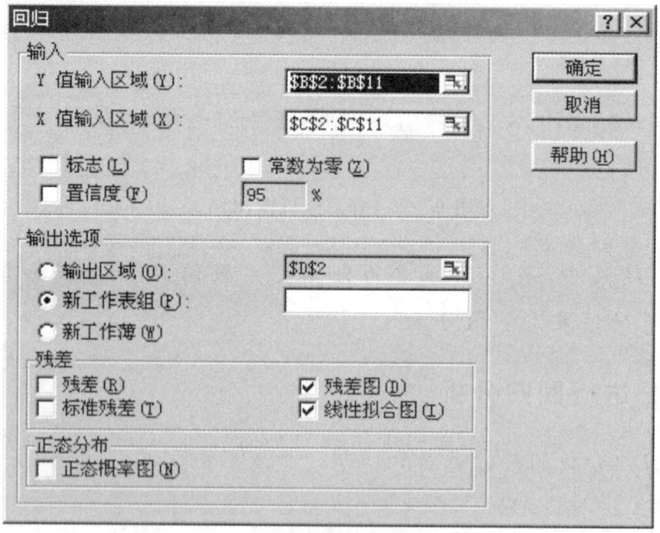

图 9－9　回归对话框

第四步：单击确定按钮，得回归分析结果如图 9－10 所示。

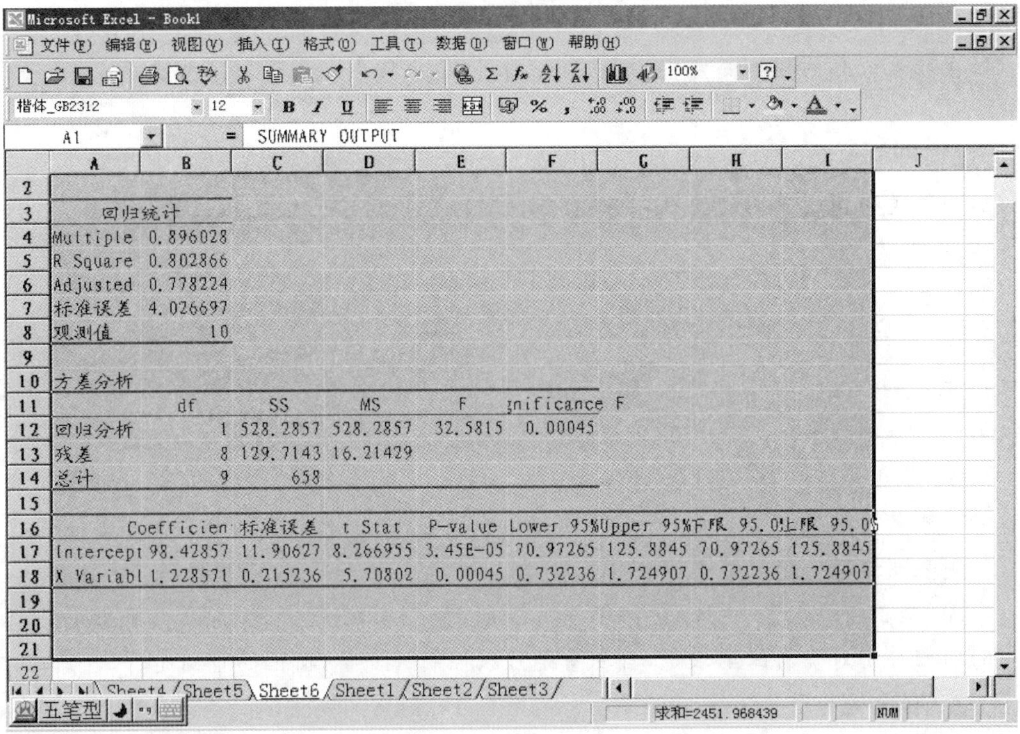

回归统计	
Multiple	0.896028
R Square	0.802866
Adjusted	0.778224
标准误差	4.026697
观测值	10

方差分析

	df	SS	MS	F	gnificance F
回归分析	1	528.2857	528.2857	32.5815	0.00045
残差	8	129.7143	16.21429		
总计	9	658			

	Coefficien	标准误差	t Stat	P-value	Lower 95%	Upper 95%	下限 95.0%	上限 95.0%
Intercept	98.42857	11.90627	8.266955	3.45E-05	70.97265	125.8845	70.97265	125.8845
X Variabl	1.228571	0.215236	5.70802	0.00045	0.732236	1.724907	0.732236	1.724907

图 9－10　EXCEL 回归分析结果

在上面的输出结果中，第一部分为汇总统计，Multiple R 指复相关系数，R－Square 指判定系数，Adjusted 指调整的判定系数，标准误差指估计的标准误，观测值指样本容量；第二部分为方差分析，df 指自由度，SS 指平方和，MS 指均方，F 指 F 统计量，Significanceof F 指 p 值；第三部分包括：Intercept 指截距，Coefficient 指系数，tstat 指 t 统计量。

思考与练习

【课后思考】

1. 什么是相关关系？它与函数关系有什么不同？
2. 什么是正相关、负相关、不相关？试举例说明。
3. 相关系数 r 的意义是什么？怎样利用相关系数 r 来判别现象的相关关系？
4. 试说明回归分析和相关分析的区别和联系。
5. 试述回归系数 b 与相关系数 r 的关系。
6. 什么叫估计标准误差？它与相关系数的关系如何？

【知识自测】

1. 单项选择题

(1)在相互依存的两个变量中，根据研究的目的，将其中一个变量定为自变量，另一个变量定为(　　)。

A. 固定变量　　B. 因变量　　C. 任意变量　　D. 自变量

(2)相关关系是现象间确实存在的，但相关关系数值是(　　)的相互依存关系。

A. 不完全确定　　B. 可以确定　　C. 不确定　　D. 无法确定

(3)变量之间存在不严格确定的依存关系，这种关系是(　　)。

A. 函数关系　　B. 相关关系　　C. 随机关系　　D. 回归关系

(4)如果一个变量的数量变化，由另一个变量的数量变化所唯一确定，这时两个变量间的关系称为(　　)。

A. 单相关　　B. 复相关　　C. 不完全相关　　D. 完全相关

(5)当变量 x 的数值增大时，变量 y 的数值也明显增大，相关点的分布集中呈直线状态，则表明这两个变量间是(　　)。

A. 强正相关　　B. 弱正相关　　C. 强负相关　　D. 弱负相关

(6)回归分析对资料的要求是，自变量是可以控制的变量，而因变量则是(　　)。

A. 给定的变量　　B. 固定的变量

C. 可以控制的变量　　D. 随机变量

(7)在计算相关系数时，要求相关的两个变量(　　)。

A. 都是随机变量

B. 都是非随机变量

C. 一个是随机变量，另一个是非随机变量

D. 区分出因变量和自变量

(8)判定现象之间相关关系密切程度的主要方法是(　　)。

A. 绘制相关图　　B. 编制相关表

C. 进行定性分析　　D. 计算相关系数

(9)当所有的观察值 y 都落在回归直线方程：$y_c=a+bx$，则 x 与 y 之间的相关系数为(　　)。

A. $-1\leqslant r\leqslant 0$　　B. $|r|=1$　　C. $r=0$　　D. $0<r<1$

(10)在相关分析中，由于两个变量的关系是对等的，从而变量 x 与变量 y 相关同变量 y 与变量 x 相关是(　　)。

A. 同一个问题　　B. 完全不同的问题

C. 有一定联系但意义不同的问题　　D. 有时相同，但有时不同的问题

(11)当相关系数 $r=0$ 时，则说明(　　)。

A. 两个变量之间无任何相关关系　　B. 两个变量之间无线性相关关系

C. 两个变量之间不相关　　D. 两个变量之间弱相关

(12)某企业利润率(%)依人均产值(千元)变动的回归方程为：$y_c=5+3x$，这表明(　　)。

A. 人均产值增加1千元，利润率平均增加3%

B. 人均产值增加1千元，利润率平均增加3千元

C. 人均产值增加1千元，利润率平均增加5%

D. 人均产值增加1千元，利润率平均增加8%

2. 多项选择题

(1)按相关关系的关系程度不同分，有(　　)。

A. 单相关　　B. 复相关　　C. 不相关

D. 完全相关　　E. 不完全相关

(2)相关关系的判断，一般用(　　)来判断。

A. 定性分析　　B. 相关表　　C. 相关图

D. 建立回归直线方程　　E. 估计标准误差

(3)若变量 x 的数值增大时，变量 y 的数值显著减少，相关点的分布集中呈直线状，反映了两个变量间的(　　)。

A. 负相关　　B. 正相关　　C. 强负相关

D. 弱负相关　　E. 直线相关

(4)在回归分析中，变量 y 与变量 x 的关系是(　　)。

A. 不对等　　B. 对等的　　C. 自变量是非随机的，因变量是随机的

D. 自变量是随机的，因变量是非随机的　　E. 如果 x 是自变量，y 就是因变量

(5)如下的现象属于负相关的有(　　)。

A. 家庭收入越多，其消费支出也越多

B. 流通费用率随商品销售额的增加而降低

C. 生产单位产品所耗用的工时，随着劳动生产率的提高而减少

D. 产品的单位成本会随产量的扩大而降低

E. 工人劳动生产率越高，则创造的产值会越多

(6)判断现象之间有无相关关系的方法是(　　)。

A. 编制相关表　　B. 绘制相关图

C. 计算估计标准误差　　D. 计算相关系数

E. 对现象作定性分析

(7)若相关图中所有相关点都正好分布在一条直线上，这时两变量(　　)。

A. 就是函数关系　　B. 相关系数等于零

C. 相关系数等于+1或-1　　D. 为完全相关

E. 无法计算相关系数

3. 判断题

(1)相关关系和函数关系都属于完全确定性的依存关系。(　　)

(2)如果两个变量的变动方向一致，同时呈上升或下降趋势，则二者是正相关关系。(　　)

(3)当直线相关系数 $r=0$ 时，说明变量之间不存在任何相关关系。(　　)

(4)在直线回归分析中，两个变量是对等的，不需要区分因变量和自变量。(　　)

(5)相关系数 r 越大，则估计标准误差 S_{xy} 值越大，从而直线回归方程的精确性越低。(　　)

(6)回归分析和相关分析一样所分析的两个变量都一定是随机变量。(　　)

(7)回归系数与相关系数一样，都可以表明变量间关系的密切程度。(　　)

(8)线性回归方程为 $y_c=30+0.98x$，回归系数为 0.98，说明两个变量高度相关。(　　)

【计算题】

1. 某企业某商品销售量与销售价格资料见表 9-13 所列。

表 9-13

销售量 y(吨)	90	94	75	58	47	70	60	45
价格 x(元)	5	4	6	9	10	7	8	11

试计算销售量与价格的相关系数。

2. 某地区的八家百货商店，每人平均销售额和利润率资料见表 9-14 所列。

表 9-14

商店编号	每人平均销售额(元)	利润率(%)
1	6200	12.6
2	4300	4.0
3	8000	18.5
4	1200	3.0
5	4500	8.1
6	6000	12.5
7	3400	6.2
8	7000	16.8

要求：(1)计算相关系数；

(2)建立以利润率为因变量的直线方程；

(3)计算估计标准误差。

3. 某地区居民非商品支出和文化生活服务支出的资料见表 9-15 所列。

表 9 - 15　　（单位：亿元）

非商品支出 y	2.78	2.86	3.11	3.24	3.17	3.52	4.93	5.10
文化服务支出 x	1.02	1.03	1.06	1.05	1.11	1.38	1.78	1.85

要求：(1)计算相关系数；

(2)若文化支出额达 2 亿元，居民的非商品支出将达到什么水平？

4. 试根据表 9 - 16 所列的资料计算。

表 9 - 16　　（单位：万元）

企业序号	生产性固定资产价值	总产值	企业序号	生产性固定资产价值	总产值
1	318	524	6	502	928
2	910	1019	7	314	605
3	200	638	8	1210	1516
4	409	815	9	1022	1219
5	415	913	10	1225	1624

要求：(1)编制简单相关表；

(2)说明两变量之间的相关方向；

(3)编制直线回归方程；

(4)估计生产性固定资产(自变量)为 1100 万元时总产值(因变量)的可能值。

5. 检查六位同学统计学的学习时间与成绩分数见表 9 - 17 所列。

表 9 - 17

学习时数(x)	学习成绩(y)
4	40
6	60
7	50
10	70
13	90
16	100

要求：(1)编制直线回归方程；

(2)计算估计标准误差；

(3)计算出学习时数与学习成绩之间的相关系数。

6. 某企业的产品产量和成本资料见表 9 - 18 所列。

表 9-18

月份	产量(千台)	单位成本(元/台)
1	2	73
2	3	72
3	4	71
4	3	73
5	4	69
6	5	68

要求:(1)计算相关系数;

(2)建立单位成本依产量的直线方程;

(3)分析产量每增加 1000 台,单位成本是如何变化的?

(4)计算估计标准误差;

(5)当产量为 6000 台时,单位成本将是多少元?

(6)当单位成本为 70 元时,产量将是多少台?

7. 已知数据资料:$\overline{xy}=150$,$\bar{x}=12$,$\bar{y}=11$,$\bar{x}^2=172$,$\bar{y}^2=136$,试:(1)配合直线回归方程;(2)计算相关系数。

附　　录

附表 1　正态分布概率表

t	$F(t)$	t	$F(t)$	t	$F(t)$	t	$F(t)$
0.00	0.0000	0.24	0.1897	0.48	0.3688	0.72	0.5285
0.01	0.0080	0.25	0.1974	0.49	0.3759	0.73	0.5346
0.02	0.0160	0.26	0.2051	0.50	0.3829	0.74	0.5407
0.03	0.0239	0.27	0.2128	0.51	0.3899	0.75	0.5467
0.04	0.0319	0.28	0.2205	0.52	0.3969	0.76	0.5527
0.05	0.0339	0.29	0.2282	0.53	0.4039	0.77	0.5587
0.06	0.0478	0.30	0.2358	0.54	0.4108	0.78	0.5646
0.07	0.0558	0.31	0.2434	0.55	0.4177	0.79	0.5705
0.08	0.0638	0.32	0.2510	0.56	0.4245	0.80	0.5763
0.09	0.0717	0.33	0.2586	0.57	0.4313	0.81	0.5821
0.10	0.0797	0.34	0.2661	0.58	0.4381	0.82	0.5878
0.11	0.0876	0.35	0.2737	0.59	0.4448	0.83	0.5935
0.12	0.0955	0.36	0.2812	0.60	0.4515	0.84	0.5991
0.13	0.1034	0.37	0.2886	0.61	0.4581	0.85	0.6047
0.14	0.1113	0.38	0.2961	0.62	0.4647	0.86	0.6102
0.15	0.1192	0.39	0.3035	0.63	0.4713	0.87	0.6157
0.16	0.1271	0.40	0.3108	0.64	0.4778	0.88	0.6211
0.17	0.1350	0.41	0.3182	0.65	0.4843	0.89	0.6265
0.18	0.1428	0.42	0.3255	0.66	0.4907	0.90	0.6319
0.19	0.1507	0.43	0.3328	0.67	0.4971	0.01	0.6372
0.20	0.1585	0.44	0.3401	0.68	0.5035	0.92	0.6424
0.21	0.1663	0.45	0.3473	0.69	0.5098	0.93	0.6476
0.22	0.1741	0.46	0.3545	0.70	0.5161	0.94	0.6528
0.23	0.1819	0.47	0.3616	0.71	0.5223	0.95	0.6579

（续表）

t	$F(t)$	t	$F(t)$	t	$F(t)$	t	$F(t)$
0.96	0.6629	1.28	0.7995	1.60	0.8904	1.92	0.9451
0.97	0.6680	1.29	0.8030	1.61	0.8936	1.93	0.9464
0.98	0.6729	1.30	0.8064	1.62	0.8948	1.94	0.9476
0.99	0.6778	1.31	0.8098	1.63	0.8969	1.95	0.9488
1.00	0.6827	1.32	0.8132	1.64	0.8990	1.96	0.9500
1.01	0.6875	1.33	0.8165	1.65	0.9011	1.97	0.9512
1.02	0.6923	1.34	0.8198	1.66	0.9031	1.98	0.9523
1.03	0.6970	1.35	0.8230	1.67	0.9051	2.00	0.9545
1.04	0.7017	1.36	0.8262	1.68	0.9070	2.02	0.9566
1.05	0.7063	1.37	0.8293	1.69	0.9090	2.04	0.9587
1.06	0.7109	1.38	0.8324	1.70	0.9109	2.06	0.9606
1.07	0.7154	1.39	0.8355	1.71	0.9127	2.08	0.9625
1.08	0.7199	1.40	0.8385	1.72	0.9146	2.10	0.9643
1.09	0.7243	1.41	0.8415	1.73	0.9164	2.12	0.9660
1.10	0.7287	1.42	0.8444	1.74	0.9181	2.14	0.9676
1.11	0.7330	1.43	0.8473	1.75	0.9199	2.16	0.9692
1.12	0.7373	1.44	0.8501	1.76	0.9216	2.18	0.9707
1.13	0.7415	1.45	0.8529	1.77	0.9233	2.20	0.9722
1.14	0.7457	1.46	0.8557	1.78	0.9249	2.22	0.9736
1.15	0.7499	1.47	0.8584	1.79	0.9265	2.24	0.9749
1.16	0.7450	1.48	0.8611	1.80	0.9281	2.26	0.9762
1.17	0.7580	1.49	0.8638	1.81	0.9297	2.28	0.9774
1.18	0.7620	1.50	0.8664	1.82	0.9312	2.30	0.9786
1.19	0.7660	1.51	0.8690	1.83	0.9328	2.32	0.9797
1.20	0.7699	1.52	0.8715	1.84	0.9342	2.34	0.9807
1.21	0.7737	1.53	0.8740	1.85	0.9357	2.36	0.9817
1.22	0.7775	1.54	0.8764	1.86	0.9371	2.38	0.9827
1.23	0.7813	1.55	0.8789	1.87	0.9385	2.40	0.9836
1.24	0.7850	1.56	0.8812	1.88	0.9399	2.42	0.9845
1.25	0.7887	1.57	0.8836	1.89	0.9412	2.44	0.9853
1.26	0.7923	1.58	0.8859	1.90	0.9426	2.46	0.9861
1.27	0.7959	1.59	0.8882	1.91	0.9439	2.48	0.9869

（续表）

t	$F(t)$	t	$F(t)$	t	$F(t)$	t	$F(t)$
2.50	0.9876	2.68	0.9926	2.86	0.9958	3.40	0.9993
2.52	0.9883	2.70	0.9931	2.88	0.9960	3.60	0.9997
2.54	0.9889	2.72	0.9935	2.90	0.9962	3.80	0.9999
2.56	0.9895	2.74	0.9939	2.92	0.9965	4.00	0.9999
2.58	0.9901	2.76	0.9942	2.94	0.9967	4.50	1.0000
2.60	0.9907	2.78	0.9946	2.96	0.9969	5.00	1.0000
2.62	0.9912	2.80	0.9949	2.98	0.9971	—	—
2.64	0.9917	2.82	0.9952	3.00	0.9973	—	—
2.66	0.9922	2.84	0.9955	3.20	0.9986	—	—

附表 2　累计法速度查对表(摘选)

平均每年增长(%)	各年发展水平总和为基期的百分比(%)				
	1 年	2 年	3 年	4 年	5 年
0.1	100.10	200.30	300.60	401.00	501.50
0.2	100.20	200.60	301.20	402.00	503.00
0.3	100.30	200.90	301.80	403.00	504.50
0.4	100.40	201.20	302.40	404.00	506.01
0.5	100.50	201.50	303.01	405.03	507.56
0.6	100.60	201.80	303.61	406.06	509.06
0.7	100.70	202.10	304.21	407.03	510.57
0.8	100.80	202.41	304.83	408.07	512.14
0.9	100.90	202.71	305.44	409.09	513.67
1.0	101.00	203.01	306.04	410.10	515.20
1.1	101.10	203.31	306.64	411.11	516.73
1.2	101.20	203.61	307.25	412.13	518.27
1.3	101.30	203.92	307.87	413.17	519.84
1.4	101.40	204.22	308.48	414.20	521.40
1.5	101.50	204.52	309.09	415.23	522.96
1.6	101.60	204.83	309.71	416.27	524.53
1.7	101.70	205.13	310.32	417.30	526.10
1.8	101.80	205.43	310.93	418.33	527.66
1.9	101.90	205.74	311.55	419.37	529.24

（续表）

平均每年增长（%）	各年发展水平总和为基期的百分比（%）				
	1年	2年	3年	4年	5年
2.0	102.00	206.04	312.16	400.40	530.80
2.1	102.10	206.34	312.77	421.44	532.39
2.2	102.20	206.65	313.40	422.50	534.00
2.3	102.30	206.95	314.01	423.53	535.57
2.4	102.40	207.26	314.64	424.60	537.20
2.5	102.50	207.56	315.25	425.63	538.77
2.6	102.60	207.87	315.88	426.70	540.40
2.7	102.70	208.17	316.49	427.73	541.97
2.8	102.80	208.48	317.12	428.80	543.61
2.9	102.90	208.78	317.73	429.84	545.20
3.0	103.00	209.09	318.36	430.91	546.84
3.1	103.10	209.40	319.00	432.00	548.50
3.2	103.20	209.70	319.61	433.04	550.10
3.3	103.30	210.01	320.24	434.11	551.74
3.4	103.40	210.32	320.88	435.20	553.41
3.5	103.50	210.62	321.49	436.24	555.01
3.6	103.60	210.93	322.12	437.31	556.65
3.7	103.70	211.24	322.76	438.41	558.34
3.8	103.80	211.54	323.37	439.45	559.94
3.9	103.90	211.85	324.01	440.54	561.61
4.0	104.00	212.16	324.65	441.64	563.31
4.1	104.10	212.47	325.28	442.72	564.98
4.2	104.20	212.78	325.92	443.81	566.65
4.3	104.30	231.08	326.54	444.88	568.31
4.4	104.40	213.39	327.18	445.98	570.01
4.5	104.50	21370.00	327.81	447.05	571.66
4.6	104.60	214.01	328.45	448.15	573.36
4.7	104.70	214.32	329.09	449.25	575.06
4.8	104.80	214.63	329.73	450.35	576.76

（续表）

平均每年增长（%）	各年发展水平总和为基期的百分比（%）				
	1年	2年	3年	4年	5年
4.9	104.90	214.94	330.37	451.46	578.48
5.0	105.00	215.25	331.01	452.56	580.19
5.1	105.10	215.56	331.65	453.66	581.89
5.2	105.20	215.87	332.29	454.76	583.60
5.3	105.30	216.18	332.94	455.89	585.36
5.4	105.40	216.49	333.58	456.99	587.06
5.5	105.50	216.80	334.22	458.10	588.79
5.6	105.60	217.11	334.86	459.29	590.50
5.7	105.70	217.42	335.51	460.33	592.26
5.8	105.80	217.74	336.17	461.47	594.04
5.9	105.90	218.05	336.82	462.60	595.80
6.0	106.00	218.36	337.46	463.71	597.54
6.1	106.10	218.67	338.11	464.84	599.30
6.2	106.20	218.98	338.75	465.95	601.04
6.3	106.30	219.30	339.42	467.11	602.84
6.4	106.40	219.61	340.07	468.24	604.61
6.5	106.50	219.92	340.71	469.35	606.35
6.6	106.60	220.24	341.38	470.52	608.18
6.7	106.70	220.55	342.03	471.65	609.95
6.8	106.80	220.86	342.68	472.78	611.95
6.9	106.90	221.18	343.35	473.95	613.56
7.0	107.00	221.49	343.99	475.07	615.33
7.1	107.10	221.80	344.64	476.20	617.10
7.2	107.20	222.12	345.31	477.37	618.94
7.3	107.30	222.43	345.96	478.51	620.74
7.4	107.40	222.75	346.64	479.70	622.61
7.5	107.50	223.06	347.29	480.84	624.41
7.6	107.60	223.38	347.96	482.01	626.25
7.7	107.70	223.69	348.61	483.15	628.05

（续表）

平均每年增长（%）	各年发展水平总和为基期的百分比（%）				
	1年	2年	3年	4年	5年
7.8	107.80	224.01	349.28	484.32	629.89
7.9	107.90	224.32	349.94	485.48	631.73
8.0	108.00	224.64	350.61	486.66	633.59
8.1	108.10	224.96	351.29	487.85	635.47
8.2	108.20	225.27	351.94	489.00	637.30
8.3	108.30	225.59	351.62	490.19	639.18
8.4	108.40	225.91	353.29	491.37	641.05
8.5	108.50	226.22	353.95	492.54	642.91
8.6	108.60	226.54	354.62	493.71	644.76
8.7	108.70	226.86	355.30	494.91	646.67
8.8	108.80	227.17	355.96	496.08	648.53
8.9	108.90	227.49	356.63	497.26	650.41
9.0	109.00	227.81	357.31	498.47	652.33
9.1	109.10	228.13	357.99	499.67	654.24
9.2	109.20	228.45	358.67	500.87	656.15
9.3	109.30	228.76	359.33	502.04	658.02
9.4	109.40	229.08	360.01	503.25	659.95
9.5	109.50	229.40	360.69	504.45	661.87
9.6	109.60	229.72	361.37	505.66	663.80
9.7	109.70	230.04	362.05	506.86	665.72
9.8	109.80	230.36	362.73	508.07	667.65
9.9	109.90	230.68	363.42	509.30	669.62
10.0	110.00	231.00	364.10	510.51	671.56
10.1	110.10	231.32	364.78	511.72	673.50
10.2	110.20	231.64	365.47	512.95	675.47
10.3	110.30	231.96	366.15	514.16	677.42
10.4	110.40	232.28	366.84	515.39	679.39
10.5	110.50	232.60	367.52	516.61	681.35
10.6	110.60	232.92	368.21	517.84	683.33

（续表）

平均每年增长（%）	各年发展水平总和为基期的百分比（%）				
	1年	2年	3年	4年	5年
10.7	110.70	233.24	368.89	519.05	685.28
10.8	110.80	233.57	369.60	529.32	687.32
10.9	110.90	233.89	370.29	521.56	689.32
11.0	111.00	234.21	370.97	522.77	691.27
11.1	111.10	234.53	371.66	524.01	693.27
11.2	111.20	234.85	372.35	525.25	695.27
11.3	111.30	235.18	373.06	526.52	697.32
11.4	111.40	235.50	373.75	527.76	699.33
11.5	111.50	235.82	374.44	529.00	701.33

附表3　随机数码表

编号	1	2	3	4	5	6	7	8	9	10	11	12	13	14	15	16	17	18	19	20	21	22	23	24	25
1	3	47	43	73	86	96	96	47	36	61	46	98	63	71	62	33	26	16	80	45	60	11	14	10	95
2	97	74	24	67	62	81	81	14	57	20	42	53	32	37	32	27	7	36	7	51	24	51	79	89	73
3	16	76	62	27	66	50	50	26	71	7	32	90	79	78	53	13	55	38	58	59	88	97	54	14	10
4	12	56	85	99	26	96	96	68	27	31	5	3	72	93	15	57	12	10	14	21	88	26	49	81	76
5	55	59	56	35	64	54	54	82	46	22	31	62	43	9	90	6	18	44	32	53	23	83	1	30	30
6	16	22	77	94	39	54	54	43	54	82	17	37	93	23	78	87	35	20	96	43	84	26	34	91	64
7	84	42	17	53	31	24	24	55	6	88	77	4	74	47	67	21	76	33	50	25	83	92	12	6	76
8	63	1	63	78	59	95	95	55	67	19	98	10	50	71	75	12	86	73	58	7	44	39	52	38	79
9	33	21	12	34	29	64	64	56	7	82	52	42	7	44	38	15	51	0	13	42	99	66	2	79	54
10	57	60	86	32	44	47	47	27	96	54	49	17	46	9	62	90	52	84	77	27	8	2	73	43	28
11	18	18	7	92	46	17	17	16	58	9	79	83	86	19	62	6	76	50	3	10	55	23	64	5	5
12	26	62	38	97	75	16	16	7	44	99	83	11	46	32	24	20	14	85	88	45	10	93	72	88	71
13	23	42	40	64	74	97	97	77	77	81	7	45	32	14	8	32	98	94	7	72	93	85	79	10	75
14	52	36	28	19	95	92	92	26	11	97	0	56	76	31	38	80	22	2	53	53	86	60	42	4	53
15	37	85	94	35	12	39	39	50	8	30	42	34	7	96	88	54	42	6	87	98	35	85	29	48	39
16	70	29	17	12	13	33	33	20	38	26	13	89	51	3	74	17	76	37	13	4	7	74	21	19	30
17	56	62	18	37	35	83	83	50	87	75	97	12	25	93	47	70	33	24	3	54	97	77	46	44	80
18	99	49	57	22	77	42	42	95	45	72	16	64	36	16	0	4	43	18	66	79	94	77	24	21	90

（续表）

编号	1	2	3	4	5	6	7	8	9	10	11	12	13	14	15	16	17	18	19	20	21	22	23	24	25
19	16	8	15	4	72	27	27	14	34	9	45	59	34	68	49	12	72	7	34	45	99	27	72	95	14
20	31	16	93	32	43	27	27	89	87	19	20	15	37	0	49	52	85	66	60	44	38	68	88	11	80
21	68	34	30	13	70	74	74	30	77	40	44	22	78	84	26	4	33	46	9	52	68	7	97	6	57
22	74	57	25	65	76	29	29	97	68	60	71	91	38	67	54	13	58	18	24	76	15	54	55	95	52
23	27	42	37	86	53	55	55	90	65	72	96	57	69	36	10	96	46	92	42	45	97	60	49	4	91
24	0	39	68	29	61	37	37	32	20	30	77	84	57	3	29	10	45	65	4	26	11	4	96	67	24
25	29	94	98	94	24	49	49	69	10	82	53	75	91	93	30	34	25	20	57	27	40	48	73	51	92
26	16	90	82	66	59	62	62	64	11	12	67	19	0	71	74	60	47	21	29	68	2	2	37	3	31
27	11	27	94	75	6	6	9	19	74	66	2	94	37	34	2	76	70	90	30	86	38	45	94	30	38
28	35	24	10	16	20	20	32	51	26	38	79	78	45	4	91	16	92	53	56	16	2	75	50	95	98
29	38	23	16	86	38	38	38	97	1	50	87	75	66	81	41	40	1	74	91	62	48	51	84	8	32
30	31	96	25	91	47	47	44	33	49	13	34	86	82	53	91	0	52	43	48	85	27	55	26	89	62
31	66	67	40	67	14	14	5	71	95	86	11	5	65	9	68	76	83	20	37	90	57	16	0	11	66
32	14	90	84	45	11	11	73	88	5	90	52	27	41	14	86	22	98	12	22	8	7	52	74	95	80
33	68	5	51	18	0	0	96	2	75	19	7	60	62	93	55	59	33	82	43	90	49	37	38	44	59
34	20	46	78	73	90	90	51	40	14	2	4	2	33	31	8	39	54	16	49	36	47	95	93	13	30
35	64	19	58	97	79	79	6	15	93	20	1	90	10	75	6	40	78	73	89	62	2	67	74	17	33
36	5	26	93	70	60	60	35	85	15	13	92	3	51	59	77	59	56	78	6	83	52	91	5	70	74
37	7	97	10	88	23	23	98	42	99	64	61	71	62	99	15	6	51	29	16	93	58	5	77	9	51
38	68	71	86	85	85	85	87	66	47	54	73	32	8	11	12	44	95	92	63	16	29	56	24	29	48
39	26	99	61	65	53	53	37	78	80	70	42	10	50	67	42	32	17	55	85	74	94	44	67	16	94
40	14	65	52	68	75	75	59	36	22	41	26	78	63	6	55	13	8	27	1	50	15	29	39	39	43
41	17	53	77	58	71	71	41	61	50	72	12	41	94	96	26	44	95	27	36	99	2	96	74	30	83
42	90	26	59	21	19	19	52	23	33	12	96	93	2	18	39	7	2	18	36	7	25	99	32	70	23
43	41	23	52	55	99	99	4	49	69	96	10	47	48	45	88	13	41	43	89	20	97	17	14	49	17
44	60	20	50	81	69	69	99	73	68	68	35	81	33	3	76	24	30	12	48	60	18	99	10	72	34
45	91	25	38	5	90	90	58	28	41	36	45	37	59	3	9	90	35	57	29	12	82	62	54	65	60
46	34	50	57	74	37	37	80	33	0	91	9	77	93	19	82	74	94	80	4	4	45	7	31	66	49
47	85	22	4	39	43	43	81	53	94	79	33	62	46	86	28	8	31	54	46	31	53	94	13	38	47
48	9	79	13	77	48	48	82	97	22	21	5	3	27	24	83	72	89	44	5	60	35	80	39	94	88
49	88	75	80	18	14	14	95	75	42	49	39	32	82	22	49	2	48	7	70	37	16	4	61	67	87
50	90	96	23	70	0	0	0	3	96	90	55	85	78	38	36	94	37	30	69	32	90	89	0	76	33

参考文献

[1] 黄良文. 统计学原理[M]. 北京:中国统计出版社,1999.

[2] 朱胜. 统计学原理[M]. 北京:中国统计出版社,2002.

[3] 李洁明,祁新娥. 统计学原理[M]. 上海:复旦大学出版社,2002.

[4] 徐国祥,祁新娥. 统计学[M]. 上海:上海人民出版社,2007.

[5] 朱晓青,吴晓荧. 统计学原理[M]. 北京:国防工业出版社,1994.

[6] 社会经济统计学原理教科书编写组. 社会经济统计学原理教科书[M]. 北京:中国统计出版社,1992.

图书在版编目(CIP)数据

统计学原理/陈东红,姬钰,徐冬梅主编. —合肥:合肥工业大学出版社,2022.2
ISBN 978-7-5650-5693-2

Ⅰ.①统… Ⅱ.①陈…②姬…③徐… Ⅲ.①统计学 Ⅳ.①C8

中国版本图书馆 CIP 数据核字(2022)第 008050 号

统计学原理

陈东红 姬 钰 徐冬梅 主编　　　　责任编辑 毛 羽

出 版	合肥工业大学出版社	**版 次**	2022 年 2 月第 1 版
地 址	合肥市屯溪路 193 号	**印 次**	2022 年 2 月第 1 次印刷
邮 编	230009	**开 本**	787 毫米×1092 毫米 1/16
电 话	基础与职业教育出版中心:0551-62903120	**印 张**	17.5
	营销与储运管理中心:0551-62903198	**字 数**	415 千字
网 址	www.hfutpress.com.cn	**印 刷**	安徽昶颉包装印务有限责任公司
E-mail	hfutpress@163.com	**发 行**	全国新华书店

ISBN 978-7-5650-5693-2　　　　**定价:48.00 元**

如果有影响阅读的印装质量问题,请与出版社营销与储运管理中心联系调换。

图书在版编目(CIP)数据